新经典韩国语

精读教程

3

练习册

◎总主编：王　丹
◎主　编：李　敏
◎副主编：吕春燕
◎编　委：严　女　金智慧 [韩]
◎审　校：琴知雅 [韩]

外语教学与研究出版社
北京

图书在版编目（CIP）数据

新经典韩国语精读教程 3 练习册 / 李敏主编；吕春燕副主编；严女，
（韩）金智慧编. -- 北京：外语教学与研究出版社，2023.10
（新经典韩国语 / 王丹总主编）
ISBN 978-7-5213-4856-9

Ⅰ. ①新… Ⅱ. ①李… ②吕… ③严… ④金… Ⅲ. ①朝鲜语－高等学校－
习题集 Ⅳ. ①H55-44

中国国家版本馆 CIP 数据核字 (2023) 第 193099 号

出 版 人　王　芳
项目策划　高　静
责任编辑　王　媛
责任校对　高　静
助理编辑　付嘉骏
封面设计　孙莉明　彩奇风
出版发行　外语教学与研究出版社
社　　址　北京市西三环北路 19 号（100089）
网　　址　https://www.fltrp.com
印　　刷　三河市北燕印装有限公司
开　　本　787×1092　1/16
印　　张　17
版　　次　2023 年 10 月第 1 版 2023 年 10 月第 1 次印刷
书　　号　ISBN 978-7-5213-4856-9
定　　价　48.00 元

如有图书采购需求，图书内容或印刷装订等问题，侵权、盗版书籍等线索，请拨打以下电话或关注官方服务号：
客服电话：400 898 7008
官方服务号：微信搜索并关注公众号"外研社官方服务号"
外研社购书网址：https://fltrp.tmall.com

物料号：348560001

"新经典韩国语"系列教材

总主编

王　丹

主　编（按音序排列）

崔英兰	高红姬	金红莲	李锦花	吕春燕
南　燕	琴知雅[韩]	权震红	孙鹤云	吴玉梅
严　女				

编委会成员（按音序排列）

安海莲	陈江丽	程兰涛	迟琳琳	崔惠花
崔仁淑[韩]	崔润坤[韩]	崔香玉	丁　一	董南南
郭　谕	洪恩实[韩]	金嘉蓝[韩]	金美玉	金素荣[韩]
金旻宣[韩]	金　艳	康恩贞[韩]	李炳一[韩]	李　民
李　敏	李　楠	李石哲	李宥承[韩]	刘　娜
刘荣荣	卢锦淑	朴海燕	朴智娟[韩]	权敏静[韩]
申师明[韩]	宋文静	汪　波	吴仙花	徐祯爱[韩]
于美灵	张会见	张惠善	张　磊	郑香兰
郑谞颖[韩]	郑义香			

出版说明

党的二十大描绘了全面建设社会主义国家、实现第二个百年奋斗目标的宏伟蓝图，指明了以中国式现代化全面推进中华民族伟大复兴的发展道路。从"实施科教兴国战略，强化现代化建设人才支撑"的高度，将教育、科技、人才进行统筹部署，并指出以高水平对外开放推动高质量发展，构建人类命运共同体。

面对新形势与新要求，我国高等教育必须全面贯彻党的教育方针，坚持为党育人、为国育才，全面提高人才培养质量，开拓教育新局面。高等教育改革新形势对外语人才培养提出了新要求。作为高等教育的重要组成部分，高校外语教育应与时俱进，立足我国现代化发展全局，深化改革、探索创新，扎根中国、融通中外，为党和国家培养更多高层次国际化人才，讲好中国故事，传播好中国声音，为引领中国更好走向世界、世界更好了解中国作出新贡献。

"新经典韩国语"系列教材以习近平新时代中国特色社会主义思想和党的二十大精神为引领，以新时期高等外语教育改革和人才培养方向为指导，以《普通高等学校本科专业类教学质量国家标准（外国语言文学类）》《普通高等学校本科外国语言文学类专业教学指南》《高等学校课程思政建设指导纲要》等文件为遵循，通过权威的编写团队、先进的教学理念、科学的教学设计、数智化的教学手段，全方位支持朝鲜（韩国）语教学，助推中国式教育现代化，服务国家发展战略。

"新经典韩国语"系列教材以本科院校朝鲜（韩国）语专业学生为对象，由北京大学王丹教授带领国内外三十余所院校众多中青年骨干教师联合编写，包括韩国语精读教程、韩国语听说教程和韩国语读写教程三个子系列，涵盖了朝鲜（韩国）语专业的主干课程，其特点如下：

第一，注重价值引领，深化课程思政。"新经典韩国语"系列教材全面贯彻党的教育方针，以落实立德树人为根本任务，深入践行党的二十大精神与课程思政理念。教材从主题设定、素材选择和活动设计等方面入手，全方位融入党的二十大精神与社会主义核心价值观，弘扬正能量，深化爱国主义、集体主义、社会主义教育，将价值塑造、知识传授和能力培养融为一体，以润物无声的方式帮助学生提升政治觉悟、思想水平和道德修养，树立正确的世界观、人生观和价值观，成为有家国情怀、有全球视野、有专业本领的复合型人才。

第二，统筹规划，系统全面。全套教材由《新经典韩国语精读教程》（6本主教材和6本练习册）、《新经典韩国语听说教程》（6本主教材和6本练习册）、《新经典韩国语读写教程》（6本主教材和6本练习册）组成，共计36册，同时配备教材的配套课件与模拟试题。整个系列在教材编写设计上，注重纵向上语法体系的完整，横向上不同教程之间的主题与语言知识的衔接，实现了不同课程在教学目标、教学内容和课时分配等方面的互补。

第三，以学生为中心，注重能力培养。教材以学生为主体，通过生动的话题与丰富的练习调动学生在课堂的参与度，帮助学生自主发现和总结语言规律，变"要我学"为"我要学"，激发学生自主学习动力和语言探究潜能。

第四，线上线下相结合，提供丰富的教学资源。"新经典韩国语"系列教材在策划之初就充分考虑到了师生对线上资源的需求，用手机App代替了传统的MP3光盘，学生可以通过U校园手机App免费听音频，看文本，点读发音。为了便于学生自学，我们还将听力文本、听力译文、课文译文、参考答案等放到了外研社综合语种教育出版分社网站（mlp.fltrp.com）上，学生可以实现自主化学习。此外，我们还针对教材开发了教学课件、微课、慕课等，并推出了韩语虚拟教研室、韩语教师研讨会等活动，推动"新经典韩国语"系列教材的线上资源建设，助力院校打造线上线下混合式教学模式。

第五，寓教于乐，轻松学习。本系列教材配有丰富的插画和实景图片，使学生对知识的获取更直接、更高效，有助于强化认知、加强记忆。学生可以在图文并茂的教材中轻松快乐地学习。

"新经典韩国语"系列教材的顺利出版离不开诸位编者的辛苦努力，在此要特别感谢以王丹教授为总主编的整个"新经典"编写团队，他们从图书的编写到出版，一直参与其中，正是因为他们的努力，教材才得以迅速出版。同时，还要感谢在授课过程中试用该教材并认真参与审读和校对的诸位老师，并且感谢给予"新经典"支持和帮助的各位领导和同事。

"新经典韩国语"系列教材是诸位编者智慧和心血的结晶，衷心地希望它能为中国高等院校朝鲜（韩国）语专业的教学发展增砖添瓦。

外语教学与研究出版社

2023年8月

总　序

　　1945年，北京大学朝鲜（韩国）语言文化系的前身——国立东方语专韩国语科的设立开我国大学朝鲜（韩国）语教育之先河。70余年栉风沐雨，70余载砥砺前行，几代教师的执着坚守，薪火相传，使朝鲜（韩国）语学科取得了令人瞩目的成长。迄今为止，全国共有约200余所高校开设朝鲜（韩国）语专业，朝鲜（韩国）语已成为我国主要的外语教学语种之一，并正在实现从"以规模扩张为特征的外延式发展"向"以质量提升为核心的内涵式发展"的历史性转变。

　　2018年1月，教育部发布我国外语教育史上第一个覆盖外语类各专业的《普通高等学校本科专业类教学质量国家标准（外国语言文学类）》（以下简称"《国标》"）。为贯彻落实《国标》的各项原则与规定，教育部外指委非通用语种类专业教学指导分委员会于2020年春正式颁布《普通高等学校本科外国语言文学类专业教学指南》(以下简称"《指南》")，进一步明确了非通用语专业的专业定位、培养目标及培养规格，提出了素质、知识和能力三方面的要求，更加强调跨学科知识结构、跨文化交流能力、思辨能力及自主学习能力等方面的培养。如果说《国标》为高校非通用语专业的建设和人才培养提供了准入、建设和评价依据的话，那么《指南》则为非通用语专业的创新发展提供了行动路线与解决方案。《国标》与《指南》的颁布，为朝鲜（韩国）语教育的发展带来了前所未有的机遇与挑战，将有效地促进全国朝鲜（韩国）语专业在教学理念、培养模式、课程体系、教学内容与方法等层面的开拓与创新。在这一背景下，尽快开发符新《国标》要求、体现《指南》精神的朝鲜（韩国）语基础教材，以教材建设推动课程教学改革，已然成为时代赋予我们一线教师的重大课题与历史使命。

　　"新经典韩国语"系列教材以中国高校朝鲜（韩国）语专业本科生为对象，以培养学生的朝鲜（韩国）语基础知识，提高其听、说、读、写、译技能，增强其人文素养、思辨能力及跨文化交际能力为目标编写而成。全套教材由《新经典韩国语精读教程》（6本主教材和6本练习册）、《新经典韩国语听说教程》（6本主教材和6本练习册）、《新经典韩国语读写教程》（6本主教材和6本练习册）组成，共计36册，同时配备教材的配套课件与模拟试题。教材力求将《指南》中培养规格的要求落到实处，秉持以学生为中心、以主题为引领、以活动为重点、以素质与能力培养为导向的编写理念，坚持体现如下编写原则：

1. 思想性与时代性原则

教材寓思政教育于语言教学之中，在培养学生语言技能的同时积极贯彻全人教育理念，在教学内容的选取上体现思想性与教育性，既让学生了解朝鲜、韩国文化的精华，又注重弘扬中华民族优秀文化，帮助学生树立正确的世界观、人生观与价值观，在传授知识、培养能力的同时，实现对学生的价值引领。同时，关注社会发展与科技进步，尽量选择具有时代气息的语言材料和丰富多彩的表现形式，帮助学生通过语言学习获得新知，增强学生的时代感与使命感。

2. 科学性与规范性原则

充分吸收外语教学理论、教材编写理论的最新研究成果，遵循螺旋式上升的外语学习规律，以结构、功能、情境、文化等多元大纲为指导，教材内容符合各级别能力培养目标的要求，反映不同阶段的学习特点。通过制订周密的编写计划，合理安排单元主题，有效控制学习量和难易度，注意语法点、句型及重要词汇的覆盖、复现与循环。在内容选取与活动设计上循序渐进，由浅入深，由易到难，由简到繁，难易逐步过渡，内容适度复现。与此同时，严格遵守韩文正字法规定，在语料的选取、知识点的解释、术语的使用等方面力求准确、规范，帮助学生养成良好的语言习惯。

3. 整体性与系统性原则

精读、听说、读写三种教材在主题、内容、目标、要求等方面形成完整的体系，同一阶段、同一主题同时推进，学生用书、练习册、多媒体课件及配套模拟试题同步开发，语言知识学习、语言技能发展、学习策略运用与文化内涵理解有机结合，有效地避免了知识的碎片化。与此同时，系统安排教学内容，突出各个阶段的学习重点，在基础阶段侧重进行专业基础知识的传授和基本技能的训练，中高级阶段加大知识输入量，扩大阅读范围，用精选的教学内容调动学习兴趣，让学生进一步了解朝鲜半岛的历史发展、社会状况及情感世界。

4. 实用性与交际性原则

教材围绕主题精选语篇，关注语言素材的真实性、语言风格的多样性及语言表达的生动性，帮助学生通过语言学习来获得跨学科知识和生活体验。尽量选择真实、地道、鲜活、自然、典型的语言材料，设计贴近生活的语言运用情景，反映语言现实，培养学生在真实场景中运用外语处理问题和解决问题的综合应用能力。与此同时，将语言知识的学习及运用与语言文化交际相融合，帮助学生深入理解本国文化、朝鲜半岛文化与世界文化，提高对文化差异的敏感度和理解能力，包容不同的文化，尊重他国的文化与价值观，在拥有家国情怀的同时，具有国际视野与跨文化同理心，提高学生的跨文化交际能力。

5. 开放性与灵活性原则

教材突出对学生自主学习的引导作用，内容安排与活动设计具有开放性与灵活性，通过采用任务型教学法，将语言教学内容融入具体的任务中，引导学生通过语言实践掌握外语知识和技能。利用绘制思维导图等方式满足学生个性化需求，体现一定的弹性与伸缩性。与此同时，通过配备同步练习册及配套听力材料等方式，帮助学生根据自身的学习情况开展自主、合作、探究及个性化学习，充分激发学生的自主学习动力与潜力，有效调动学生的主动性与创造性，提高其创新能力与思辨能力。

6. 知识性与趣味性原则

教材既要帮助学生掌握朝鲜（韩国）语语音、语义、词汇、语法、语篇、语用等专业基础知识，又要帮助其了解包括朝鲜半岛语言文学、社会历史、政治经济、文化教育等专业知识，还要尽可能在教材内容中融入中国文化知识以及人文与科学知识，助力学生塑造品格，提高修养，培养人文精神和科学素养。与此同时，在题材、体裁、语言风格、练习方式的选择上增加教材的趣味性，通过设计生动活泼、互动性强、丰富新颖且富有挑战性的学习活动，唤起学生的学习热情，激发其学习兴趣。此外，在版式、插图、色彩等方面也力求生动而富于美感与品位。

秉持以上编写原则开发的本系列教材，正如书名所示，首先是"新"，意味着教材在理论上、内容上、形式上、方法上皆有所创新，然后为"经典"，意味着教材具有典范性、权威性、超越性与代表性。为了编写这套体现我国朝鲜（韩国）语教育教学高水平的"新经典"教材，来自北京大学、清华大学、复旦大学、南京大学、山东大学、中国传媒大学、北京外国语大学、北京第二外国语学院、国防科技大学、广西师范大学、上海师范大学、广东白云学院、对外经济贸易大学、天津外国语大学、大连外国语大学、浙江外国语学院、天津师范大学、湖南师范大学、华中师范大学、山东师范大学、哈尔滨师范大学、延边大学、河北大学、扬州大学、安徽大学、常州信息职业技术学院、巴基斯坦国立现代语言大学、韩国国立首尔大学、韩国外国语大学、韩国成均馆大学、韩国祥明大学、韩国西原大学、韩国光云大学等国内外三十几所高校的五十余位一线骨干教师组成教材的编写团队，在"新经典韩国语"系列教材这面旗帜下，共同开启了一段艰苦但却充满挑战与乐趣的征程。

教材编写过程充满了艰辛，但这支由有担当、有情怀、有格局的优秀教师组成的团队也时时给我们带来发自内心的感动。如果没有一种使命与担当，在微薄的项目经费支持的情况下，要完成这样一项规模大、时间紧、难度高的工程谈何容易！如果没有一份执着与情怀，在繁重的教学任务、科研压力与家庭负担等多重压力下，又怎能完成这项无法带来可观收益和直接利益的艰苦工作！如果没有彼此的理解与信任，没有舍弃小我成就大我的境界与格局，在各册教材之间的系统性、协调性、合作性要求极高的情况下，又怎能保障编写工作的顺利有序进行！真诚感谢每一位成员的支持与付出，同时也希望这次合作让团队的每个成员都能在教学、科研方面有新的发展与进步，并以本次合作为起点，去构建极具凝聚力和战斗力的学术共同体、成长共同体！

我们还要把真诚的感谢送给有预见性地策划并积极推进本系列教材编写工作，对编写工作予以大力支持的外研社综合语种教育出版分社的崔岚社长、孙艳杰副编审、高静副主任、王媛老师、王琳老师、付嘉骏老师及所有关心本套教材出版的同仁，感谢你们的鼎力支持与辛勤付出！

希望我们的努力能为我国朝鲜（韩国）语教育的发展有所贡献，期待我们精心编写的教材能够成为广大教师与朝鲜（韩国）语学习者的良师益友。

总主编 王丹

2023年8月于北大燕园

前　言

　　《新经典韩国语精读教程3练习册》是《新经典韩国语精读教程3》的配套练习册。"新经典韩国语系列教材"以《普通高等学校本科专业类教学质量国家标准（外国语言文学类）》为指导，以《普通高等学校本科非通用语种类专业教学指南》为依据，以培养学生朝鲜（韩国）语运用能力、跨文化交际能力、思辨与创新能力为目标，结合新韩国语能力考试，全国高校朝鲜语专业四、八级考试等国内外朝鲜（韩国）语评价标准编写而成。

　　《新经典韩国语精读教程3练习册》适合中级阶段朝鲜（韩国）语学习者使用，旨在考查学生对专业基础知识的掌握与运用情况，提高学生的朝鲜（韩国）语听、说、读、写、译综合能力，同时帮助学生拓展社会文化知识与国别知识。为了让学生能够熟悉和适应新韩国语能力考试和全国高校朝鲜语专业四、八级考试，练习册主要参考了这两种考试的题型，同时注重趣味性和实用性。

　　《新经典韩国语精读教程3练习册》共15课，每课由词汇与语法、听力、阅读、翻译、写作五个模块组成，着重考查学生对每课出现的词汇、语法点的掌握与运用能力，以及对每课学习目标中所要求的语言知识、社会文化知识与国别知识的掌握情况。词汇与语法练习文本内容丰富、形式多样，让学生在特定的语境中掌握并巩固词汇和语法的实际用法，提高语言组织能力和理解能力；听力练习的文本采用对话或短文的形式，适当结合听说练习，帮助学生提高朝鲜（韩国）语听力理解能力和语言表达能力；阅读练习的文本涵盖了每课的主题和学习目标中要求的知识内容，让学生通过选择、判断、读写等有机结合的练习提高朝鲜（韩国）语阅读理解能力，同时帮助学生拓展文化视野、提高跨文化意识；翻译练习为了增强学生的语言转换能力，设有韩译汉、汉译韩两种题型的练习，句子中包含每课的重点词汇和语法点；写作练习充分结合各课主题，引导学生使用所学的词汇和语法，根据实际情况写出一篇短文。

《新经典韩国语精读教程3练习册》是对主教材内容的复习和巩固，也是主教材内容的延伸和拓展。学生通过练习可以实现自我评价，及时掌握自己的学习情况，从而提高自主学习能力。

　　在本书编写过程中，我们借鉴了国内外诸多朝鲜（韩国）语及其他语种教材的配套练习册，力求编写出符合主教材人才培养目标、适合国内学生使用的精读教程配套练习册，以满足广大朝鲜（韩国）语学习者的需求。但受编写时间和水平所限，难免有疏漏和不足之处，诚挚希望朝鲜（韩国）语教育界同仁及学习者提出宝贵的意见与建议。

《新经典韩国语精读教程》编写组

2023年8月

目录

제 1 과
대학 생활

📖 어휘와 문법

1. 다음 단어에 대응되는 뜻풀이를 연결해 보세요.

(1) 본관 •　　　• 마음을 굳게 먹거나 뜻을 정함.

(2) 다짐 •　　　• 말할 것도 없이.

(3) 리허설 •　　　• 연극이나 음악 등에서 실제 공연을 하기 전에 하는 연습.

(4) 잦다 •　　　• 주가 되는 기관이나 건물.

(5) 떼다 •　　　• 본래의 기능이 정지되다.

(6) 마비되다 •　　　• 오직 한 가지 일에만 마음을 쓰다.

(7) 전념하다 •　　　• (말이) 막힘없이 자연스럽다.

(8) 유창하다 •　　　• (일이) 자주 일어나는 상태에 있다.

(9) 완벽히 •　　　• 단점이 없이 완전하게.

(10) 물론 •　　　• 증명서 등의 문서를 만들어 주거나 받다.

2. 다음 빈칸에 알맞은 것을 골라 보세요.

(1) 수강 신청 방법은 다음 주에 열리는 신입생 (　　　)에 참가하면 자세히 알 수
있다.

①　입학식　　　　　②　졸업식　　　　　③　환영회　　　　④　오리엔테이션

(2) 학사 규정에 따르면 복수 전공 이수자도 1학년 때의 전공 (　　　)를/을 반드시
이수해야 한다고 한다.

①　필수 과목　　　②　교양 과목　　　③　수업　　　　④　과제

(3) 학교 (　　　) 1층에는 인터넷 이용도 가능하고 차도 마실 수 있는 커피숍이 새
로 생겼다.

①　세미나실　　　②　강의실　　　　③　학생회관　　④　열람실

(4) 그는 한국어능력시험에 떨어지지 않도록 열심히 (　　)를/을 풀었다.

　① 보고서　　　　② 기출문제　　　　③ 예문　　　　④ 면접 시험

(5) 시험지를 받으면 먼저 학번, 성명 등 표기란에 (　　) 사항부터 써 넣어야 한다.

　① 관계　　　　　② 필수　　　　　③ 상관　　　　④ 해당

(6) 학생들은 무슨 재미있는 일이 생긴 것처럼 (　　) 떠들며 웃고 있었다.

　① 금방　　　　　② 막　　　　　　③ 그냥　　　　④ 방금

(7) 내일 날씨는 맑겠으나 안개가 (　　) 곳도 있겠습니다.

　① 끼는　　　　　② 잦은　　　　　③ 두는　　　　④ 오는

(8) 지난 학기 전공과목 성적이 거의 불합격 수준이어서 다음 학기에 (　　) 생각이다.

　① 이수할　　　　② 수강할　　　　③ 재수강할　　　④ 신청할

(9) 그는 친구에게 자신의 잘못을 솔직하게 (　　).

　① 제시했다　　　② 정정했다　　　③ 실망했다　　　④ 고백했다

(10) 그녀는 집에 (　　) 온 어린 아들을 생각하면 가슴이 아프다.

　① 두고　　　　　② 놓고　　　　　③ 넣고　　　　④ 내고

3. 알맞은 단어를 골라 대화를 완성해 보세요.

| 떠오르다 | 지켜보다 | 삼가다 | 우선되다 | 옮기다 |
| 숙지하다 | 바르다 | 지저분하다 | 낯설다 | 성실하다 |

(1) 가: 방 안이 왜 이렇게 ＿＿＿＿＿＿＿?

　　나: 좀 있다가 깨끗하게 정리할 거니까 걱정하지 마세요.

(2) 가: 손님, 여기는 공공장소이니 큰 소리로 떠드는 것은 ＿＿＿＿＿＿＿기 바랍니다.

　　나: 네, 알겠습니다. 주의하겠습니다.

(3) 가: 새로 산 청소기의 사용법이 너무 복잡하네요.

　　나: 네, 그래서 사용 전에 설명서를 충분히 ＿＿＿＿＿＿＿＿ㄴ/는 게 좋습니다.

(4) 가: 빈아, 한국 생활에는 잘 적응하고 있어?

　　나: 응, 처음 유학 왔을 때는 모든 것이 ＿＿＿＿＿＿＿ㄴ데/은데/는데 지금
　　　　은 많이 익숙해졌어.

(5) 가: 내일이 지아 생일인데 좀 특별한 생일 선물이 없을까?

　　나: 나한테 방금 좋은 생각이 ＿＿＿＿＿＿＿＿.

(6) 가: 어떻게 하면 많은 친구들을 사귈 수 있을까요?

　　나: 폭넓은 대인 관계를 유지하기 위해서는 다른 사람을 위하는 마음이 ＿＿＿
　　　　＿＿＿＿＿＿아야/어야/여야 하지 않을까요?

(7) 가: 윤서는 친구들 사이에서 인기가 많은 것 같아.

　　나: 그래, 윤서가 성격도 좋고 무엇보다 ＿＿＿＿＿＿＿＿고 착하잖아.

(8) 가: 김 과장, 신제품 개발은 어떻게 되고 있나?

　　나: 지금 설문 조사를 하고 있는데 결과를 ＿＿＿＿＿＿＿ㄴ/은 다음에 자
　　　　세한 계획을 보고 드리겠습니다.

(9) 가: 오늘 그 댁 아드님을 봤는데 인사성이 참 ＿＿＿＿＿＿＿ㄴ/은/는 것 같
　　　　아요.

　　나: 과찬입니다. 좋게 봐 주셔서 감사해요.

(10) 가: 윤서야, 나 지난주에 자취방을 너희 동네로 ＿＿＿＿＿＿＿.

　　　나: 그래? 너무 잘됐다. 그럼 같이 맛있는 밥집을 다닐 수 있겠어.

4. 알맞은 표현을 골라 대화를 완성해 보세요.

정이 들다	말을 (잘) 걸다	가슴이 (털썩) 내려앉다
등록금을 납부하다	정원이 차다	과제를 제출하다
도움이 되다	더위에 시달리다	

(1) 가: 이번 학기부터 전공과목이 많은데 잘 할 수 있을지 걱정이에요.

　　나: 강의 시간표에 따라 미리 예습을 하는 건 어때요? 강의 내용을 이해하는

　　　데 ＿＿＿＿＿＿＿＿ㄹ/을 것 같아요.

(2) 가: 형의 대학원 불합격 소식에 ＿＿＿＿＿＿＿＿며/으며 아무 말도 못 했어요.

　　나: 누구나 그런 상황에서는 위로의 말을 하기 힘들 거예요.

(3) 가: 이제는 기숙사 생활에 적응되었나요?

　　나: 네, 처음에는 룸메이트와 함께 지내는 게 좀 불편했는데 살다 보니 ＿＿＿＿

　　　＿＿＿＿＿＿.

(4) 가: 성격이 좋은 윤서는 낯선 사람에게도 ＿＿＿＿＿＿＿＿며/으며 쉽게 친해

　　　져요.

　　나: 네, 저는 윤서의 그런 성격이 너무 부러워요.

(5) 가: 저녁에 시간이 되면 같이 동아리 모임에 가지 않을래?

　　나: 오늘은 좀 힘들 것 같아. 내일까지 ＿＿＿＿＿＿＿＿아야/어야/여야 하는

　　　데 아직 다 완성하지 못했거든.

(6) 가: 너 '한국 문학과 한국 사회'란 수업 신청했어?

　　나: 응, 꼭 듣고 싶었던 수업인데 다행히 ＿＿＿＿＿＿＿＿지 않아서 수강할

　　　수 있게 되었어.

(7) 가: 우리 오랜만에 맛있는 거 먹으러 나갈까?

　　나: 좋아. 안 그래도 요즘 ＿＿＿＿＿＿＿＿아/어/여 입맛이 없었는데 잘됐다.

(8) 가: 레이야, 이번 학기 등록 기간은 놓치지 않았지?

　　나: 응, 방금 학교 근처 은행에서 ＿＿＿＿＿＿＿＿고 오는 길이야.

5. '-ㄹ까 봐/을까 봐'를 사용하여 문장을 완성해 보세요.

　　(1) ＿＿＿＿＿＿＿＿＿＿＿＿ 음식을 많이 준비했어요.

　　(2) ＿＿＿＿＿＿＿＿＿＿＿ 문자로 알려 줬어요.

　　(3) ＿＿＿＿＿＿＿＿＿＿＿ 저녁에는 커피를 안 마셔요.

(4) _____ 우산을 들고 왔어요.

(5) _____ 운동화를 신고 왔어요.

6. 알맞은 것을 연결하고 '–도록'을 사용하여 문장을 완성해 보세요.

(1) 늦잠을 자다	•	• 오늘 저녁까지 맡은 부분을 보내다
(2) 뒤에 앉은 사람도 듣다	•	• 야식을 삼가다
(3) 위에 부담이 되다	•	• 알람을 여러 개 맞춰 놓다
(4) 내일 조별 과제를 제출하다	•	• 한국 친구들과 많이 교류하다
(5) 한국어 말하기 실력이 향상되다	•	• 크게 말하다

(1) _____

(2) _____

(3) _____

(4) _____

(5) _____

7. 알맞은 것을 골라 문장을 완성해 보세요.

–ㄹ까/을까 봐	–도록	–다 보면
–다 보니	–면서도/으면서도	는/은 물론

(1) 처음에는 졸릴 때만 커피를 마셨는데 _____ 버릇이 됐어요.

(2) 피아노는 연습이 중요하니까 하루에 30분씩 꾸준히 _____ 잘 할 수 있을 거예요.

(3) 우리 회사에서는 점심을 _____ 여러 가지 후식까지 제공해 줘서 좋다.

(4) 이 오리털 패딩은 _____ 따뜻해서 겨울에 많이 팔려요.

(5) 그는 고향에 있는 부모님이 _____ 좋은 소식만 전한다.

(6) 휴가철이라서 비행기표가 _____ 미리 예매했다.

8. 다음 빈칸에 들어갈 말로 <u>적절하지 않은</u> 것을 골라 보세요.

    (1) 가: 발표 준비 잘 했어요?

        나: 네, 발표 때 (　　) 필요한 말들을 다 외웠어요.

        ① 실수할까 봐　　　　　　　　　② 실수하지 않도록

        ③ 실수하지 않기 위해서　　　　④ 실수하지 않으려면

    (2) 가: 이번 학기에도 아르바이트를 해요?

        나: 아니요, 장학금을 (　　) 학업에만 전념하고 있어요.

        ① 받으려고　　　　　　　　　　② 받기 위해서

        ③ 받을까 봐　　　　　　　　　　④ 받을 수 있도록

    (3) 가: 어제 왜 늦게 잤어?

        나: 친구하고 전화를 (　　).

        ① 하다 보니 12시가 됐어　　　② 하고 나니 12시가 됐어

        ③ 하다 보면 늦게 잤어　　　　④ 하느라고 늦게 잤어

    (4) 가: 오늘 지아 기분이 안 좋은가 봐.

        나: 친구가 자기를 (　　) 눈을 피했대.

        ① 봤어도　　　　② 보고는　　　　③ 봤는데　　　　④ 봤으면서도

    (5) 가: 시우는 참 착한 거 같아.

        나: 맞아. 수업과 동아리 활동으로 (　　) 봉사 활동에 항상 빠지지 않고 참여

           하잖아.

        ① 바빠도　　　　② 바쁘도록　　　　③ 바쁘지만　　　　④ 바쁘면서도

9. 다음 문장에서 <u>틀린 부분</u>을 찾아 바르게 고쳐 써 보세요.

    (1) 어제 면접에 늦지 않았도록 아침 일찍 출발했다.

        → _____

(2) 오후 수업 시간에 잠이 올까 봐 커피를 마실 거예요.

→ _____

(3) 감기에 걸릴까 봐 옷을 많이 입으세요.

→ _____

(4) 꾸준히 노력하다 보면 실력이 늘었어요.

→ _____

(5) 술을 많이 마시다 보니 건강이 나빠질 거예요.

→ _____

(6) 오늘 비가 오면서도 우산을 가져가지 않았다.

→ _____

(7) 자주 야식을 먹으면 살찌는 물론 위에 부담이 돼서 건강에도 안 좋다.

→ _____

(8) 이 커피숍에서는 책은 물론 커피까지 팔아요.

→ _____

 듣기

박윤서와 장레이의 대화를 잘 듣고 질문에 답해 보세요. 🎧01

1. 박윤서는 무슨 동아리의 회원인가요? (　　　)

① 영어 토론 동아리　　　　　② 영어 회화 동아리

③ 영어 독서 동아리　　　　　④ 독서 토론 동아리

2. 대화 내용과 <u>다른 것</u>을 골라 보세요. (　　　)

① 박윤서는 지금 동아리 회원 모집 활동을 하고 있다.

② 학교 동아리는 1학년이 아니어도 가입할 수 있다.

③ 독서 토론 동아리에서 다양한 의견을 나눌 수 있다.

④ 장레이는 박윤서의 이야기를 듣기 전에는 동아리에 가입할지 말지 고민하

고 있었다.

3. 장레이가 동아리 가입을 망설인 이유는 무엇인가요?

_____

4. 박윤서와 장레이는 다음 주에 무엇을 할 예정인가요?

_____

 **읽기**

1. 다음 글을 읽고 질문에 답해 보세요.

　지난 학기에는 기말시험 때 독감에 걸리는 바람에 시험을 망쳐서 성적이 좋지 않았다. 다행히 평소에 수업도 열심히 듣고 과제도 꼬박꼬박 제출해서 재수강 과목은 없었지만 장학금을 받지 못해서 아쉬웠다. 그래서 이번 학기부터 다시 장학금을 받을 수 있도록 공부에 전념하면서도 건강 관리를 잘 해야겠다고 다짐했다.

　그런데 2학년이 되면서 전공과목이 많아져서 요즘 학업에 대한 부담이 커졌다. 수업 내용을 잘 이해하기 위해 예습·복습도 해야 하고, 또 과제도 너무 많아서 자주 밤을 새우다 보니 다크서클도 (ㄱ)_____. 그리고 이번 학기부터 발표도 한국어로 해야 하는데 아직 한국어로 내 생각을 말하는 것이 익숙하지 않아서 걱정이다.

　내일은 새 학기 첫 조별 발표가 있는 날이다. 그래서 오늘 팀원들과 함께 도서관 세미나실에서 발표 준비를 하기로 했다. 처음에는 한국 학생들과 한 팀이 되어 조별 발표를 준비하는 것이 부담스러웠지만 한국어를 많이 사용하다 보니 한국어 실력이 좋아지는 것 같아서 즐겁다. 친절한 우리 팀원들은 나의 부담을 덜어 주기 위해 내가 가장 쉬운 부분을 발표할 수 있도록 해 주었다. 내일 실수하지 않고 성공적으로 발표를 마치면 좋겠다.

(1) (ㄱ)에 들어갈 알맞은 것을 골라 보세요. (   )

① 사라졌다   ② 없어졌다   ③ 엄중해졌다   ④ 심해졌다

(2) 윗글의 내용과 다른 것을 골라 보세요. (   )

① 나는 지난 학기에 아파서 시험을 잘 못 봤다.

② 나는 지난 학기에 한국어로 발표하는 것이 어려웠다.

③ 나는 한국 학생들과 같이 조별 발표를 준비하는 것이 즐겁다.

④ 나는 한국 학생들과 같이 발표를 준비하기 위해 오늘 도서관에 갈 것이다.

(3) 이번 학기에 달라진 점을 모두 써 보세요.

_____

(4) 나는 왜 우리 팀원들이 친절하다고 생각하나요?

_____

2. 다음 내용을 읽고 질문에 답해 보세요.

학사 일정 및 개설 교과목 안내

<1> 학사 일정 안내

기간	내용	비고
8월 8일 ~ 8월 10일	수강 신청	학사 시스템
8월 29일 ~ 8월 31일	등록금 납부	학사 시스템
9월 1일	개강	
9월 1일 ~ 9월 7일	수강 신청 및 정정	학사 시스템
12월 1일 ~ 12월 20일	강의 평가	학사 시스템
12월 15일 ~ 12월 21일	기말고사	
12월 21일	종강	
12월 22일 ~ 12월 28일	성적 입력 및 조회	학사 시스템
12월 22일 ~ 2월 28일	동계 방학	

<2> 개설 교과목 안내

이수 구분	교과목 명	학년	학점	시수
전공 필수	진로 지도	공통	2	2
전공 필수	국문학 개론	1	3	3
전공 선택	국어 문법론	2	3	3
전공 선택	한국 현대 시론	2	3	3
전공 선택	국어 음운론	3	3	3
전공 선택	한국 고전 문학사	3	3	3
전공 선택	응용 언어학	4	3	3
교양 필수	영어 기초	공통	2	3
교양 필수	사고와 표현	공통	2	3

* 위 교과목의 기존 성적이 C⁺~F인 경우 재수강 가능.

<3> 기타 안내

* 모든 증명서 발급은 본관 1층 종합서비스센터에서 가능합니다.

* 기타 문의는 학과 사무실로 연락 주시기 바랍니다.

한국대학교 국어국문학과

(1) 이번 학기는 언제부터 언제까지인가요?

_____

(2) 학사 일정 안내에 대한 내용이 <u>아닌 것</u>을 골라 보세요. (   )

　① 등록금은 수강 신청을 한 후에 낸다.

　② 9월 8일부터는 수강 신청한 강의를 절대 바꿀 수 없다.

　③ 수강 신청이나 강의 평가 등의 행정 업무는 학사 시스템을 이용하면 된다.

　④ 반드시 종강 전에 강의 평가를 입력해야 성적을 조회할 수 있다.

(3) 개설 교과목 안내에 대한 내용으로 알맞은 것을 골라 보세요. (   )

　① '진로 지도'는 1학년 때 반드시 들어야 하는 교양 필수 과목이다.

　② '영어 기초'는 일주일에 2시간 수업을 듣는 3학점짜리 과목이다.

　③ '사고와 표현'은 전공과 학년에 상관없이 누구나 꼭 들어야 하는 과목이다.

④ 한 번 들은 과목은 성적과 관계없이 다시 들을 수 없다.

(4) 기타 문의 사항이 있으면 어떻게 해야 하나요?

_____

 번역

1. 다음 글을 중국어로 번역해 보세요.

처음 한국에 왔을 때 스스로 수강 계획을 세워야 돼서 부담이 많이 됐다. 졸업에 영향을 주지 않도록 전공 필수, 교양 필수 등 여러 종류의 수업을 모두 신경 써서 수강 신청을 해야 한다. 실수라도 할까 봐 오리엔테이션에 참석하는 것은 물론 선배들한테도 유창하지 않은 한국어로 물으면서 시간표를 짰다. 선배들의 도움 덕분에 첫 학기 수강 신청은 그렇게 정신없으면서도 큰 실수 없이 마쳤다.

_____

_____

_____

_____

_____

_____

_____

2. 다음 글을 한국어로 번역해 보세요.

进入二年级后，专业课开始多起来，一个学期要修16个学分。我担心自己跟不上同学们，压力很大。为了取得好成绩，不仅是专业课，通识课也得好好学。我相信只要坚持不懈地努力，就一定能实现目标。

_____

_____

_____

_____

_____

_____

_____

 쓰기

　　여러분은 많은 사람들 앞에서 발표해 본 적이 있습니까? 다음 질문에 답하고 발표 경험에 대한 글을 써 보세요.

　　1. 언제, 어떤 발표를 했나요?

　　2. 발표를 잘하기 위해 어떻게 준비했나요?

　　3. 이번 경험을 통해 어떤 것을 느꼈나요?

제2과
부탁과 거절

 어휘와 문법

1. 다음 단어에 대응되는 뜻풀이를 연결해 보세요.

(1) 사례금 • • 서로 사랑하는 사람이 만나는 일.

(2) 담임 • • 가지고 싶은 마음이 들 정도로 보기가 좋은 데가 있다.

(3) 데이트 • • 아무리 하여도.

(4) 소개팅 • • 바쁘지 않고 여유가 있다.

(5) 겹치다 • • 고마운 뜻으로 주는 돈.

(6) 한가하다 • • 누군가의 소개로 남녀가 일대일로 만나는 일.

(7) 원만하다 • • 어떤 학급이나 학년을 책임지는 사람.

(8) 틀림없다 • • 조금도 어긋나는 일이 없다.

(9) 탐스럽다 • • 서로 사이가 좋다.

(10) 도저히 • • 여러 가지 일이나 현상이 한꺼번에 일어나다.

2. 알맞은 단어를 골라 대화를 완성해 보세요.

배려하다	설레다	간주되다	설득하다	엄수하다
안타깝다	괴롭다	어리석다	서운하다	상쾌하다

(1) 가: 레이야, 어제 농구 경기 정말 재미있었지?

　　나: 응, 그런데 우리 팀이 ＿＿＿＿＿＿＿게도 한 점 차이로 우승을 놓치는 바람에 너무 속상했어.

(2) 가: 서류 제출 기한이 이번 주까지이니 마감일을 꼭 ＿＿＿＿＿＿아/어/여 주시기 바랍니다.

나: 네, 정해진 기한 내에 제출할 수 있도록 최선을 다하겠습니다.

(3) 가: 두 사람은 라이벌이면서도 친한 친구로 십 년 넘게 우정을 쌓아 가고 있다고 들었어요. 그 비결이 뭐예요?

　　나: 비결까지는 아니고요. 대인 관계를 오래 유지하는 데는 상대방을 ＿＿＿＿＿＿ ＿＿＿＿＿＿＿ㄴ/은/는 것보다 더 좋은 방법이 없는 것 같아요.

(4) 가: 주말에 이렇게 밖으로 나오니 너무 좋죠?

　　나: 네, 따뜻한 햇빛과 시원한 바람을 맞으니 기분이 너무 ＿＿＿＿＿＿＿＿＿.

(5) 가: 내일 배낭여행을 떠난다고 들었어. 너무 좋겠다.

　　나: 응, 고등학교 친구들과 오랜만에 함께 하는 여행이라 더 ＿＿＿＿＿＿＿＿＿＿고 기대돼.

(6) 가: 고향에 계시는 부모님을 자주 찾아뵙나요?

　　나: 아니요, 대신 부모님께서 ＿＿＿＿＿＿＿＿＿르까/을까 봐 자주 전화를 드리는 편이에요.

(7) 가: 이 소설은 세월이 흘러도 여전히 많은 사람들에게 공감을 주는 것 같아요.

　　나: 네, 그래서 훌륭한 작품으로 ＿＿＿＿＿＿＿＿＿아/어/여 지금까지도 독자들의 사랑을 받고 있는 거죠.

(8) 가: 밤을 새며 열심히 준비한 시험인데 떨어져서 너무 ＿＿＿＿＿＿＿＿＿.

　　나: 처음이라 경험이 부족해서 그래요. 다음 번에는 꼭 합격할 거예요.

(9) 가: 그 애는 생활비를 받으면 바로 다 써 버리곤 해요.

　　나: 계획도 없이 과하게 소비하는 것은 ＿＿＿＿＿＿＿＿＿ㄴ/은/는 행동이라고 생각해요.

(10) 가: 다음 학기부터 요리를 배우겠다고 부모님께 말씀드렸어?

　　나: 응, 요리 학원에 다니는 대신 더 열심히 공부하겠다고 ＿＿＿＿＿＿＿＿＿ ㄴ데/은데/는데 아직 허락받지 못했어.

3. 다음에 공통으로 들어갈 단어를 골라 문장을 완성해 보세요.

챙기다   꺼내다   봐주다   날아가다   안기다

(1) (   )

① 내가 어떤 실수를 해도 늘 _____ㄴ/는/던 언니가 오늘은 화를
  냈다.

② 어머니가 요즘 회사 일로 바쁘셔서 할머니께서 집안일을 _____고
  계신다.

③ 이렇게 저희들 사정까지 _____니/으니 얼마나 고마운지 모르
  겠습니다.

④ 앞으로 이런 일이 다시는 없을 테니 이번 한번만 좀 _____.

(2) (   )

① 그는 회의에 필요한 서류를 _____아/어/여 서둘러 회의실로 향
  했다.

② 그녀는 성격이 꼼꼼하여 주변 사람들의 생일을 잘 _____.

③ 물건 값을 계산한 후에는 꼭 거스름돈을 확인하고 _____아야/
  어야/여야 한다.

④ 아무리 바빠도 몸은 꼭 _____아/어/여 가면서 일하세요.

(3) (   )

① 나는 어렸을 때 푸른 하늘을 _____ㄴ/는 비행기를 보는 걸 좋
  아했다.

② 늦잠을 자 버린 그는 지각하지 않으려고 택시를 타고 학교로 _____.

③ 친구가 고민을 들어줘서 걱정이 다 _____ㄴ/는 것 같다.

④ 컴퓨터 전원이 갑자기 꺼지는 바람에 하루 종일 작성한 보고서가 전부
  _____.

(4) (   )

① 울다가 지친 아기는 어머니에게 _____아/어/여 잠이 들었다.

② 그는 실수로 일을 잘못 처리하는 바람에 회사에 큰 손해를 _____.

③ 이 영화는 시대가 바뀐 지금에도 사람들에게 깊은 감동을 _____
아/어/여 준다.

④ 새 약이 개발되면서 병으로 고통받고 있는 환자들에게 희망을 _____
_____아/어/여 주었다.

(5) (   )

① 그런 실망스러운 말은 절대 입 밖으로 _____지 마라.

② 동생은 가방에서 책을 _____아/어/여 책상에 펼쳐 놓고 큰 소
리로 읽기 시작했다.

③ 친구는 몇 번이나 망설이다가 조심스럽게 이야기를 _____.

④ 다음 주부터 날씨가 따뜻해질 거라는 일기 예보에 여동생은 신나서 옷장에
서 봄옷을 _____.

4. 알맞은 표현을 골라 대화를 완성해 보세요.

자동 이체를 하다	지극정성으로 간호하다	귀를 기울이다
요구를 들어주다	처지가 곤란하다	양해를 구하다
오해를 사다	단호하게 거절하다	마음이 후련하다
창피를 당하다		

(1) 가: 친구가 속상한 일이 있는데 어떻게 위로해야 할지 모르겠어요.

나: 저는 힘내라는 조언보다는 친구의 이야기에 _____고 공감해
주는 것이 큰 위로가 될 것 같아요.

(2) 가: 이렇게 아무런 공지도 없이 공사를 시작하면 어떻게 합니까?

나: 죄송합니다. 여러분께 미리 _____지 못한 점 깊이 사과드립
니다.

(3) 가: 손님이 영수증도 없이 어제 산 물건에 문제가 있다면서 교환해 달라고 해요.

　　나: 그건 규정에 어긋나는 요구라 ＿＿＿＿＿＿＿아야/어야/여야 합니다.

(4) 가: 요즘에는 은행에 가지 않고 전화, 전기 등 요금을 ＿＿＿＿＿＿＿ㄹ/을

　　　수 있어서 너무 편리해요.

　　나: 네, 그런데 제가 지난번에 전화번호를 바꿔서 원래의 서비스를 해지해야

　　　했는데 좀 복잡했어요.

(5) 가: 아이의 무리한 ＿＿＿＿＿＿＿다 보면 버릇도 나빠지고 끝도 없는 것

　　　같아요.

　　나: 맞아요. 그래서 안 되는 것은 단호하게 거절해야 해요.

(6) 가: 좋아하는 선배 앞에서 넘어지는 바람에 ＿＿＿＿＿＿＿. 다시는 선배

　　　얼굴 못 볼 것 같아.

　　나: 나라면 오히려 귀여워할 것 같은데.

(7) 가: 큰 병을 이겨 내고 퇴원하신 걸 축하드려요.

　　나: 고마워요. 가족들이 ＿＿＿＿＿＿＿ㄴ/는 덕분에 나을 수 있었어요.

(8) 가: 요즘 사소한 일로 친구하고 자꾸 싸우게 돼요.

　　나: 그럴 때는 최대한 ＿＿＿＿＿＿＿ㄴ/는 행동을 안 하는 게 좋아요.

(9) 가: 거래처와의 갈등은 잘 해결되었나요?

　　나: 아니요, 상대방 회사에서 자꾸 말을 바꾸는 바람에 저희 ＿＿＿＿＿＿

　　　아/어/여졌습니다.

(10) 가: 오랫동안 준비해 오던 자격 시험을 보고 나니 ＿＿＿＿＿＿＿네요.

　　　나: 그동안 고생 많았어요. 며칠은 아무 생각도 하지 말고 푹 쉬세요.

5. 〈보기〉와 같이 '-던데'를 사용하여 문장을 만들어 보세요.

―――――――――― 〈보기〉 ――――――――――

　　어제 빵집에서 케이크를 사는 것을 봤다.

　　→ 어제 빵집에서 케이크를 사던데 누구 생일이었어요?

(1) 수업 시간에 계속 기침하는 것을 봤다.

→ _____

(2) 왕나가 요즘 매일 늦게까지 기숙사에서 공부하는 것을 봤다.

→ _____

(3) 아까 장빈이 싱글벙글 웃으며 나가는 것을 봤다.

→ _____

(4) 그 영화가 정말 재미있다고 들었다.

→ _____

(5) 요즘 기말고사 기간이라고 들었다.

→ _____

6. 다음 문장에서 '로/으로'가 <u>다른 의미</u>로 쓰인 것을 골라 보세요.

(1) (　　)

① 윤서가 국어국문학과 과 대표로 뽑혔다.

② 두 사람은 서로 라이벌로 생각하고 있다.

③ 시우는 우리 학교 대표로 이번 대회에 참가한다.

④ 한 집안의 가장으로 사는 것은 쉽지 않은 일이야.

(2) (　　)

① 나를 그렇게 만만한 사람으로 보다니 참 서운하네.

② 날 친구로 생각한다면 혼자 맘에 담아 두지 말고 말해 봐.

③ 성인이 됐어도 어머니는 아직도 나를 아이로 생각하는 것 같다.

④ 앞마당에서 뛰어놀던 어린이가 어느덧 대학생으로 자랐군요.

(3) (　　)

① 점심에 먹다 남은 음식으로 비빔밥을 해 먹었다.

② 내 눈으로 직접 보기 전까지는 못 믿겠어.

③ 과제는 이메일로 선생님께 제출하면 된다.

④ 세탁기로 세탁하지 말고 손으로 빨래해야 합니다.

(4) (　　)

① 윤서는 요즘 축제 공연 준비로 정신이 없다.

② 다이어트로 건강을 잃어서는 안 된다.

③ 왕나는 심한 감기로 지금 기숙사에 누워 있어요.

④ 부탁이 부담으로 느껴진다면 지혜롭게 거절하는 것도 방법이다.

(5) (　　)

① 기온이 떨어지면서 비가 눈으로 변했다.

② 이 프로그램을 쓰면 음성을 바로 문자로 바꿔 준다.

③ 요즘은 휴대폰으로 못하는 일이 없다.

④ 약을 먹고 나니 체온이 37도로 떨어졌다.

7. 알맞은 것을 골라 대화를 완성해 보세요.

> -구나/는구나　　　-아/어/여 내다　　-던데
>
> -느/은/는 대신에　　-더라도

(1) 가: 집이 학교 근처라 편리하지요?

　　나: 네, 그런데 _____ 월세가 조금 비싸요.

(2) 가: 그 응급 환자 어떻게 됐어요?

　　나: 6시간 수술해서 끝내 _____.

(3) 가: 이번 주에 발표가 세 개나 있어.

　　나: 그래서 요즘 그렇게 _____.

(4) 가: 둘 중에 어느 노트북을 사야 할지 모르겠어.

　　나: 가격이 _____ 믿을 수 있는 회사 물건을 사는 게 좋을 거 같아.

(5) 가: 선배, 여쭤볼 게 좀 있는데 혹시 시간 좀 내줄 수 있어요?

　　나: 그래, 학생회관에 새로운 커피숍이 _____ 거기 갈까?

8. 다음 밑줄 친 부분과 의미가 비슷한 것을 골라 보세요.

(1) 이번 방학에는 <u>여행을 가는 대신</u> 학원에서 영어 공부를 하려고 해요. (   )

    ① 여행을 가거나   ② 여행을 가지 않고

    ③ 여행을 갈 뿐만 아니라   ④ 여행을 가서는 안 되고

(2) <u>어른이든 아이든</u> 모두 한 명에 5,000원입니다. (   )

    ① 어른하고 아이는   ② 어른뿐만 아니라 아이도

    ③ 어른이나 아이나   ④ 어른 및 아이는

(3) <u>힘들더라도</u> 즐거운 마음으로 일하면 스트레스를 적게 받을 거야. (   )

    ① 힘들어도   ② 힘들어서

    ③ 힘들 텐데   ④ 힘든 대신에

(4) 경찰은 수년 간의 조사 끝에 끝내 범인을 <u>잡아 냈다</u>. (   )

    ① 잡아 갔다   ② 잡아 줬다

    ③ 잡아 됐다   ④ 잡고야 말았다

(5) 가: 집에서 학교까지 2시간 걸려요.

    나: 정말 <u>멀군요</u>. (   )

    ① 멀던데요   ② 멀지요

    ③ 멀어요   ④ 머네요

9. 다음 문장에서 <u>틀린 부분</u>을 찾아 바르게 고쳐 써 보세요.

(1) 저는 테니스를 좋아하던데 장빈 씨는 어때요?

    → _____

(2) 아까 시우가 너 찾았던데 왜 전화 안 받았어?

    → _____

(3) 나는 매주 복권을 사는데 이번에 드디어 당첨해 냈다.

    → _____

(4) 저는 요즘 태권도를 배우고 있군요.

    → _____

(5) 어제는 집에서 요리한 대신 밖에 나가서 외식을 했어요.

→ _____

(6) 피곤하더라도 숙제를 다 하고 잤어요.

→ _____

🎧 듣기

인터뷰의 내용을 잘 듣고 질문에 답해 보세요. 🎧02

1. 남자의 직업은 무엇인가요? (   )

   ① 교수   ② 대학생   ③ 사회자   ④ 리포터

2. '예스맨'은 어떤 사람인가요?

   _____

3. 대화 내용과 <u>다른 것</u>을 골라 보세요. (   )

   ① '예스맨 강박증'에 걸린 사람은 안 된다고 말하는 것이 힘들다.

   ② 부탁을 거절하기 어려울 때에는 그냥 들어주면 된다.

   ③ 부득이 거절해야 할 때에는 겸손한 태도로 말하는 것이 좋다.

   ④ 적절한 표현을 사용한다면 거절당하더라도 상대방이 마음의 상처를 받지
   않을 것이다.

4. 여자의 조언에 따른 거절 방법이 <u>아닌 것</u>을 골라 보세요. (   )

   ① 감기에 심하게 걸린 것 같은데 괜찮아? 근데 나도 다음 주에 중요한 시험이
   있어서 발표 순서를 바꿔 주기는 어려울 것 같아.

   ② 순서를 바꿔 드리고 싶지만 저도 곧 수업이어서 빨리 복사기를 사용해야 해
   서요.

   ③ 난 이미 동아리를 두 개나 들어서 다른 동아리에 또 가입할 필요는 없는 것
   같아.

   ④ 미안해서 어쩌지? 행사에 참석하고 싶은데 그날 선약이 있어서 가기 어려
   울 것 같아.

 읽기

1. 다음 내용을 읽고 질문에 답해 보세요.

반려견을 찾습니다

웰시코기(암컷/10kg)

이름: 사랑이

성격: 온순하지만 모르는 사람에게 안기는 것은 싫어함.

특징: 짙은 갈색, 목·배·다리·엉덩이는 하얀색임.

　　　 꼬리가 짧으며 하트 모양임.

　　　 심장병을 고친 지 얼마 안 되어서 간호가 필요함.

잃어버린 일시: 2023년 8월 20일 저녁 8시쯤 산책 중

잃어버린 장소: 신림동 관악고등학교 근처 보행로

저희에게는 가족과도 같은 강아지입니다.

비슷한 강아지를 보시면 사진이나 동영상을 보내 주시기 바랍니다.

우리 사랑이를 보셨거나 데리고 계신 분은 아래 번호로 연락 주시길 바랍니다.

찾아 주신 분께 반드시 **사례**하겠습니다.

전화번호: 010-1234-5678

(1) 잃어버린 강아지의 품종은 무엇인가요?

_____

(2) 윗글을 읽고 <u>알 수 없는 것</u>을 골라 보세요. (　　)

　　① 강아지의 색깔　　　　　　　　② 강아지의 성별

　　③ 강아지의 성격　　　　　　　　④ 강아지의 나이

(3) 윗글의 내용과 <u>다른 것</u>을 골라 보세요. (　　)

　　① 이 강아지를 찾으면 안아서 주인에게 데려다 줄 수 있다.

　　② 이 강아지는 다른 강아지와 구별할 수 있는 특징이 있다.

　　③ 이 강아지는 얼마 전에 병에 걸린 적이 있다.

　　④ 이 강아지를 찾아 주신 분께 사례금을 드릴 것이다.

(4) 윗글을 읽고 들 수 있는 생각이 <u>아닌 것</u>을 골라 보세요. (　　)

　　① 엊저녁에 비슷하게 생긴 강아지가 우리 집 앞에 있었는데 한번 찾아볼까?

　　② 강아지가 사고를 당하지는 않았을지 걱정되네.

　　③ 강아지가 없어져서 강아지 주인이 얼마나 서운하고 창피할까?

　　④ 강아지 주인은 저 강아지를 친자식과 마찬가지로 생각하는구나.

2. 다음 글을 읽고 질문에 답해 보세요.

　　인간과 인간 사이의 관계를 대인 관계라고 한다. 인간은 사회적인 동물이기 때문에 타인과 다양한 사회적 관계를 맺으면서 살아간다. 가장 기본적인 가족 관계를 바탕으로 친구 관계, 연인 관계, 동료 관계 등 다양한 대인 관계를 맺으며 성장해 가는 것이다.

이처럼 인간은 혼자서는 살아가기 어려우므로 대인 관계를 잘 형성하고 원만하게 유지해야 한다. 하지만 "일 때문이 아니라 사람 때문에 사회생활이 어렵다."라는 말이 있을 정도로 많은 사람들은 대인 관계로 인하여 스트레스를 받고 있다.

그렇다면 원만한 대인 관계를 만들고 이를 유지하기 위해서는 어떻게 해야 할까? 가장 기본적인 방법은 배려와 관심을 가지고 다른 사람을 대하는 것이다. 배려는 상대방의 입장에서 생각하고 행동하는 것을 말하고, 관심은 상대방에게 주의를 기울이는 것을 말한다.

예를 들어 대화를 할 때 만약 상대방이 말을 하는 중간에 자신이 하고 싶은 말을 한다면 상대방은 (ㄱ)_____ 기분이 들 것이다. 따라서 상대방을 배려하여 그의 말에 귀를 (ㄴ)_____ 할 것이다. 또한 주위 사람들을 잘 챙기고 그들의 작은 변화에도 관심을 표한다면 관계가 더 좋아질 수 있다. 마지막으로 주위 사람들에게 자주 연락하여 안부를 묻는 것이 좋다. 내가 필요할 때만 다른 사람에게 연락한다면 상대방이 '이 사람은 내가 필요할 때만 연락하는구나.'라고 생각할 수 있으므로 특히 조심해야 한다.

(1) 대인 관계에는 어떤 종류가 있으며 왜 대인 관계를 맺어야 하나요?

_____

(2) (ㄱ)에 들어갈 알맞은 것을 골라 보세요. (　　)

　① 무시당한　　　② 자랑스러운　　　③ 상쾌한　　　④ 후련한

(3) (ㄴ)에 들어갈 알맞은 것을 골라 보세요. (　　)

　① 가까이 해야　　② 가져가야　　　③ 걸어야　　　④ 기울여야

(4) 윗글의 내용과 다른 것을 골라 보세요. (　　)

　① 사람은 다양한 대인 관계를 맺게 된다.

　② 많은 사람들이 일보다는 사람 때문에 사회생활이 어렵다고 한다.

　③ 상대방과 잘 대화하기 위해서는 내가 하고 싶은 말을 적극적으로 말해야 한다.

　④ 주위 친구들에게 자주 연락해서 요즘 어떻게 지내는지 물어보는 것이 좋다.

번역

1. 다음 글을 중국어로 번역해 보세요.

    우리는 거절을 할 때 미안한 마음에 "죄송하지만 다음에 해 줄게요."라는 말을 종종 한다. 하지만 이런 거절 방식은 좋지 않다. 다음에 정말 도와줄 것으로 생각할 수 있기 때문이다. 거절을 할 때는 이유와 함께 확실하게 부탁을 들어줄 수 없다고 얘기하는 것이 좋다. 물론 태도는 상냥해야 한다. 또한 문자로 거절하는 대신, 직접 얼굴을 보고 이야기하거나 전화로 말하는 것이 좋다. 그것은 다름이 아니라 문자로는 표정이나 태도를 전달하기 어렵기 때문이다.

_____

_____

_____

_____

_____

_____

_____

2. 다음 글을 한국어로 번역해 보세요.

    无论在生活中，还是在工作中，我们都会遇到各种困难，有时候就需要得到朋友的帮助。那么，如何求人帮忙呢？首先，我们最好不要直截了当，而是用委婉的方式向对方提出请求。其次，态度要谦和，即使对方拒绝，也不要抱怨。最后，要实事求是，把自己的处境向对方说清楚。总之，求人帮忙需要讲技巧，更要真诚，懂得感恩，这样才容易获得别人的帮助。

_____

_____

_____

_____

_____

_____

_____

 쓰기

여러분은 다른 사람의 부탁을 거절한 적이 있습니까? 다음 질문에 답하고 거절 경험에 대한 글을 써 보세요.

1. 어떤 부탁이었나요?

2. 거절한 이유가 무엇인가요?

3. 어떻게 거절했나요?

제 **3** 과
대학생의 고민

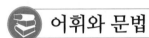 **어휘와 문법**

1. 다음 단어에 대응되는 뜻풀이를 연결해 보세요.

(1) 안주 • • 힘들고 고생스럽게.

(2) 적성 • • 어떤 기준에 겨우 도달함.

(3) 턱걸이 • • 어떤 일에 알맞은 사람의 성격이나 능력.

(4) 일자리 • • 겉으로 나타내지 않고 마음속으로만 생각하는 것.

(5) 내성적 • • 여럿이 다 차이가 없이 비슷하거나 같게.

(6) 담다 • • 행복하지 아니하다.

(7) 멍하다 • • 어떤 내용을 그림이나 글 등에 나타내다.

(8) 불행하다 • • 술을 마실 때에 함께 먹는 음식.

(9) 간신히 • • 정신이 나간 것처럼 반응이 없다.

(10) 골고루 • • 벌이가 되는 일을 하는 곳.

2. 다음 밑줄 친 부분과 바꿔 쓸 수 있는 것을 골라 보세요.

(1) 동생은 무서운 영화를 좋아하는 반면 형은 따뜻한 가족애를 <u>담은</u> 영화를 좋아한다. (　　)

① 넣은　　　　② 그린　　　　③ 지은　　　　④ 받은

(2) 과제를 하느라고 며칠 밤을 새운 탓에 몸이 몹시 <u>고단해요</u>. (　　)

① 무거워요　　② 괴로워요　　③ 피곤해요　　④ 귀찮아요

(3) 그는 졸업을 앞두고 논문 쓰랴 직장 구하랴 <u>몹시</u> 바쁘게 보내고 있다. (　　)

① 그냥　　　　② 그만　　　　③ 무척　　　　④ 조금씩

(4) 하나도 남기지 않고 다 먹은 걸 보니 윤서의 요리 실력이 <u>제법</u> 대단한걸. (　　)

    ① 꽤　　　　　　　② 훨씬　　　　　　　③ 원래　　　　　　　④ 역시

(5) 자신감이 있는 건 좋으나 지나친 자기 과신은 <u>도리어</u> 독이 될 수 있다. (　　)

    ① 도저히　　　　　② 오히려　　　　　③ 반면에　　　　　④ 의외로

(6) 그는 동아리 활동이나 봉사 활동 등 경력을 인정받아 좋은 회사에 <u>입사했다</u>.
(　　)

    ① 신청했다　　　　② 지원했다　　　　③ 진학했다　　　　④ 들어갔다

(7) 처리할 일이 많아서 일정을 하루 더 <u>늘리기로</u> 했다. (　　)

    ① 계속하기로　　　② 증가하기로　　　③ 감소하기로　　　④ 연장하기로

(8) 어머니는 학업을 <u>그만두겠다는</u> 아들에게 다시 생각해 보라고 몇 번이나 간절
하게 부탁했다. (　　)

    ① 쉬겠다고는　　　② 취소하겠다는　　　③ 포기하겠다는　　　④ 멈추겠다는

3. 알맞은 단어를 골라 대화를 완성해 보세요.

| 파악하다 | 초래하다 | 지원하다 | 앞두다 | 자칫하다 |
| 서늘하다 | 기발하다 | 더디다 | 덜하다 | 전전긍긍하다 |

(1) 가: 이제는 여름도 다 갔는지 저녁이면 제법 ＿＿＿＿＿＿＿ㄴ/은/는 바람
이 불더라고요.

    나: 네, 그래서 저녁에는 창문을 닫고 자야 해요.

(2) 가: 운전자의 부주의로 학교 앞 사거리에서 교통사고가 발생했대요.

    나: 그러니까 순간의 작은 실수가 위험한 결과를 ＿＿＿＿＿＿＿르/을 수
있으니 언제나 조심해야 해요.

(3) 가: 왕나야, 왜 이렇게 피곤해 보여? 다크서클이 너무 심하잖아.

    나: 이번에 또 시험에 떨어질까 봐 ＿＿＿＿＿＿＿며/으며 잠을 못 자서 그래.

(4) 가: 이 제품의 아이디어를 누가 냈어요? 너무 ＿＿＿＿＿＿＿＿고 새로워요.

　　나: 김 대리가 낸 아이디어예요. 김 대리는 머리가 참 좋은 것 같아요.

(5) 가: 엄마, 저 오늘 형이랑 축구하러 가요.

　　나: 그래, ＿＿＿＿＿＿＿＿면/으면 넘어져서 다칠 수가 있으니 꼭 조심해야 해.

(6) 가: 이 문장은 너무 복잡해서 아무리 읽어도 이해가 안 가요.

　　나: 문장을 적절하게 끊어 읽는 것이 문장의 구조를 정확히 ＿＿＿＿＿＿＿＿

　　　　ㄴ/은/는 데 도움이 될 거예요.

(7) 가: 애야, 게임 한 지 벌써 한 시간이 지났어. 얼른 숙제를 해야지.

　　나: 네, 알겠어요. 그런데 공부할 때는 시간이 그렇게 ＿＿＿＿＿＿＿＿게 가

　　　　는데 놀 때는 왜 이렇게 빨리 가요?

(8) 가: 회사의 홈페이지에 채용 공고가 나왔더라고요. 제품 개발 부서는 이번에

　　　　도 경쟁률이 대단하겠죠?

　　나: 네, 해마다 ＿＿＿＿＿＿＿＿ㄴ/은/는 사람이 늘고 있어요.

(9) 가: 지아야, 요즘 많이 바쁜가 봐.

　　나: 응, 곧 방학이잖아. 귀국을 ＿＿＿＿＿＿＿＿고 짐 정리하랴 부모님 선물

　　　　사랴 정신이 하나도 없네.

(10) 가: 요즘 팀 분위기가 너무 좋아요.

　　　나: 네, 그래서 야근을 해도 피로감이 ＿＿＿＿＿＿＿＿고 일하는 게 즐거워요.

4. 알맞은 표현을 골라 대화를 완성해 보세요.

이해가 가다	잠이 쏟아지다	감기가 들다	자리를 잡다
경력을 쌓다	미역국을 먹다	신입 사원을 채용하다	전공을 살리다

(1) 가: 오랫동안 좋아했던 그녀에게 용기를 내어 데이트 신청을 했는데 ＿＿＿＿＿

　　　＿＿＿＿.

나: 인연이 아니라고 생각해. 지금은 괴롭겠지만 시간이 지나고 나면 괜찮아질 거야.

(2) 가: 어제 저녁에 왜 전화를 안 받았어? 몇 번이나 전화했는데.

나: 미안해. 시험이 끝나고 긴장이 풀렸는지 _____아서/어서/여서 도저히 견딜 수가 없었어.

(3) 가: 형이 전자공학과를 졸업하고 _____아/어/여 컴퓨터 회사에 취직했어요.

나: 그래요? 요즘 같이 취직이 어려울 때 좋은 회사에 입사했다니 정말 축하드려요.

(4) 가: 지난 수업 시간에 배운 내용이 잘 _____지 않아. 아무리 봐도 모르겠어.

나: 그럼 선생님께 직접 물어보는 건 어때? 혼자 전전긍긍하는 것보다 낫잖아.

(5) 가: 지금 다니는 회사에서 계속 일할지 이직을 할지 고민이에요.

나: 저는 잦은 이직보다 한곳에서 _____ㄴ/은/는 것을 추천하고 싶어요. 회사에서는 꾸준히 일하는 사원들을 높이 평가하지 않을까요?

(6) 가: 입사 초기에는 많이 힘들어 보였는데 지금은 제법 잘하는 거 같네요.

나: 네, 처음에는 적응하느라 좀 힘들었는데 지금은 어느 정도 _____ㄴ/은/는 것 같아요.

(7) 가: 이 회사는 학력과 관계없이 _____다고/ㄴ다고/는다고 들었어요. 정말이에요?

나: 네, 저도 시험과 면접만으로 뽑는다고 들었어요.

(8) 가: 오늘 비가 내리면서 날씨가 갑자기 추워졌어요.

나: 네, 외출하실 때 _____지 않도록 옷을 많이 입으세요.

5. 알맞은 것을 두 개씩 골라 '-고도'를 사용하여 문장을 완성해 보세요.

> 매콤하다   낮설다   공손하다   정확하다   길다
>
> 유창하다   반갑다   짧다   시원하다   단호하다

(1) 그는 _____ 태도로 무리한 부탁을 거절했다.

(2) _____ 인생에 후회를 남겨서는 안 될 것이다.

(3) 10년 만에 고향에 와 보니 _____.

(4) 짬뽕 국물은 _____ 자꾸 먹게 된다.

(5) 꾸준히 말하기 연습을 하면 꼭 _____ 한국어를 말할 수 있을 거예요.

6. '-ㄴ지/은지/는지'를 사용하여 문장을 완성해 보세요.

(1) 과장님께서 _____ 전화를 안 받더라고요.

(2) 그 영화가 _____ 주변에 안 본 사람이 없어요.

(3) 저 사람을 어디서 본 것 같은데 _____ 생각이 안 나요.

(4) 윤서 오늘 어디가 _____ 안색이 안 좋았어.

(5) 저희 회사는 사장부터 직원까지 다 편한 복장을 입고 다녀서 겉모습만 봐서는 _____ 몰라요.

7. 알맞은 것을 골라 대화를 완성해 보세요.

> -랴/으랴   -더라고   -고 나면
>
> -ㄴ/은/는 탓   -ㄴ/은/는 반면   -고도

(1) 가: 이런 문제는 실수로 틀린 거겠죠?

　　나: 네, 맞아요. 제가 문제를 성급히 _____.

(2) 가: 교재 내용을 항상 이렇게 노트에 다시 정리해요?

　　나: 네, 교재를 보고 외우는 거에 비해서 시간은 많이 ＿＿＿＿＿＿＿＿＿＿

　　　　기억에는 더 오래 남아요.

(3) 가: 라면 끓이려고 하는데 너도 먹을래?

　　나: 금방 점심 먹었잖아. ＿＿＿＿＿＿＿＿＿＿ 라면이 들어가?

(4) 가: 주말에 뭐 했어?

　　나: ＿＿＿＿＿＿＿＿＿＿ 정말 바빴어.

(5) 가: 새로 생긴 한식당에 가 봤어?

　　나: 응, 지난번에 가 봤는데 음식이 ＿＿＿＿＿＿＿＿＿＿.

(6) 가: 아직 회사에 잘 적응하지 못한 것 같아요.

　　나: 너무 걱정하지 마세요. 뭐든 열심히 하는 사람이니까 ＿＿＿＿＿＿＿＿

　　　　잘 해낼 거예요.

8. 다음 빈칸에 들어갈 말로 적절하지 않은 것을 골라 보세요.

(1) 대학에 오니 고등학생 때보다 (　　) 스스로 계획하고 행동에 옮겨야 하는 일
　　이 많아졌다.

　　① 자유로워서　　　　　　　　　② 자유로운 반면에

　　③ 자유로운 대신에　　　　　　　④ 자유로워졌지만

(2) 레이가 세미나실을 (　　) 내일 회의는 취소해야 할 것 같아요.

　　① 예약하지 않아서　　　　　　　② 예약하지 않는 바람에

　　③ 예약하지 않은 탓에　　　　　　④ 예약하지 않은 덕분에

(3) 그는 전공 시험에서 불합격을 (　　) 노력하려는 모습이 없었다.

　　① 받고도　　　　　　　　　　　② 받았으면서도

　　③ 받았지만　　　　　　　　　　④ 받더라도

(4) 지금은 바쁘고 힘들어도 (　　) 대학 생활이 그리울 거예요.

　　① 졸업한 다음에는　　　　　　　② 졸업하고 나면

③ 졸업하고 나니까   ④ 졸업한 후에는

(5) 이틀 동안 잠을 안 자고 공부하고 나니 시험 칠 때는 잠이 (   ).

　　① 쏟아지더라고요   ② 쏟아지더군요

　　③ 쏟아지던데요   ④ 쏟아지겠더라고요

9. 다음 문장에서 틀린 부분을 찾아 바르게 고쳐 써 보세요.

(1) 네가 말없이 귀국했다고 장빈이 좀 서운하더라고.

　　→ _____

(2) 어제는 너무 바빠서 눈코 뜰 새가 없는걸.

　　→ _____

(3) 예습하지 않았는 탓에 오늘 수업을 잘 이해하지 못했다.

　　→ _____

(4) 바닥이 미끄러운 바람에 넘어졌어요.

　　→ _____

(5) 한국 친구들이 많이 도와준 탓에 한국 생활에 잘 적응할 수 있었어요.

　　→ _____

(6) 그는 최선을 다해 시험을 준비하고도 시험에 합격했다.

　　→ _____

(7) 그는 감기에 걸렸고도 경기에서 좋은 성적을 따냈다.

　　→ _____

🎧 듣기

박윤서와 왕나의 대화를 잘 듣고 질문에 답해 보세요. 🎧03

1. 왕나는 요즘 어떤 고민이 있나요? (   )

　　① 룸메이트가 불면증이 있다.

② 룸메이트 때문에 잘 못 잔다.

③ 룸메이트 때문에 일찍 일어나야 한다.

④ 룸메이트와 생활 습관이 완전히 다르다.

2. 왕나와 룸메이트가 수면 패턴이 다른 문제를 해결할 수 없는 이유는 무엇인가요?

_____

3. 대화 내용과 같은 것을 골라 보세요. (　　)

① 왕나는 룸메이트와 싸울까 봐 불만을 얘기하지 않았다.

② 박윤서도 룸메이트와 물건을 정리하는 습관 때문에 싸운 적이 있다.

③ 박윤서와 룸메이트는 대화를 통해 간단하게 문제를 해결했다.

④ 왕나는 박윤서가 말한 문제 해결 방법이 꽤 좋다고 생각한다.

4. 박윤서와 룸메이트는 어떻게 문제를 해결했나요?

_____

읽기

1. 다음 글을 읽고 질문에 답해 보세요.

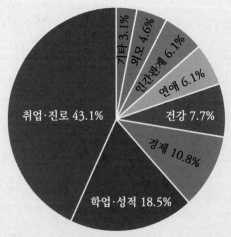

기타 3.1%
외모 4.6%
인간관계 6.1%
연애 6.1%
건강 7.7%
경제 10.8%
취업·진로 43.1%
학업·성적 18.5%

대학 생활 중 가장 큰 고민은 무엇인가요?

요즘 한국 대학생들의 고민은 무엇일까? 한 교육 기관에서 한국 대학생

1,000명을 대상으로 "대학 생활 중 가장 큰 고민은 무엇인가?"라고 묻는 설문 조사를 실시한 결과, '취업·진로'를 선택한 답변이 43.1%, '학업·성적'이 18.5%, '경제(학비/생활비)'가 10.8%, '건강'이 7.7%, '연애'와 '인간관계'가 각각 6.1%, '외모'가 4.6% 등의 순으로 나타났다.

먼저 '취업·진로'에 대한 고민은 모든 학년에서 가장 큰 비중을 차지했는데, '진로를 찾지 못해서', '졸업을 앞두고 있어서', '아직 취업 준비를 하지 못해서', '요즘 취업하기 어려워서' 등이 그 원인으로 꼽혔다. 특히 사회적으로 취업난이 심해진 탓인지 대부분의 학생들이 1학년 때부터 취업을 준비하고 있다고 대답했다. 1학년 때에는 (ㄱ)스펙을 쌓기 위해 고민하는 반면 졸업을 앞둔 4학년 때에는 (ㄴ)본격적인 취업 활동에 대한 고민을 하는 것으로 나타났다.

다음으로 '학업·성적'에 대한 고민은 주로 다른 고민들과 연관되어 나타나는 것으로 밝혀졌다. 높은 학점은 가장 기본적인 취업 스펙인 동시에 장학금을 받기 위한 필수 조건이다. 따라서 대부분의 학생들은 성적에 전전긍긍할 수밖에 없다. 학점이 낮아서 장학금을 받지 못한다면 학비 마련에 대한 부담이 커지기 때문이다.

(1) 윗글의 설문 조사 결과를 비율이 높은 순으로 써 보세요.

_____

(2) (ㄱ)과 (ㄴ)의 예가 <u>아닌 것</u>을 골라 보세요. (   )

　① (ㄱ) 학점 관리하기　　　　　(ㄴ) 채용 면접 준비하기

　② (ㄱ) 외국어 점수 올리기　　　(ㄴ) 희망 기업에 이력서 넣기

　③ (ㄱ) 취업 관련 자격증 따기　　(ㄴ) 일자리 찾아보기

　④ (ㄱ) 취업 동향 파악하기　　　(ㄴ) 인턴십 활동하기

(3) 윗글의 내용과 같은 것을 골라 보세요. (   )

　① 연애와 인간관계에 대한 고민이 전체의 6.1%를 차지한다.

　② 대학교에 진학하고 나면 성적에 대한 고민이 덜해진다.

　③ 대학 4학년 때 취업·진로에 대한 고민이 가장 심해진다.

　④ 학점이 낮으면 취업이나 경제적인 문제들을 초래할 수 있다.

(4) 윗글을 읽고 들 수 있는 생각이 <u>아닌 것</u>을 골라 보세요. (　　)

　① 요즘 대학생들은 건강보다 외모에 더 신경을 쓰는구나.

　② 요즘 대학생들은 1학년 때부터 공부하랴 스펙 쌓으랴 고단하겠다.

　③ 이번 학기 장학금을 놓치면 다음 학기에 아르바이트도 해야 해서 더 바빠지겠는걸.

　④ 요즘 대학생들은 입학해서 졸업할 때까지 취업 걱정을 가장 많이 하나 봐.

2. 다음 글을 읽고 질문에 답해 보세요.

누구나 진로를 선택해야 하는 순간이 온다. 그 인생의 갈림길에서 내가 나아갈 길, 즉 진로를 찾기 위해서는 어떻게 해야 할까? 우선 진로 찾기에 부담을 갖지 않는 것이 중요하다. 대부분의 사람은 진로를 정하면 다시 되돌릴 수 없는 것으로 생각하기 때문에 선택하는 데 어려움을 느낀다. 물론 한 번 정한 진로를 다시 바꾸는 것이 쉬운 일은 아니지만 요즘 같이 평생 직장이라는 개념이 사라진 시대에서는 불가능한 것도 아니기 때문에 너무 전전긍긍할 필요는 없다.

대학생이라면 아마 대학원 진학, 취업, 창업 이 세 가지 길 중 어느 방향으로 가야 할지 고민하고 있을 것이다. 진로 탐색의 기본은 자신이 좋아하는 것과 잘하는 것이 무엇인지를 알아내는 것이다. 현재 무엇을 배우고 싶은지, 무엇을 할 때 가장 즐거운지, 어떤 일을 할 때 성과가 좋았는지와 같은 가벼운 질문에 조금씩 대답하다 보면 자신의 적성을 파악할 수 있다.

이어령 교수가 쓴 『젊음의 탄생』이라는 책에 이런 구절이 있다. "100명의 아이들을 한 방향으로 뛰게 하면 1등은 한 명밖에 나오지 않지만, 100

명의 (ㄱ)아이들을 각자 뛰고 싶은 방향으로 뛰게 하면 모두가 일등이 될 수 있다." 즉, 그만큼 사람마다 가지고 있는 적성이 다르므로 다른 사람이 가는 길을 똑같이 (ㄴ)따라갈 필요는 없다는 것이다. 여러분도 진로 탐색 시 이 말을 꼭 기억하길 바란다.

(1) 윗글에서 인생의 갈림길이란 무엇을 가리키나요?

_____

(2) (ㄱ)에 해당하는 예로 알맞은 것을 골라 보세요. (　　)

　① 요즘 대기업 입사가 대세니까 우리 아들도 대기업에 입사시켜야겠다.

　② 안정적인 노후를 위해 우리 아이들도 공무원 시험을 준비하면 좋겠다.

　③ 아이들의 의견을 존중하지만 부모로서 아이들의 장래를 정해 줘야 한다.

　④ 우리 아이들은 자신의 적성에 맞는 직업을 선택하면 좋겠다.

(3) (ㄴ)과 같은 의미로 사용된 것을 골라 보세요. (　　)

　① 우리는 모두 선생님의 뒤를 따라갔다.

　② 이 길을 쭉 따라가다 보면 우체국이 나올 거예요.

　③ 한 달 동안 입원한 탓에 수업을 따라가기 힘들다.

　④ 아이는 부모의 행동을 그대로 따라가기 때문에 항상 조심해야 한다.

(4) 윗글의 내용과 다른 것을 골라 보세요. (　　)

　① 진로란 인생의 갈림길에서 내가 나아갈 길을 말한다.

　② 진로는 한 번 정하면 절대 바꿀 수 없다.

　③ 요즘은 평생직장이라는 개념이 사라졌다.

　④ 사람마다 가지고 있는 적성이 다르다.

번역

1. 다음 글을 중국어로 번역해 보세요.

　진로 고민을 해결하려면 우선 자신의 장점이 무엇인지, 무엇을 좋아하는지를 정확하게 파악하는 것이 중요하다. 아무리 생각해 봐도 잘 모르겠다면 직업 적성 검사를 받아 보는 것도 좋은 방법이다. 장점과 적성을 파악하고 나면 이와 관련된 경험을 해 봐야 한다. 직접 체험해 보는 것이 가장 좋겠지만 그러지 못한다면 관련 자료를 찾아보면서 간접적으로 경험해 보는 것도 좋다. 그리고 나서도 해당 분야에 대해 여전히 관심이 있으면 진로는 그것으로 정해도 괜찮을 것이다.

_____

_____

_____

_____

_____

_____

_____

2. 다음 글을 한국어로 번역해 보세요.

　　人生在世，每个年龄段都有不同的烦恼。小学时因要上钢琴、绘画等各种兴趣班，挤占了玩儿的时间而烦恼，上了中学又因各种学习压力而小心谨慎。好不容易考上大学，又可能因专业不适合自己而彷徨，或者面临没有明确目标，不知道将来要干什么等问题。人生就是如此，有快乐就有悲伤，有喜悦就会有烦恼。但所有的悲伤和烦恼都会过去，让我们保持一颗乐观的心，积极面对挑战和困境，充满信心地去迎接每一天。

_____

_____

_____

_____

_____

_____

_____

 쓰기

여러분은 대학 생활을 하면서 어떤 고민이 있었습니까? 다음 질문에 답하고 대학생의 고민을 주제로 글을 써 보세요.

1. 여러분의 고민은 무엇인가요?

2. 이러한 고민이 생긴 이유는 무엇인가요?

3. 고민 해결을 위해 어떤 노력을 했나요?

제 4 과
외모와 성격

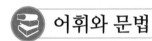

어휘와 문법

1. 다음 단어에 알맞은 뜻풀이를 연결해 보세요.

(1) 이마 •　　• 남의 것을 몰래 가져다가 자기 것으로 하다.

(2) 도우미 •　　• 살이 빠져 야위다.

(3) 외향적 •　　• 변함없이 그 모양으로.

(4) 창의적 •　　• 수량이 아주 적다.

(5) 훔치다 •　　• 새로운 생각이나 의견을 가진 것.

(6) 집계되다 •　　• 속마음이나 감정을 적극적으로 밖으로 나타내는 것.

(7) 마르다 •　　• 이미 된 계산들이 한데 모여서 계산되다.

(8) 통통하다 •　　• 남에게 봉사하는 사람.

(9) 근소하다 •　　• 키가 작고 살이 쪄서 몸이 옆으로 퍼져 있다.

(10) 그대로 •　　• 얼굴의 눈썹 위로부터 머리털이 난 아래까지의 부분.

2. 다음 빈칸에 알맞은 것을 골라 보세요.

(1) 양보다 질이 중요하다는 그의 주장에 모두 (　　)를/을 표했다.

　　① 감동　　　　　② 호감　　　　　③ 동감　　　　　④ 허락

(2) 갸름한 얼굴에 오뚝한 코, 그녀가 이렇게 미인인 줄 왜 (　　) 몰랐을까?

　　① 벌써　　　　　② 이미　　　　　③ 아직　　　　　④ 여태

(3) 흥분한 다른 아이들과 달리 그는 (　　) 이야기를 해 나갔다.

　　① 차분하게　　② 꼼꼼하게　　③ 단정하게　　④ 반듯하게

(4) 그녀는 깨끗하고 (　　) 얼굴에 공부까지 잘해서 반에서 인기가 많다.

　　① 차분한　　　② 청순한　　　③ 든든한　　　④ 얌전한

(5) 나는 그녀가 갑자기 던진 질문에 (　　) 아무 말도 하지 못했다.

① 두려워서　　　　② 불안해서　　　　③ 당황해서　　　　④ 안타까워서

(6) 형편이 어려운 학생들이 (　　)를/을 느끼지 않게끔 우리가 신경을 더 써야 합니다.

① 친근감　　　　② 신뢰감　　　　③ 배신감　　　　④ 소외감

(7) 부서 직원들이 서로 아끼고 칭찬하며 격려하기 때문에 팀 분위기가 항상 (　　).

① 맑다　　　　② 밝다　　　　③ 바르다　　　　④ 선하다

(8) 처음에는 유학 생활이 좀 힘들었지만 지금은 친구가 많이 생겨서 마음이 (　　).

① 든든하다　　　　② 튼튼하다　　　　③ 단단하다　　　　④ 당황하다

3. 알맞은 단어를 골라 대화를 완성해 보세요.

찌푸리다	괴롭히다	들키다	끓이다	부드럽다
다정다감하다	얌전하다	준수하다	무뚝뚝하다	시원시원하다

(1) 가: 아이가 떠들지도 않고 _____게 잘 앉아 있네요.

나: 아무래도 처음 와 본 곳이라 낯설어서 그럴 거예요.

(2) 가: 형제가 생긴 게 너무 비슷하더라고요. 성격도 비슷한가요?

나: 아니요, 동생은 말도 잘하고 상냥한 반면 형은 말수도 적고 _____ ㄴ/은/는 편이에요.

(3) 가: 저 애는 왜 저렇게 게으른지 몰라.

나: 그러게, 지저분한 방을 볼 때마다 나도 얼굴을 _____게 되네.

(4) 가: 저번에 소개팅한 남자 어땠어?

나: 성격이 _____ㄴ/은/는 게 남자다웠어.

(5) 가: 애가 왜 방에서 울고 있어요?

나: 곧 기말시험인데 만화책을 보다가 나에게 _____아서/어서/여

서 제대로 혼났죠.

(6) 가: 새로 온 담임 선생님은 어땠어?

나: 키는 훤칠하고 눈매는 선하고 _____.

(7) 가: 너희들 왜 싸우게 된 거야?

나: 애가 약한 친구를 _____아서/어서/여서 도저히 보고만 있을

수 없었어요.

(8) 가: 남편은 어떤 분이세요?

나: 늘 _____게 저를 아껴 주는 따뜻한 사람이에요.

(9) 가: 여기는 언제 와도 사람들로 붐비는 것 같아요.

나: 네, 경치가 아름다워서 사철 관광객이 _____지 않아요.

(10) 가: 할아버지, 손녀 신랑감을 보시니 어떠세요?

나: 용모도 _____고 말하는 것도 차분하고 겸손하니 무척 마음에

드는구나.

4. 알맞은 표현을 골라 대화를 완성해 보세요.

| 고집이 세다 | 따돌림을 당하다 | 속이 깊다 | 꾸지람을 듣다 |
| 정이 많다 | 장난을 치다 | 낯을 가리다 | 신뢰감을 주다 |

(1) 가: 오늘 개강 첫날이라 많이 설레고 재미있었겠어요.

나: 재미있기는요. 개강 첫날부터 지각하는 바람에 선생님에게 _____.

(2) 가: 동생이 참 과묵한 것 같더라고요.

나: 네, 성격이 내성적이라 처음 보는 사람한테는 _____고 말도

잘 안 해요.

(3) 가: 아들이 학교에서 친구와 ＿＿＿＿＿＿＿＿다가 넘어져서 다리를 다쳤대요.

나: 그 녀석 이번엔 좀 야단을 맞아야겠어요.

(4) 가: 내일 면접이 있는데 어떻게 하면 좋은 인상을 줄 수 있을까요?

나: 단정한 차림새에 자신감 있는 표정으로 면접관에게 ＿＿＿＿＿＿＿＿
ㄴ/은/는 것이 중요한 것 같아요.

(5) 가: 오빠는 자존심이 강해서 절대 먼저 사과하는 일이 없을 거예요.

나: 그러게요. 왜 그렇게 ＿＿＿＿＿＿＿＿ㄴ지/은지/는지 좀처럼 다른 사람
의 의견을 들으려고 하지 않더라고요.

(6) 가: 아이가 이젠 학교 생활에 잘 적응하나 봐요.

나: 네, 처음에 전학 왔을 때는 지나치게 솔직한 성격 때문에 ＿＿＿＿＿＿＿＿
ㄴ데/은데/는데 지금은 다행히 친구가 생겼어요.

(7) 가: 레이는 지내 볼수록 사람이 참 좋은 것 같아.

나: 맞아, 어쩜 저렇게 마음이 넓고 ＿＿＿＿＿＿＿＿ㄴ지/은지/는지 모르겠어.

(8) 가: 동네에서는 무슨 일만 있으면 할아버지를 찾는 것 같아요.

나: 할아버지께서 ＿＿＿＿＿＿＿＿아서/어서/여서 이웃들을 잘 도와주시니
까 그래요.

5. '-고 보니'를 사용하여 대화를 완성해 보세요.

(1) 가: 지갑 잃어버렸어요?

나: 네, 버스에서 ＿＿＿＿＿＿＿＿ 지갑이 없어졌더라고요.

(2) 가: 직장 생활이 어때요?

나: 괜찮아요. 그런데 ＿＿＿＿＿＿＿＿ 학생 때가 제일 행복했던 것 같아요.

(3) 가: 우리 영어 선생님이 반장 아버지래요.

나: ＿＿＿＿＿＿＿＿ 좀 닮은 데가 있군요.

(4) 가: 한국어 배우기 어렵지 않아요?

나: ＿＿＿＿＿＿＿＿ 생각보다 어렵지 않더라고요.

(5) 가: 검정색 옷도 잘 어울리는 것 같아요.

　　나: 평소에 어두운 옷은 잘 안 입어서 몰랐는데 ＿＿＿＿＿＿＿＿ 괜찮네요.

6. 밑줄 친 부분이 다른 의미로 쓰인 것을 골라 보세요.

(1) (　　)

① 3<u>에</u> 5를 더하면 8이 된다.

② 그는 항상 가방<u>에</u> 자그마한 인형을 달고 다닌다.

③ 선글라스<u>에</u> 모자까지 써서 윤서인지 몰랐어요.

④ 학교 축제 공연<u>에</u> 발표 과제까지 겹쳐서 정신이 없다.

(2) (　　)

① 스무 명<u>에</u> 오늘 추가된 인원까지 하면 모두 서른 명 정도 됩니다.

② 정장<u>에</u> 구두까지 신으니 제법 직장인 같네요.

③ 그는 그 많은 간식을 한꺼번<u>에</u> 다 먹어 버렸다.

④ 화이트 색상의 인테리어<u>에</u> 가구가 많지 않으니 집이 더 커 보인다.

(3) (　　)

① 시간 약속을 지키지 못하는 사람은 다른 사람<u>에게</u> 신뢰를 받기 어렵다.

② 그는 십수 년 전 친구<u>에게</u> 받은 편지를 여태 간직하고 있다.

③ 나는 김 선생님<u>에게</u> 한국어를 배웠다.

④ 연로하신 분들<u>에게</u> 자리를 양보하는 것은 당연한 것입니다.

(4) (　　)

① 그는 강자<u>에게</u>는 강하고 약자에게는 약한 사람이다.

② 과묵한 것처럼 보여도 가족들<u>에게</u>는 말을 엄청 많이 해요.

③ 퇴임하면서 선생님께서는 책들을 제자들<u>에게</u> 나눠 주었다.

④ 선생님이라도 학생들<u>에게</u> 배울 점이 있으면 배워야 한다.

(5) (　　)

　　① 높은 점수를 받을 것으로 예상되지만 결과는 아직 알 수 없어요.

　　② 이번 시험에서는 85점으로 영어 성적이 소폭 상승했다.

　　③ 이 수술은 성공률이 99%로 높으니 너무 걱정하지 마세요.

　　④ 지지율이 84%로 역대 최고를 기록했다.

7. 알맞은 것을 골라 문장을 완성해 보세요.

> -고 보니　　　-고 나면　　　-ㄹ/을 줄 알다　　　-게끔　　　-려고/으려고

(1) 기타를 ＿＿＿＿＿＿＿＿ 이번 장기 자랑 때 한번 해 보세요.

(2) 뒤에서도 잘 ＿＿＿＿＿＿＿＿ 글씨를 좀 크게 써 주세요.

(3) 이 책을 ＿＿＿＿＿＿＿＿ 중국 근현대사에 대해 좀 알게 될 거야.

(4) 그는 아침에 일찍 ＿＿＿＿＿＿＿＿ 항상 7시에 알람을 맞춰 놓는다.

(5) 선생님께 과제를 ＿＿＿＿＿＿＿＿ 잘못 쓴 부분이 있어서 다시 제출할까 고민 중이에요.

8. 다음 빈칸에 들어갈 말로 적절하지 않은 것을 골라 보세요.

(1) 침대 머리는 북쪽을 (　　) 놓아 주세요.

　　① 향하도록　　　② 향하게끔　　　③ 향하고　　　④ 향해서

(2) 자습 시간에는 공부에 (　　) 조용히 해 주세요.

　　① 집중할 수 있도록　　　　　② 집중할 수 있게끔

　　③ 집중할 수 있게　　　　　　④ 집중할 수 있으려고

(3) 싫다는 장난을 자꾸 쳐서 (　　) 미움을 샀다.

　　① 친구들로부터　　② 친구들과　　③ 친구들에게　　④ 친구들한테

(4) 가: 과장님은 운전하시죠?

　　나: 아니요, 아까 술을 마셔서 (　　).

　　① 운전할 줄 몰라요　　　　　　　② 운전하면 안 돼요

　　③ 운전할 수 없어요　　　　　　　④ 운전을 못 해요

(5) 가: 국어학 수업은 어려울 거 같아요.

　　나: 저도 처음에는 어려울 거라고 생각했는데 수업을 (　　) 그렇지 않더라고요.

　　① 들어 보니　　　② 듣고 보니　　　③ 듣고 나니　　　④ 듣고 보면

9. 다음 문장에서 **틀린 부분**을 찾아 바르게 고쳐 써 보세요.

(1) 숙제를 다 했고 보니 새벽 2시가 됐다.

　　→ _____

(2) 어제 공원에 가고 보니 꽃들이 벌써 다 폈더라고요.

　　→ _____

(3) 버스를 탔는데 느낌이 이상하고 보니 잘못 탔다.

　　→ _____

(4) 문제 유형에 익숙하게끔 기출문제를 많이 풀어 봐야 한다.

　　→ _____

(5) 친구에서 들었는데 졸업 시험을 통과해야 졸업할 수 있대요.

　　→ _____

(6) 나는 늘 다른 사람들이 도움을 주지는 못해도 폐를 끼쳐서는 안 된다는 생각을 한다.

　　→ _____

(7) 어른인데 우리도 이제 운전을 할 줄 알자.

　　→ _____

듣기

장빈과 류지아의 대화를 잘 듣고 질문에 답해 보세요. 📻04

1. 장빈이 류지아에게 이상형을 물어 본 이유는 무엇인가요?

_____

2. 류지아의 이상형은 어떤 사람인가요? (　　)

　① 마음이 넓고 따뜻한 사람

　② 이목구비가 뚜렷한 사람

　③ 얼굴이 갸름하고 보조개가 있는 사람

　④ 과묵하지만 무뚝뚝하지 않은 사람

3. 대화 내용과 같은 것을 골라 보세요. (　　)

　① 장빈은 류지아에게 동아리 친구를 소개하려고 한다.

　② 장빈이 소개하려는 사람은 류지아의 이상형과 정반대이다.

　③ 장빈의 학과 동기는 류지아에게 호감을 가지고 있다.

　④ 류지아는 낯을 가리는 성격이 아니다.

4. 장빈이 류지아와 자신의 학과 동기가 잘 어울릴 것 같다고 한 이유는 무엇인가요?

_____

읽기

1. 다음 글을 읽고 질문에 답해 보세요.

　　최근 젊은이들을 중심으로 MBTI (Myers-Briggs Type Indicator) 검사가 유행하고 있다. MBTI란 심리 유형론을 바탕으로 만들어진 성격 유형 검사이다. 4가지 기준을 통해 개인의 성격을 16가지 유형으로 분류하는데, 검사 결과에 따라 어떤 유형의 성격에 속하는지를 알려 준다.

　　한 심리 포털 사이트에서 대학생 남녀 1,000명을 대상으로 설문 조사한 결과, 전체 응답자의 87.4%가 이 검사를 해 본 적이 있는 것으로 집계됐다. 검사를 받은 이유로 '회사 지원 시 필요해서'가 66.9%로 1위를, '나와 내 성격에 대해 잘 알고 싶어서'가 64.7%로 2위를 차지했다. 그 외에 '호기심에 혹은 재미있을 것 같아서'(35.0%), '주변 사람들의 권유로'(30.0%) 등의 대답도 있었다.

　　위 설문 조사 결과를 통해서도 알 수 있듯이 (ㄱ)최근 한국 회사에서 사원을 채용할 때 MBTI 검사 결과를 요구하는 곳이 많아졌다. 그런데 특정 성격 유형만을 선호하거나 우대하는 회사가 나타나면서 취업 준비생들 사이에서 논란이 되고 있다.

　　이에 일부 전문가들은 검사 대상자가 취업에 (ㄴ)＿＿＿ 거짓말을 할 수 있을 뿐만 아니라 MBTI 검사는 성격의 유형을 나타낼 뿐 업무 능력과는 다르게 봐야 한다는 의견을 내놓고 있다.

(1) MBTI 검사에 대한 설명이 <u>아닌 것</u>을 골라 보세요. (　　)

　　① MBTI 검사는 젊은이들을 중심으로 유행하고 있다.

　　② MBTI 검사는 심리 유형론을 바탕으로 만들어졌다.

　　③ MBTI 검사를 통해 내 성격의 유형을 알아낼 수 있다.

　　④ MBTI 검사는 전문가와 함께 실시하므로 신뢰도가 높다.

(2) 설문 조사에 대한 설명이 <u>아닌 것</u>을 골라 보세요. (　　)

① 이 설문 조사는 남자 대학생 500명과 여자 대학생 500명을 대상으로 실시
했다.

② 설문 대상자의 12.6%는 MBTI 검사를 해 본 적이 없다.

③ 이 설문 조사는 복수로 응답이 가능하다.

④ MBTI 검사를 받은 이유에서 1위와 2위는 근소한 차이를 보인다.

(3) (ㄱ)의 내용을 신문 기사로 바꾼다면 어떤 제목이 적절할지 골라 보세요.
(   )

① 회사 지원 시 MBTI 검사 결과 제출, 찬성하는가?

② 이제 취업을 위해 성격도 준비해야 하나요?

③ 취업에 필요한 MBTI 성격 유형은?

④ 점점 커지는 MBTI에 대한 관심

(4) (ㄴ)에 들어갈 알맞은 것을 골라 보세요. (   )

① 유리하고 보니

② 유리하게끔

③ 유리할까 봐

④ 유리한 탓에

2. 다음 글을 읽고 질문에 답해 보세요.

오늘 왕나와 함께 우리 오빠 결혼사진을 보다가 첫인상에 대한 이야기
를 하게 되었다. 왕나는 내 첫인상이 청순하면서도 귀여웠다고 칭찬해 주
었다.

　　나도 친구들을 처음 만났을 때를 생각해 보았다. 개강 첫날 내가 기억하는 왕나는 뚜렷한 이목구비에 갸름한 얼굴이 인상적인 미소녀였다. 잘 웃고 표정도 밝아서 나처럼 외향적인 성격일 거라고 생각했는데 (ㄱ)의외로 (ㄴ)사람들 앞에서 긴장하며 자신을 소개하는 모습이 귀여웠다.

　　장빈을 처음 봤을 때의 기억도 뚜렷하다. 왜냐하면 그때 장빈의 첫인상이 좀 안 좋았기 때문이다. 어떤 남학생이 키도 훤칠하고 얼굴도 잘생겼는데 계속 얼굴을 찌푸리고 있어서 '불만이 많은 사람인가?'라고 생각했었다. 알고 보니 장빈은 그날 깜빡하고 콘택트렌즈를 안 끼고 나오는 바람에 그랬다고 한다.

　　그리고 동아리 모임에서 지아를 처음 만난 날도 기억한다. 지아는 큰 키에 몸매도 날씬해서 눈에 띄는 스타일이었다. 얌전해 보여서 과묵할 줄 알았는데 직접 말을 걸어 보니 예상과 달리 지아는 말이 많았다.

　　이렇게 생각하다 보니 첫인상이 꼭 정확한 것은 아닌 것 같다. 순간적인 판단에 의존하는 첫인상보다 겪어 봐야 알 수 있는 사람의 마음이나 성격 등이 더 중요하기 때문에 첫인상만으로 사람을 판단하지 말아야겠다는 생각이 든다.

(1) 윗글의 제목으로 알맞은 것을 골라 보세요. (　　　)

　　① 친구들의 첫인상

　　② 나의 첫인상

　　③ 소중한 인연

　　④ 동아리 첫 모임

(2) (ㄱ)과 바꿔 쓸 수 있는 말을 윗글에서 찾아 써 보세요.

＿＿＿＿＿＿＿＿＿＿＿＿＿＿＿＿＿＿＿＿＿＿＿＿＿＿＿＿＿＿＿＿＿＿＿

(3) (ㄴ)의 표현으로 보아 왕나는 어떤 성격인가요?

＿＿＿＿＿＿＿＿＿＿＿＿＿＿＿＿＿＿＿＿＿＿＿＿＿＿＿＿＿＿＿＿＿＿＿

(4) 윗글의 내용과 같은 것을 골라 보세요. (　　)

　① 왕나는 나를 처음 만났을 때를 기억하지 못한다.

　② 나는 장빈을 처음 봤을 때 키도 훤칠하고 얼굴도 잘생겨서 호감을 느꼈다.

　③ 나는 지아가 말이 많은 사람일 거라고 생각했다.

　④ 나는 첫인상으로 사람을 판단하지 않으려고 한다.

 번역

1. 다음 글을 중국어로 번역해 보세요.

　저는 외향적인 성격에 책임감이 강합니다. 외향적이기 때문에 낯을 가리지 않고 처음 본 학우하고도 금방 친해집니다. 또한 책임감이 강해 맡은 일에 최선을 다합니다. 과제를 할 때 여러 가지 자료를 꼼꼼히 보는 것은 물론, 작성한 과제에 틀린 곳이 없게끔 여러 번 확인한 다음에야 제출합니다. 그러고 보니 일을 할 때 다른 사람보다 시간이 더 오래 걸린다는 단점이 있는 것 같습니다. 앞으로는 일을 실수 없이 잘하면서도 속도를 좀 내야겠습니다.

_____

_____

_____

_____

_____

_____

2. 다음 글을 한국어로 번역해 보세요.

　胤西是我的韩国朋友。她身高1米63左右，白皮肤，娃娃脸，笑起来眼睛弯弯像月牙，特别清纯可爱。和胤西相处后我发现她的性格也和外表一样讨人喜欢。胤西活泼开朗，积极主动，不仅乐于助人，还会悉心关怀对方的感受，是个让人感觉亲切且值得信赖的女孩子。

_____

_____

_____

_____

_____

_____

_____

 쓰기

여러분은 친구에게 긍정적인 영향을 받은 적이 있습니까? 다음 질문에 답하고 나에게 긍정적인 영향을 준 친구에 대한 글을 써 보세요.

1. 친구의 외모는 어떠했나요?

2. 친구의 성격은 어떠했나요?

3. 나에게 긍정적인 영향을 준 일은 무엇인가요?

제5과
국경일과 기념일

 어휘와 문법

1. 다음 단어에 대응되는 뜻풀이를 연결해 보세요.

(1) 인연 • • 행사의 규모가 크고 훌륭하다.

(2) 도둑 • • 사람들 사이에 맺어지는 관계.

(3) 바겐세일 • • 남의 물건을 훔치거나 빼앗는 사람.

(4) 몰리다 • • (사람이나 그 행동이) 매우 대단하고 훌륭하다.

(5) 게양하다 • • 여럿이 한곳으로 모여들다.

(6) 이르다 • • 깃발 따위를 높이 걸다.

(7) 성대하다 • • 뛰어나거나 특별한 점이 없이 보통이다.

(8) 평범하다 • • 그렇지 않으면.

(9) 장하다 • • 어떤 장소에 도착하다.

(10) 또는 • • 일정 기간 동안 특별히 물건을 싸게 파는 일.

2. 다음 빈칸에 알맞은 것을 골라 보세요.

(1) 책을 많이 (　　) 생각이 깊은 사람이 된다.

　　① 접할수록　　　② 접속할수록　　　③ 만날수록　　　④ 대처할수록

(2) 우리 과 졸업생 중에는 훌륭한 사람이 많아 동학으로서 (　　)를/을 느낀다.

　　① 자신감　　　② 자부심　　　③ 자존심　　　④ 자만심

(3) 내일 모임에 입고 나갈 (　　) 옷이 없어 고민이에요.

　　① 마땅한　　　② 당연한　　　③ 어울린　　　④ 만족한

(4) 예전에는 여자가 남자 형제들과 한 상에서 식사할 수 없을 만큼 남녀 (　　)
가/이 심했다.

① 구분   ② 차이   ③ 차별   ④ 분류

(5) (   ) 쉬는 날인 만큼 여자 친구와 함께 오랜만에 영화를 보기로 했다.

① 특히   ② 좀처럼   ③ 일부러   ④ 모처럼

(6) 멀리서도 보일 만큼 빨간색으로 이름이 크게 (   ) 있었다.

① 써   ② 쓰여   ③ 쓰이고   ④ 씌어

(7) 창문이 바람에 (   ) 버렸네. 할머니가 덥다고 하시니 창문을 얼른 열어 드려라.

① 막아   ② 막혀   ③ 닫아   ④ 닫혀

(8) 속담에는 옛사람들의 삶의 교훈과 지혜가 (   ) 있다.

① 담아   ② 담아져   ③ 담겨   ④ 담기고

3. 알맞은 단어를 골라 대화를 완성해 보세요.

부여하다	되새기다	무리하다	맞이하다	한하다
훈훈하다	소중하다	각별하다	씩씩하다	번거롭다

(1) 가: 할아버지, 새해에도 건강하시고 행복하시기 바랍니다.

　　나: 고맙구나. 할아버지는 너희들이 밝고 ＿＿＿＿＿＿＿게 자라 줘서 무척
　　　　고맙단다.

(2) 가: 두 사람이 국적도 나이 차이도 극복하고 드디어 결혼식을 올린대요.

　　나: 그러게요. 두 사람의 사랑 이야기는 언제 들어도 참 ＿＿＿＿＿＿＿.

(3) 가: 윤서 씨는 감성이 풍부한 것 같아요.

　　나: 네, 저는 일상의 사소한 것 하나에도 의미를 ＿＿＿＿＿＿＿아/어/여 깊
　　　　이 생각하는 편이에요.

(4) 가: 감기에 걸렸는지 열이 나고 목도 아프네요.

　　나: 감기에는 ＿＿＿＿＿＿＿지 않고 푹 쉬는 것이 최고니까 오늘은 일찍
　　　　들어가세요.

(5) 가: 이번 여행을 통해 전통문화에 대해 더 깊이 이해한 것 같아요.

　　나: 맞아요. 조상들이 남겨 놓은 문화를 ＿＿＿＿＿＿＿ㄴ/은/는 좋은 시간

　　　　이었습니다.

(6) 가: 어려서부터 단짝이었던 둘은 지금도 사이가 ＿＿＿＿＿＿＿ㄴ/은/는 것

　　　　같더라고요.

　　나: 네, 십여 년이 지나도 변하지 않는다는 게 참 부러워요.

(7) 가: 오늘 광장에 사람들이 많이 모였더라고요.

　　나: 네, 이제 곧 광복절을 ＿＿＿＿＿＿＿아/어/여 순국열사를 기리는 행사

　　　　가 열릴 테니까요.

(8) 가: 할아버지, 제가 휴대폰 요금 납부 방식을 자동 이체로 바꿔드릴까요?

　　나: 그렇게 해 주면 너무 고마운데 ＿＿＿＿＿＿＿지 않겠니?

(9) 가: 오늘 이렇게 말씀으로만 듣던 분을 뵙게 되어 영광이었습니다.

　　나: 네, 저도 오늘의 만남, ＿＿＿＿＿＿＿게 간직하겠습니다.

(10) 가: 오늘 학원에 무료 강의가 있다고 들었어. 정말이야?

　　　나: 응, 신규 등록생 선착순 30명에 ＿＿＿＿＿＿＿아/어/여 영어 무료 강

　　　　　의가 있대.

4. 알맞은 표현을 골라 대화를 완성해 보세요.

게으름을 피우다	애(를) 쓰다	잔치를 치르다	귀가 솔깃하다
말문이 막히다	시간에 쫓기다	인산인해를 이루다	눈 깜짝하다

(1) 가: 아까 선생님의 질문에 왜 대답 안 했어?

　　나: 예상하지 못한 질문에 순간 당황해서 그만 ＿＿＿＿＿＿＿아/어/여 버

　　　　렸어.

(2) 가: 어버이날에 마을 회관에서 무슨 행사가 있나요?

　　나: 마을 어른들에게 경로 ＿＿＿＿＿＿＿아/어/여 드리기로 했어요.

(3) 가: 남자 친구랑 또 싸웠어?

나: 응, 남자 친구가 _____다가 약속 시간에 한 시간이나 늦었거든.

(4) 가: 오늘 시험 잘 봤어?

나: 잘 보긴. 망한 것 같아. _____아/어/여 마지막 문제는 제대로 읽지도 못했거든.

(5) 가: 새로 오신 담임 선생님은 어때? 많이 엄격하셔?

나: 아니, 친절하고 칭찬도 많이 해 주려고 _____ㄴ/은/는 분인 것 같아.

(6) 가: 잘 어울린다는 종업원의 말에 _____아서/어서/여서 사긴 했는데 집에 와서 입어 보니 너무 마음에 안 들어. 어쩜 좋아?

나: 어제 산 거니까 영수증을 가지고 가면 반품할 수 있을 거야.

(7) 가: 오늘 공원에 사람이 너무 많네요.

나: 네, 여기는 4월 말이 되면 벚꽃을 구경하러 온 사람들로 늘 _____.

(8) 가: 네가 한국에 간 게 어제 같은데 벌써 6개월이나 지났구나.

나: 그러게요. _____ㄹ/을 사이에 시간이 많이 흘렀어요.

5. 다음 문장을 〈보기〉와 같이 피동문으로 바꿔 써 보세요.

┌─────────────── 〈보기〉 ───────────────┐

점원이 옷을 많이 팔았어요.

→ <u>옷이 많이 팔렸어요.</u>

└────────────────────────────────────┘

(1) 어머니가 가격을 많이 깎았어요.

→ _____

(2) 동생이 제 신발을 밟았어요.

→ _____

(3) 학우들이 저를 반장으로 뽑았어요.

→ _____

(4) 왕나가 창문을 열었어요.

→ _____

(5) 동생이 스티커를 뜯었어요.

→ _____

6. 알맞은 것을 연결하고 '-고자'를 사용하여 문장을 만들어 보세요.

(1) 스승의 가르침에 고마움을 표하다 •   • 매일 30분씩 달리기를 하다

(2) 환경을 보호하다   •   • 결혼사진을 새로 찍다

(3) 체력을 기르다   •   • 아르바이트를 하면서 돈을 모으다

(4) 부모님은 은혼식을 기념하다   •   • 커피숍에서 머그잔을 사용하다

(5) 여름 방학에 배낭여행을 가다   •   • 선생님께 카네이션을 선물하다

(1) _____

(2) _____

(3) _____

(4) _____

(5) _____

7. 밑줄 친 부분이 다른 의미로 쓰인 것을 골라 보세요.

(1) (   )

① 나는 기타를 <u>칠 줄 안다</u>.

② 그는 5개 국어를 <u>할 줄 안다</u>.

③ 그는 <u>수영할 줄 안다</u>.

④ 형이 모임에 <u>올 줄 알았다</u>.

(2) (　　)

① 어린이날에 어른도 <u>쉬는 줄 처음 알았어요</u>.

② 지하철을 놓쳐서 <u>지각할 줄 알았어요</u>.

③ 동생은 어릴 때부터 <u>요리할 줄 알았어요</u>.

④ 8시면 문을 <u>열 줄 알았어요</u>.

(3) (　　)

① 노력이 <u>부족했던 만큼</u> 합격하지 못한 건 당연한 일이다.

② 아직은 <u>성장기인 만큼</u> 골고루 영양을 섭취해야 합니다.

③ 그 길은 자동차 한 대도 못 <u>지나갈 만큼</u> 좁았다.

④ 내일 면접이 <u>있는 만큼</u> 오늘은 일찍 자는 게 좋을 것 같다.

(4) (　　)

① 그의 성적은 <u>놀랄 만큼</u> 향상되었다.

② 온가족이 모이는 <u>명절인 만큼</u> 나도 웬만하면 집에 가려고 한다.

③ 그는 안 본 영화가 <u>없을 만큼</u> 영화를 좋아한다.

④ 매주 봉사 활동에 <u>참여할 만큼</u> 다른 사람을 잘 돕는다.

(5) (　　)

① 희망이 <u>큰 만큼</u> 실망도 크다.

② 나는 <u>먹는 만큼</u> 살이 찌는 체질이다.

③ 이제는 <u>성인인 만큼</u> 철이 들었으면 좋겠다.

④ <u>노력한 만큼</u> 성적이 나오지 않아서 속상하다.

8. 알맞은 것을 골라 문장을 완성해 보세요.

> -ㄴ/은/는/ㄹ/을 줄 알다　　-ㄴ/은/는/ㄹ/을 만큼　　-고자
>
> -란다/이란다　　　　　　　-아/어/여 드리다

(1) 이 가수는 한국 사람이라면 모르는 사람이 ＿＿＿＿＿＿＿ 유명한 연예인
이에요.

(2) 불이 켜져 있어서 집에 사람이 _____.

(3) 할아버지 생신을 _____ 가족들이 모두 한자리에 모였다.

(4) 할머니께서 스마트폰을 쓰실 줄 몰라서 제가 _____.

(5) 저 사람은 내가 어릴 때부터 한 동네에서 놀고 자란 _____.

9. 다음 문장에서 틀린 부분을 찾아 바르게 고쳐 써 보세요.

(1) 점심을 많이 먹었는 만큼 아직 배가 안 고프다.

　　→ _____

(2) 돈을 많이 낼 만큼 좋은 서비스를 제공받을 수 있어요.

　　→ _____

(3) 이 아르바이트는 친구가 저한테 소개해 드린 거예요.

　　→ _____

(4) 회의가 7시인 줄 알은데 확인해 보니 8시였다.

　　→ _____

(5) 한국어가 유창하고자 아침마다 말하기 연습을 했다.

　　→ _____

(6) 한국어 말하기 대회에 참여하고자 선생님께서 저를 매일 지도해 주셨습니다.

　　→ _____

(7) 이번에 새로 나온 상품이 가장 많이 팔았다.

　　→ _____

 듣기

김시우와 장레이의 대화를 잘 듣고 질문에 답해 보세요. 05

1. 다음 두 날짜는 무슨 기념일인가요?

   (1) 3월 3일: _____

   (2) 11월 11일: _____

2. 대화 내용과 <u>다른 것</u>을 골라 보세요. (   )

   ① 한국에는 나라에서 정한 것이 아닌 기념일도 있다.

   ② 장레이는 한국의 기념일이 예상보다 많아서 놀랐다.

   ③ 기념일과 관련된 물건은 기억하기 쉬워 잘 팔린다.

   ④ 정부에서는 기념일 마케팅을 금지하고 있다.

3. 11월 11일에 대한 설명이 <u>아닌 것</u>을 골라 보세요. (   )

   ① 11월 11일은 과자 회사에서 큰돈을 벌고자 만든 날이다.

   ② 11월 11일은 주변 사람들과 정을 나누고자 만든 날이다.

   ③ 11월 11일이 빼빼로데이가 된 것은 기념일 마케팅 때문이다.

   ④ 11월 11일은 날짜의 모양이 빼빼로 과자와 비슷해 빼빼로데이가 되었다.

4. 이어질 대화의 내용으로 적절한 것을 골라 보세요. (   )

   ① 요즘 유행하는 기념일

   ② 농산물과 관련된 기념일

   ③ 한국 기업의 판매 전략

   ④ 농민을 도울 수 있는 방법

읽기

1. 다음 글을 읽고 질문에 답해 보세요.

오늘 나는 친구들과 함께 놀이공원 안에 있는 귀신의 집에 들어갔다. 먼지가 가득 (ㄱ)＿＿＿ㄴ/은/는 집이었다. 집 안을 둘러보는 사이 친구들은 사라지고 없었다. 놀라서 친구들을 찾으러 여기저기 돌아다니다가 어느 방에 들어갔는데, 식탁 위에 맛있는 빵이 바구니에 가득 (ㄴ)＿＿＿아/아/여 있었다. 배가 너무 고팠던 나는 그 빵들을 다 먹어 버렸다.

배가 부른 나는 잊고 있던 친구들이 생각나서 다시 그들을 찾기 시작했다. 또 다른 방에 들어가 보니 이번에는 벽에 가족사진이 걸려 있었다. 사진 속에는 부모님과 자녀로 보이는 사람들이 웃고 있었고 강아지 한 마리가 주인에게 (ㄷ)＿＿＿아/아/여 있었다. 순간, 문 앞에 사진 속의 그 강아지가 서 있는 것을 발견했다. 반가운 마음에 강아지에게 다가가려는데 갑자기 그 강아지가 커다란 개로 바뀌면서 나를 쫓아왔다.

나는 죽을 만큼 무서워서 도망치다가 지하로 내려가는 계단을 발견했다. 내려가 보니 지하실로 들어가는 문이 열려 있었다. 하지만 통로가 (ㄹ)＿＿＿＿아/아/여 있어 더 이상 도망갈 수 없었다. 곧 (ㅁ)＿＿＿겠다는 생각에 두 눈을 꼭 감았는데 그 순간 꿈에서 깼다. 내 방 텔레비전에서는 꿈속에서 본 그 귀신의 집이 나오고 있었고 비명소리까지 (ㅂ)＿＿＿＿. 앞으로 자기 전에 무서운 영화를 보지 말아야겠다고 다짐했다.

(1) 알맞은 단어를 고르고 (ㄱ)~(ㅂ)에 적절한 형태로 문장을 완성해 보세요.

담다 잡다 듣다 안다 쌓다 막다

(ㄱ) _____ (ㄴ) _____ (ㄷ) _____

(ㄹ) _____ (ㅁ) _____ (ㅂ) _____

(2) 윗글에 나타난 장소를 순서에 맞게 써 보세요.

(   ) → (   ) → (   ) → (   ) → (   )

(3) 윗글의 내용과 같은 것을 골라 보세요. (   )

① 나는 귀신의 집에 혼자 들어가지 않았다.

② 나는 귀신의 집에서 아무것도 먹지 않았다.

③ 나는 사진 속 강아지를 안아 봤다.

④ 나는 지하실에서 내 방으로 도망쳤다.

(4) 내가 귀신의 집을 본 이유는 무엇인가요?

_____

2. 다음 글을 읽고 질문에 답해 보세요.

한국에는 삼일절, 제헌절, 광복절, 개천절, 한글날 등 5대 국경일이 있다. 그중 한글날은 세종대왕이 훈민정음, 즉 한글을 창제하여 세상에 반포한 것을 기리고 한글의 독창성과 우수성을 세상에 널리 알리고자 만든 날이다.

세계 여러 문자 중 만든 사람과 제자 원리, 반포일까지 알려진 언어는 한글이 유일하다. 한글은 1443년에 세종대왕과 집현전 학자들에 의해 창제되었고 1446년에 반포되었다. 한글 사용이 점차 확산되면서 사람들은 자신의 생각을 자유롭게 글로 표현할 수 있게 되었고 이에 따라 지식의 교류와 학문의 발전이 이루어진 것이다.

한글날은 1926년 훈민정음 반포 480주년을 기념하여 '가갸날'이라고 부르기 시작한 것에서 기원하였는데, 그 이유는 당시 "가갸거겨……"하는 방법으로 한글을 배웠기 때문이다. 그 후 1928년 국어학자 주시경 선생이 한글이라는 이름을 지으면서 가갸날이 지금의 한글날로 명칭이 바뀌었다. 그리고 1940년에 안동에서 『훈민정음』 원본이 발견되면서 훈민정음이 1446년 음력 9월 상순에 만들어진 것을 알게 되었다. 그렇게 음력 9월 상순의 마지막 날인 9월 10일을 양력으로 계산한 10월 9일이 오늘날의 한글날이 된 것이다.

한글날은 (ㄱ)_____ 정부나 민간 단체에서 다채로운 활동을 진행한다. 한글을 주제로 한 공연이나 한국어 퀴즈 대회 등 한글의 우수성을 체험해 볼 수 있는 다양한 행사가 있으니 꼭 한 번 체험해 보기를 바란다.

(1) (ㄱ)에 들어갈 알맞은 것을 골라 보세요. (　　)

① 국경일인 만큼　　　　　　　② 국경일인 탓에

③ 기념일인 만큼　　　　　　　④ 기념일인 탓에

(2) 한글날의 변천 과정에 대해 정리해 보세요.

명칭	제정 연도 및 날짜
①	
②	
③	

(3) 한글날에 대한 설명으로 맞는 것을 골라 보세요. (　　)

　　① 한글날은 한국의 5대 기념일 중 하나이다.

　　② 한글날은 1446년에 한글이 만들어진 것을 기념하는 날이다.

　　③ 한글날은 1926년에는 '가갸날'로 불렸다.

　　④ 한글날은 주시경 선생이 만든 것이다.

(4) 윗글을 읽고 <u>알 수 없는 것</u>을 골라 보세요. (　　)

　　① 한글날의 의미　　　　　　　　② 한글날의 기원

　　③ 가갸날의 의미　　　　　　　　④ 한글날 행사 장소

 번역

1. 다음 글을 중국어로 번역해 보세요.

　　나는 한국의 어린이날이 공휴일인 줄 오늘에야 알았다. 나는 대학생도 어린이날에 쉬는 것이 놀라웠다. 하지만 윤서의 얘기를 듣고 나니 이해가 됐다. 이날은 어린이를 위한 기념일인 만큼 어린이들이 즐길 수 있어야 하는데 어른 없이는 불가능하니까 모두가 쉬는 공휴일로 제정된 것 같다는 것이다. 정말 그래서인지는 몰라도 꽤 그럴 듯한 설명이다.

_____

_____

_____

_____

_____

_____

_____

2. 다음 글을 한국어로 번역해 보세요.

　　1949年10月1日，中华人民共和国中央人民政府在北京天安门广场隆重举行开国大典。自1950年起，每年的10月1日被定为国庆日，以纪念中华人民共和国成立。在国庆节这个特别的日子，举国上下都会举行各种庆祝活动。例如，天安门广场会举行隆重的升旗仪式，全国的大街小巷也都挂满国旗。1999年起，开始实施国庆节连休，即"十一黄金周"。即在法定休假时间3天的基础上，再将前后两个周末调整到一起，共计休假7天。

_____

_____

_____

_____

_____

_____

_____

 쓰기

중국에는 어떤 전통 명절이 있습니까? 다음 질문에 답하고 중국 전통 명절을 소개하는 글을 써 보세요.

1. 명절의 유래는 무엇인가요?

2. 명절에 먹는 음식은 무엇인가요?

3. 명절에는 어떤 특별한 활동을 하나요?

제6과
스포츠와 응원 문화

 어휘와 문법

1. 다음 단어에 대응되는 뜻풀이를 연결해 보세요.

(1) 응원　　　•　　　• 큰 소리를 지르다.

(2) 스케줄　　•　　　• 섭섭하거나 불만스러운 느낌이 마음에 남아 있는 듯하다.

(3) 외치다　　•　　　• 갑자기 놀라는 모양.

(4) 졸리다　　•　　　• 선수들이 힘을 낼 수 있도록 도와주는 일.

(5) 시도하다　•　　　• 어떤 일이 뜻하지 아니하게 저절로 이루어져 공교롭게.

(6) 출범되다　•　　　• 어떤 것을 이루어 보려고 계획하거나 행동하다.

(7) 깜찍하다　•　　　• 시간에 따라 구체적으로 세운 계획.

(8) 유감스럽다 •　　　• (사람이나 그 생김새가) 매우 작고 귀엽다.

(9) 깜짝　　　•　　　• 단체가 새로 조직되어 일이 시작되다.

(10) 우연히　　•　　　• 잠을 자고 싶은 느낌이 들다.

2. 다음 빈칸에 알맞은 것을 골라 보세요.

(1) 실력이 막상막하인 두 선수의 한판 (　　)가/이 사람들의 주목을 받고 있다.

　　① 승패　　　　② 승부　　　　③ 승리　　　　④ 싸움

(2) 이번 일은 개발부가 (　　) 전반적인 업무를 추진하기로 했다.

　　① 주도하여　　② 주최하여　　③ 개최하여　　④ 지도하여

(3) 나는 가이드의 (　　) 설명에 그만 졸고 말았다.

　　① 과한　　　　② 심심한　　　③ 지루한　　　④ 답답한

(4) 잘 다니던 회사를 그만두겠다는 친구의 결정이 (　　) 당황스러웠다.

　　① 공교롭고　　② 놀랍고　　　③ 괴롭고　　　④ 새롭고

(5) 이번 아시안 게임에서 (　　) 어느 팀이 우승할까요?

① 역시　　　　　② 과연　　　　　③ 혹시　　　　　④ 마침

(6) 동생은 게으름을 피우다가 (　　) 약속 시간에 한 시간이나 늦고 말았다.

① 바로　　　　　② 괜히　　　　　③ 그냥　　　　　④ 그만

(7) 뒤처지던 팀에서 한 골이 터지면서 양 팀 선수의 몸싸움이 (　　) 더 격렬해졌다.

① 그만　　　　　② 한편　　　　　③ 한층　　　　　④ 실컷

(8) 그는 겨우 초등학생임에도 불구하고 (　　) 훌륭한 노래 실력을 가지고 있다.

① 딱　　　　　② 꽤　　　　　③ 막　　　　　④ 확

3. 알맞은 단어를 골라 대화를 완성해 보세요.

선호하다	임하다	열광하다	고전하다	뒤처지다
흔들리다	소홀하다	무관심하다	값지다	공교롭다

(1) 가: 제가 이번 발표를 잘 마칠 수 있을까요?

나: 지금처럼 성실한 태도로 진지하게 _____다면/ㄴ다면/는다면 꼭 좋은 결과가 있을 겁니다.

(2) 가: 우리 회사가 왜 경쟁사에 자꾸 _____다고/ㄴ다고/는다고 생각 합니까?

나: 아무래도 우리 회사만의 독자적 기술이 없기 때문이라고 생각합니다.

(3) 가: 어제 친구하고 쇼핑 잘 했어?

나: 아니, 오랜만에 백화점에 갔는데 글쎄 _____게도 정기 휴일이 잖아.

(4) 가: 손님들이 불편하지 않도록 사소한 부분이라도 _____게 여겨 서는 안 됩니다.

나: 네, 다시 한 번 꼼꼼히 살펴보도록 하겠습니다.

(5) 가: 요즘 기업은 어떤 인재를 원하나요?

　　나: 창의적이고 적극적인 사람을 _____ㄴ/은/는 것 같아요.

(6) 가: 곧 졸업을 앞두고 있어서 학교에 있는 날들이 더 소중하게 느껴져.

　　나: 맞아, 얼마 남지 않았다고 생각하니 더욱 _____게 느껴지는

　　　것 같아.

(7) 가: 우리가 원하는 것을 이루기 위해서는 어려운 시기도 꿋꿋이 이겨내야 합

　　　니다.

　　나: 맞아요. 아무리 힘들어도 _____지 맙시다.

(8) 가: 팬들이 왜 그녀에게 그렇게 _____ㄴ/는 것 같아?

　　나: 연기력이 뛰어난 데다가 인성까지 바르니 좋아할 수 밖에 없지.

(9) 가: 요새 네가 나한테 너무 _____ㄴ/는 것 같아 서운해.

　　나: 안 그래도 잔업 때문에 지쳐서 죽겠는데 너까지 날 힘들게 하지 마.

(10) 가: 이번 경기에서 우리 팀이 _____ㄴ/는 원인은 무엇이라고 생

　　　각합니까?

　　나: 선수들의 잦은 부상 때문이라고 생각합니다.

4. 알맞은 표현을 골라 대화를 완성해 보세요.

| 무리가 가다 | 몸싸움을 벌이다 | 응원가에 맞추다 | 첫손에 꼽히다 |
| 나도 모르게 | 승부를 내다 | 긴장감이 넘치다 | 구애(를) 받다 |

(1) 가: 엊저녁에 아무리 전화를 해도 받지 않던데 일찍 잤어?

　　나: 응, 요 며칠 잔업하느라고 너무 지쳤었나 봐. 자리에 눕자마자 _____

　　　_____ 잠이 들었어.

(2) 가: 살면서 한번쯤 꼭 해 보고 싶은 일이 뭐야?

　　나: 돈과 시간, 장소에 _____지 않고 그냥 무작정 여행을 떠나고

　　　싶어.

(3) 가: 올 시즌 프로 야구 최고의 타자는 누가 될 것 같아?

나: 아무래도 꾸준히 뛰어난 실력을 자랑하는 그 선수가 _____지 않을까?

(4) 가: 시우 형이 다리를 다쳤다고 들었어. 어쩌다 다쳤지?

나: 농구하면서 상대팀과 _____다가 그렇게 됐대.

(5) 가: 어제 우리 팀 선수들이 너무 잘 싸운 것 같아요.

나: 네, 포기하지 않고 끝까지 싸워서 결국 경기 종료 5분 전에 _____ 고 말았죠.

(6) 가: 요즘 제대로 안 먹으니까 기운이 하나도 없어.

나: 그러니까 너처럼 먹지 않고 다이어트하는 건 몸에 _____기 쉬워.

(7) 가: 어제 경기 어땠어요?

나: 결승전인 만큼 손에 땀을 쥘 정도로 _____.

(8) 가: 어제 야구장에 처음 가 봤다고 하던데 재미있었어?

나: 응, 치어리더들이 _____아/어/여 신나게 춤추는 게 가장 인상 적이었어.

5. 알맞은 것을 연결하고 '-ㄴ데도/은데도/는데도 불구하고'를 사용하여 문장을 만들어 보세요.

(1) 이 제품은 가격이 비싸다 •   • 생활비가 늘 부족하다

(2) 친구가 사과를 하다 •   • 승진하지 못하다

(3) 비가 오다 •   • 성능이 좋아서 잘 팔리다

(4) 돈을 아껴 쓰다 •   • 왠지 계속 화가 나다

(5) 실력이 뛰어나다 •   • 많은 사람들이 응원하러 오다

(1) _____

(2) _____

(3) _____

(4) _____

(5) _____

6. '–ㄴ/은/는 데다가'를 사용하여 대화를 완성해 보세요.

(1) 가: 양 팀 선수들이 다른 때보다 몸싸움이 더 격렬하더라고요.

나: 원래 실력이 _____ 결승전이다 보니 그런 거 같아요.

(2) 가: 과장님은 차도 있으시면서 왜 지하철로 출퇴근하세요?

나: 지하철은 _____ 주차 걱정 안 해도 되잖아요.

(3) 가: 저녁에 자장면 먹으러 갈까?

나: 어제도 _____ 점심을 늦게 먹어서 아직 저녁 먹고 싶지가 않네.

(4) 가: 왜 전화를 안 받았어요?

나: 휴대폰을 _____ 요리하고 있어서 몰랐어요.

(5) 가: 요즘 많이 바쁜가 봐요?

나: 네, 발표 과제를 _____ 학과 행사까지 겹쳐서 정신없어요.

7. 알맞은 것을 골라 문장을 완성해 보세요.

| –ㄴ/은/는 대로 | –ㄴ데도/은데도/는데도 불구하고 | 까지 |
| –ㄴ/은/는 데다가 | –게도 | |

(1) 다들 최선을 다해 경기를 열심히 뛰었지만 _____ 1점 차이로 졌다.

(2) 그는 책을 많이 _____ 매일 신문까지 봐서 모르는 것이 없다.

(3) 공부만 잘하는 줄 알았더니 _____ 잘해서 깜짝 놀랐다.

(4) 1년 동안 꾸준히 _____ 야구 실력이 크게 늘지 않아 고민이다.

(5) 세상을 살다 보면 마음 _____ 되지 않을 때가 많다.

8. 다음 밑줄 친 부분과 의미가 비슷한 것을 골라 보세요.

(1) <u>학교 규정대로</u> 2년 이상 휴학을 할 수 없어요. (   )

    ① 학교 규정으로   ② 학교 규정처럼

    ③ 학교 규정에 관해   ④ 학교 규정에 따라

(2) 지난번에 <u>이야기한 것과 같이</u> 이번 주 금요일에 중간고사를 보겠습니다. (   )

    ① 이야기한 만큼   ② 이야기한 대로

    ③ 이야기한 것에 따라   ④ 이야기한 것에 의해

(3) 그 선수는 <u>부상을 입었는데도 불구하고</u> 경기를 끝까지 뛰었다. (   )

    ① 부상을 입었는데   ② 부상을 입고도

    ③ 부상을 입더라도   ④ 부상을 입고 나서

(4) 엄마가 해 준 요리는 <u>맛있는 데다가</u> 영양도 풍부하다. (   )

    ① 맛있는 만큼   ② 맛있는 대신

    ③ 맛있을 정도로   ④ 맛있을 뿐만 아니라

(5) 그 친구는 머리가 좋은 데다가 <u>노력까지 하니</u> 성적이 좋을 수밖에 없어요. (   )

    ① 노력을 하니   ② 노력도 하니

    ③ 노력만 하니   ④ 노력은 하니

9. 다음 문장에서 틀린 부분을 찾아 바르게 고쳐 써 보세요.

(1) 양식은 작년에 했는 대로 하고 내용만 바꾸면 됩니다.

  → _____

(2) 바쁜데도 불구하고 결승전은 꼭 같이 보러 가자.

  → _____

(3) 아들은 음악에 재능이 있는 데다가 딸은 공부를 잘한다.

  → _____

(4) 할아버지는 술을 안 드시는 데다가 담배까지 피우신다.

→ _____

(5) 다리를 다쳤는 데다가 몸살까지 나서 오늘 휴가를 내야 할 것 같다.

→ _____

🎧 듣기

박윤서와 왕나의 대화를 잘 듣고 질문에 답해 보세요. 🎧06

1. 경기가 시작된 지 얼마 안 되었는데도 불구하고 관중들의 열기가 뜨거운 이유
는 무엇인가요?

_____

2. 야구 경기 및 경기장 규칙에 대한 설명이 <u>아닌 것</u>을 골라 보세요. ( )

① 응원할 때 응원 도구를 사용해도 된다.

② 연예인의 시구가 끝나면 본 경기가 시작된다.

③ 야구장 앱을 통해서 음식을 주문하면 자리까지 배달된다.

④ 경기 시작 후에는 경기장 밖으로 자유롭게 나갔다 올 수 없다.

3. 대화 내용과 <u>다른 것</u>을 골라 보세요. ( )

① 왕나는 이전에 야구장에 와 본 적이 없다.

② 오늘 경기하는 두 팀의 실력은 막상막하이다.

③ 야구장에서는 음식물 반입에 제한이 없다.

④ 왕나와 박윤서는 어제 선수별 응원가를 연습했다.

4. 대화 후 이어질 행동으로 알맞은 것을 골라 보세요. ( )

① 박윤서와 왕나는 응원가를 연습할 것이다.

② 박윤서와 왕나는 음식을 사러 밖으로 나갈 것이다.

③ 박윤서와 왕나는 야구장 앱으로 음식을 주문할 것이다.

④ 박윤서와 왕나는 야구장 앱으로 응원 도구를 배달시킬 것이다.

 읽기

1. 다음 글을 읽고 질문에 답해 보세요.

기계 및 교통수단의 발달로 인해 현대인들은 신체 활동이 점점 줄어들고 있다. 하지만 건강한 신체를 위해서는 적당한 운동이 반드시 필요하다. 운동량이 부족하면 우리의 몸은 쉽게 피곤해지는 데다가 각종 질병에 걸릴 가능성도 높아지기 때문이다. 따라서 일상생활에서의 활동량이 부족하다면 따로 시간을 내어 운동을 하는 것이 좋다.

운동은 종류와 강도에 따라 효과가 다르게 나타난다. 조깅, 수영, 자전거타기, 등산, 요가와 같은 운동은 몸속의 지방을 없애고 심장이나 폐의 기능을 향상시키는 데 효과적이다. 한편 근력 운동이나 단거리 달리기와 같이 짧은 시간 동안 많은 힘을 사용하는 강도 높은 운동은 근육을 발달시키는 데 효과적이다. 그리고 운동의 종류와 상관없이 적당한 운동은 기초 체력을 좋아지게 할 뿐만 아니라 근육의 긴장을 풀어 주어 마음을 편안하게 하고 스트레스를 해소시키는 등 심리적 효과까지 있다. 평소에 식사 후 산책을 하거나 하루 일과 중 틈틈이 스트레칭을 하는 것만으로도 뻐근한 몸을 풀 수 있으며, 주말에 다양한 스포츠 활동까지 추가로 한다면 근력 및 몸매 관리는 걱정하지 않아도 된다.

하지만 무리한 운동은 부상의 위험을 초래하는 등 역효과가 날 수 있으니 주의해야 한다. 운동의 강도와 시간을 조절하여 몸에 무리가 가지 않도록 해야 하며 준비 운동을 충분히 해야 한다.

(1) 운동량이 부족하면 몸에 어떤 문제가 발생하나요?

_____

(2) 윗글의 내용과 <u>다른 것</u>을 골라 보세요. (　　)

　　① 현대인들은 운동에 무관심하여 활동량이 부족하다.

　　② 조깅과 단거리 달리기는 강도가 달라서 효과도 다르다.

　　③ 무리한 운동은 부상 등의 역효과가 날 수 있다.

　　④ 적당한 운동은 신체적 효과 외에 심리적 효과도 있다.

(3) 윗글을 읽고 들 수 있는 생각으로 알맞은 것을 골라 보세요. (　　)

　　① 기초 체력을 다지기 위해서는 강도 높은 운동을 해야겠다.

　　② 운동을 하면 평소에 쌓인 스트레스를 해소시킬 수 있겠다.

　　③ 나는 스트레칭만 했기 때문에 몸이 뻐근하구나.

　　④ 건강을 위해서는 무조건 운동을 많이 해야겠다.

(4) 적당한 운동은 어떤 효과가 있는지 윗글에서 찾아 써 보세요.

_____

2. 다음 글을 읽고 질문에 답해 보세요.

　　올림픽은 세계에서 가장 큰 규모의 종합 스포츠 대회로 고대 그리스에서 제우스 신을 기리기 위하여 개최한 올림피아제(Olympia祭)에서 기원되었다. 올림피아제는 기원전 776년부터 기원후 393년까지 실시되었는데, 그 뒤 약 1,500년 동안 중단되었다가 1896년에 프랑스 교육자 쿠베르탱의 주도 아래 올림픽으로 부활되었다.

1896년에 그리스 아테네에서 제1회 올림픽이 개최되었으나 (ㄱ)_____ 단 14개국 241명의 선수만 참석하여 아주 작은 규모로 진행되었다. 그러나 1908년 런던올림픽에서부터 22개국 2,000여 명의 선수가 참가하는 등 점점 대회 규모가 커졌고, 현재는 200여 개국에서 11,000여 명이 넘는 선수들이 참가하는 전 세계 최대 규모의 스포츠 대회가 되었다.

올림픽은 하계·동계로 나뉘며 각각 4년에 한 번씩 개최된다. 하계 올림픽은 2월 29일이 있는 해마다 열리며 그 후 2년 뒤에 동계 올림픽이 열린다. 동계 올림픽은 기후의 영향으로 경기 종목에 제한이 있는 반면에 하계 올림픽은 (ㄴ)_____ 기후의 영향을 덜 받기 때문에 참여하는 국가나 선수들이 많다.

한편 올림픽은 국제 교류를 위해 세계 각국의 도시에서 개최하며 개최 도시는 국제올림픽위원회(IOC)에서 선정한다. 올림픽 유치에 성공한 도시는 전 세계에 알려지며 브랜드 가치도 상승하기 때문에 세계 각국은 도시 홍보와 지역 경제 활성화를 위해 올림픽 유치에 사투를 벌인다. 한국과 중국도 1988년 서울하계올림픽, 2008년 베이징하계올림픽, 2018년 평창동계올림픽, 2022년 베이징동계올림픽 등 각각 두 번의 올림픽을 성공적으로 개최한 적이 있다.

(1) (ㄱ)에 들어갈 알맞은 것을 골라 보세요. (　　)

　① 유감스러운 대로

　② 유감스럽게도

　③ 유감스러운데도 불구하고

　④ 유감스러운 데다가

(2) (ㄴ)에 들어갈 알맞은 것을 골라 보세요. (　　)

　① 상대적으로

　② 독창적으로

　③ 동적으로

　④ 상업적으로

(3) 올림픽에 대한 설명이 <u>아닌 것</u>을 골라 보세요. (　　)

① 올림픽은 고대 그리스에서 신을 기리기 위해 처음 만들어졌다.

② 올림픽은 국가가 아닌 도시 단위로 개최된다.

③ 런던올림픽이 개최되기 전까지는 대회 규모가 작았다.

④ 쿠베르탱이 제1회 올림픽 개최 도시를 그리스 아테네로 정했다.

(4) 윗글을 읽고 <u>알 수 없는 것</u>을 골라 보세요. (　　)

① 올림픽의 기원

② 올림픽 개최 주기

③ 올림픽 경기 종목

④ 중국과 한국의 올림픽 개최 연도

 번역

1. 다음 글을 중국어로 번역해 보세요.

　　주말에 선배 따라 프로 야구 경기를 보러 갔다. 나는 야구 규칙에 대해 하나도 모르는 사람인데도 불구하고 경기를 마음껏 즐기고 왔다. 바로 독특한 응원 문화 때문이었다. 관객들은 자신이 지지하는 팀의 유니폼을 입은 것은 물론 액세서리까지 착용했다. 경기 시작 전부터 치어리더들이 하는 대로 구호를 따라 외치기 시작했는데 나중에는 응원가에 맞춰 춤까지 추는 사람도 있었다. 그런데다가 다양한 먹을거리까지 준비되어 있어 경기를 한층 더 즐겁게 해 줬다. 놀랍게도 나도 어느새 함께 응원가를 부르고 있었다. 나도 모르게 응원 문화의 매력에 푹 빠져 버린 것이다.

_____

_____

_____

_____

_____

_____

_____

2. 다음 글을 한국어로 번역해 보세요.

　　"广场舞", 顾名思义, 指的是人们聚集在广场上跳的舞。广场舞是人民群众创造的舞蹈, 以集体舞为主要表演形式, 以健身为主要目的, 因此无论男女老少, 都能乐在其中。广场舞作为现代城市广场发展的产物, 不仅是一种文化现象, 更成为一种值得关注的社会现象, 已深深根植于广大群众的日常生活之中。

_____

_____

_____

_____

_____

_____

 쓰기

　　여러분은 운동을 해야 한다고 생각합니까? 다음 질문에 답하고 운동에 대한 자신의 생각을 써 보세요.

　　1. 왜 운동을 해야 하나요?

　　2. 운동을 하면 어떤 효과가 있나요?

　　3. 운동을 할 때 어떤 점에 주의를 해야 하나요?

제 7 과
축제와 공연 문화

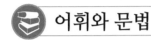 **어휘와 문법**

1. 다음 단어에 대응되는 뜻풀이를 연결해 보세요.

(1) 소감 •　　　　• 새 영화를 처음으로 상영하다.

(2) 총각 •　　　　• 생각 등을 글이나 음악 등으로 나타내다.

(3) 장기 •　　　　• 어떤 일에 대하여 느끼고 생각한 것.

(4) 맛집 •　　　　• 뛰어나고 훌륭하다.

(5) 줄거리 •　　　　• 어떠한 한계나 표준을 뛰어넘다.

(6) 그리다 •　　　　• 글의 내용이나 이야기의 중심이 되는 내용.

(7) 들려주다 •　　　　• 결혼하지 않은 성년 남자.

(8) 개봉하다 •　　　　• 음식의 맛이 뛰어나기로 유명한 음식집.

(9) 초월하다 •　　　　• 가장 잘하는 재주.

(10) 위대하다 •　　　　• 소리나 말을 듣게 해 주다.

2. 다음 빈칸에 알맞은 것을 골라 보세요.

(1) 김 감독의 이번 작품은 예전에 비해 현실감이 떨어진다는 (　　　)를/을 받았다.

① 호평　　　　　② 혹평　　　　　③ 평점　　　　　④ 점수

(2) 어제 미술관에 다녀왔는데 정원에 예술품도 전시되어 있어서 (　　　)가/이 많았다.

① 간식거리　　　② 먹을거리　　　③ 즐길 거리　　　④ 볼거리

(3) 그는 라디오 마감 뉴스를 (　　　) 것으로 하루 일과를 마무리한다.

① 구독하는　　　② 청취하는　　　③ 시청하는　　　④ 감상하는

(4) 작은 씨앗이 자라 (　　　) 열매를 맺으려면 오랜 세월이 필요하다.

① 풍성한   ② 풍부한   ③ 가득한   ④ 넉넉한

(5) 오랜만에 야외로 나와서 밥을 먹으니 기분이 (　　).

① 특별하다   ② 특이하다   ③ 색다르다   ④ 특색 있다

(6) 명절을 맞아 시장에는 사과, 배, 귤 등 각종 과일이 (　　) 나와 있다.

① 무척   ② 잔뜩   ③ 힘껏   ④ 몹시

(7) 그는 그동안 닦아 온 요리 솜씨를 친구들 앞에서 (　　) 선보였다.

① 힘껏   ② 욕심껏   ③ 마음껏   ④ 목청껏

(8) 옷이 땀에 (　　) 젖어서 들어온 걸 보니 또 친구들이랑 운동을 한 듯하다.

① 흠뻑   ② 잔뜩   ③ 가득   ④ 폭

3. 알맞은 단어를 골라 대화를 완성해 보세요.

괄목하다	휩쓸다	북적거리다	거닐다	자리매김하다
싱싱하다	보람차다	따스하다	아담하다	소박하다

(1) 가: 오늘 날씨도 쌀쌀한데 사거리 앞 칼국수 집에서 점심 먹는 게 어때요?

나: 그 집은 맛집이라고 소문이 나서 항상 손님들로 _____ㄹ걸요/
을걸요.

(2) 가: 어제 친구네 집들이에 간다고 했잖아. 새집은 어땠어?

나: _____ㄴ/은/는 인테리어에 실용적인 구조로 되어 있어서 혼자
살기 좋을 것 같았어.

(3) 가: 저 선수 작년까지만 해도 성적이 뛰어나지 않았는데 올해는 결승전에 진
출하겠어요.

나: 저도 기대하고 있습니다. 1년만에 _____ㄹ/을 만한 성장을 했
습니다.

(4) 가: 햇살도 _____ㄴ데/은데/는데 소풍이나 갔으면 좋겠어.

나: 말 나온 김에 얼른 준비해서 갈까?

(5) 가: 요리할 때 가장 중요한 것은 무엇이라고 생각합니까?

　　나: 손맛도 중요하겠지만 그보다 _____ㄴ/은/는 재료를 사용하는

　　　　것이 더 중요하다고 생각합니다.

(6) 가: 한국 사람들은 왜 여름철에 삼계탕을 즐겨 먹나요?

　　나: 삼계탕은 영양이 있을뿐더러 뜨거운 국물로 땀을 내면 더 시원해져서 여

　　　　름철 대표 건강 음식으로 _____ㄴ/은/는 거죠.

(7) 가: 대학 생활을 _____게 보내려면 어떻게 해야 할까요?

　　나: 전공 지식을 열심히 배워야 할 뿐만 아니라 다양한 경험을 하는 것도 중요

　　　　한 것 같아요.

(8) 가: 넌 나중에 어떤 일을 하고 싶어?

　　나: 손님들이 자유롭게 독서도 즐기고 커피도 마실 수 있는 _____

　　　　ㄴ/은/는 북 카페를 차리고 싶어.

(9) 가: 그가 이번 대회에서도 상을 _____다고/ㄴ다고/는다고 들었어요.

　　나: 네, 평소에 엄청 노력하니까 그럴 만도 하죠.

(10) 가: 여행은 재미있었어요?

　　　나: 네, 친구하고 맛있는 것도 실컷 먹고 바닷가를 _____면서/으

　　　　　면서 이야기도 마음껏 나눴어요.

4. 알맞은 표현을 골라 대화를 완성해 보세요.

실감 나다	귓가에 맴돌다	손색이 없다	귀갓길에 오르다
콧노래를 부르다	흥행에 성공하다	리듬에 맞추다	인기를 끌다

(1) 가: 무슨 기분 좋은 일이 있어서 그렇게 _____고 있어?

　　나: 다음 주에 여행 갈 생각을 하니 나도 모르게 신이 나네.

(2) 가: 지금 이 시간에는 교통 체증이 심하니까 마음 준비하고 _____ 세요/으세요.

　　나: 안 그래도 차를 회사에 두고 대중교통을 이용할까 생각 중이에요.

(3) 가: 디지털 4D 영화를 본 소감이 어때?

　　나: 마치 내가 영화 속의 현장에 있는 것처럼 _____고 재미있었어.

(4) 가: 아이가 첫돌이 지났으니까 이젠 걸을 수 있겠네요.

　　나: 네, 걸을 뿐만 아니라 요즘은 노래만 나오면 _____아/어/여 신 나게 춤을 춰요.

(5) 가: 이번에 회사에서 발표한 신곡 들었어?

　　나: 응, 한 번 들었는데도 멜로디가 _____ㄴ/은/는 게 꽤 중독성이 있더라고.

(6) 가: 이번에 출시된 휴대폰이 젊은 층에서 큰 _____고 있다고 들었 어요.

　　나: 네, 가격 대비 성능이 좋아서 한번 써 볼 만해요.

(7) 가: 못 본 사이 그의 그림 실력이 많이 늘었더라고요.

　　나: 네, 이젠 전문 화가의 작품과 비교해도 _____ㄹ/을 만큼 실력이 뛰어나네요.

(8) 가: 이 영화가 천만 관객을 모으며 _____ㄴ/은/는 비결은 뭐라고 생각해요?

　　나: 주인공들이 실감 나게 연기를 잘했을뿐더러 이야기도 재미있어서 크게 성 공한 것 같아요.

5. '-ㄴ/은/는 김에'를 사용하여 대화를 완성해 보세요.

(1) 가: 점심을 먹고 나니 졸리네요. 커피 사러 갔다 올게요.

　　나: 미안하지만 _____ 제 것도 좀 부탁해도 될까요?

(2) 가: 이번 방학에는 한국에 여행 가려고 해요.

나: 그럼 _____ 난타 공연도 보고 오세요. 아주 유명한 공연이에요.

(3) 가: 저녁에 손님이 오는데 거실 청소 좀 할까요?

나: 좋아요. _____ 부엌 청소도 좀 해요.

(4) 가: 저 지금 마트에서 장 보고 있는데 뭐 필요한 게 없나요?

나: 잘됐네요. _____ 우유 좀 사다 주세요.

(5) 가: 뭐가 그리 바빴는지 이번 학기에 영화 한 편 못 봤네.

나: _____ 오늘 영화 보러 갈까?

6. 〈보기〉와 같이 '-ㄴ/은/는/ㄹ/을 듯하다'를 사용하여 문장을 바꿔 써 보세요.

――――――――― 〈보기〉 ―――――――――

공연에서 실수하지 않으려면 수백 번 연습해야 할 것 같아요.

→ 공연에서 실수하지 않으려면 수백 번 연습해야 할 듯해요.

(1) 우리 학교 교복을 입은 걸 보니 동문인가 봐요.

→ _____

(2) 표정이 밝은 걸 보니 시험을 잘 봤나 봐요.

→ _____

(3) 이제 곧 출근 시간이라 길이 막힐 텐데 이따가 출발할까요?

→ _____

(4) 전문가 평판도 좋고 대중 평점도 높은 걸 보니 영화가 볼만한가 봐요.

→ _____

(5) 업무 분담보다는 우선 발표 주제와 방향을 정해야 할 것 같아요.

→ _____

7. 알맞은 것을 골라 대화를 완성해 보세요.

> -르/을 만하다   -니/은/는 김에   야말로/이야말로
>
> -르걸/을걸   -니/은/는 듯하다   -르뿐더러/을뿐더러

(1) 가: 벌써 정원이 _____. 신청 가능 인원이 0명으로 나오네요.

　　나: 역시 인기가 많은 수업이네요.

(2) 가: 친구 만나러 잠깐 밖에 나갔다 올게요.

　　나: _____ 쓰레기 좀 버려 줘.

(3) 가: 윤서가 어디에 갔는지 알아? 왜 전화를 안 받지?

　　나: 아까 책을 반납하러 간다고 했으니까 아마 _____.

(4) 가: 무거운 것 같은데 제가 들어 줄까요?

　　나: 괜찮아요. 이 정도는 혼자 _____.

(5) 가: 주로 온라인에서 물건을 사는 듯하네요.

　　나: 네, 가격이 _____ 집 앞까지 배달해 줘서 너무 편해요.

(6) 가: 외국인 친구하고 점심 약속이 있는데 냉면을 추천해도 괜찮을까?

　　나: _____ 한국의 대표적인 여름 음식이니까 입맛에 맞지 않더라

　　　도 한번 체험해 보는 것도 좋을 것 같아.

8. 다음 밑줄 친 부분과 의미가 비슷한 것을 골라 보세요.

(1) 내일은 날씨가 <u>좋을 듯해요</u>. (　　)

　　① 좋을 만해요　　　　　　　　② 좋을 것 같아요

　　③ 좋을 수밖에 없어요　　　　　④ 좋을 지경이에요

(2) 이틀이나 밤을 새웠으니 <u>피곤할 만해요</u>. (　　)

　　① 피곤한 듯해요　　　　　　　② 피곤할 지경이에요

　　③ 피곤할 뿐이에요　　　　　　④ 피곤할 수 있어요

(3) 응원가가 들리는 걸 보니 경기가 <u>시작된 듯해요</u>. (　　)

　　① 시작됐나 봐요 　　　　　　　② 시작된 거예요

　　③ 시작된지 몰라요 　　　　　　④ 시작될 수 있어요

(4) 그 소설은 외국인이 보기에는 <u>어려울걸요</u>. (　　)

　　① 어려울 만해요 　　　　　　　② 어려울 텐데요

　　③ 어려운 줄 몰라요 　　　　　　④ 어려울까요

(5) 이 제품은 성능이 <u>좋을뿐더러</u> 가격도 싼 편이라 구매자들이 날로 늘어나고 있다. (　　)

　　① 좋은 만큼 　　　　　　　　　② 좋은 대신에

　　③ 좋은 데다가 　　　　　　　　④ 좋을 정도로

9. 다음 문장에서 <u>틀린 부분</u>을 찾아 바르게 고쳐 써 보세요.

(1) 지아 씨, 비가 오는 김에 집에서 조금 더 놀다가 가세요.

　　→ _____

(2) 룸메이트가 도서관에 가는 김에 책 반납을 부탁했다.

　　→ _____

(3) 공연 준비로 한 달 내내 춤 연습을 했으니 아마 힘들 만하죠.

　　→ _____

(4) 제가 심한 말을 해서 친구가 서운해할 만할까요?

　　→ _____

(5) 공항까지 한 시간 걸리니까 지금쯤이면 이미 공항에 도착할걸요.

　　→ _____

(6) 시우 선배가 연락이 잘 안 되는 걸 보니 바쁜 듯하겠어요.

　　→ _____

(7) 내일은 비가 오겠을뿐더러 바람도 많이 분다고 해요.

　　→ _____

 듣기

류지아와 장레이의 대화를 잘 듣고 질문에 답해 보세요. 🎧07

1. 오늘 류지아와 장레이가 본 것을 <u>모두</u> 골라 보세요. (   )

   ① 연극   ② 뮤지컬   ③ 영화   ④ 버스킹

2. 류지아가 이 공연에 대해 잘 아는 이유는 무엇인가요?

   _____

3. 두 사람이 본 연극에 대한 설명이 <u>아닌 것</u>을 골라 보세요. (   )

   ① 이 연극은 그냥 볼만한 정도이다.

   ② 이 연극은 자막이 없다.

   ③ 이 연극은 배우들의 뛰어난 연기로 호평을 받고 있다.

   ④ 이 연극의 줄거리는 긴장감이 넘친다.

4. 버스킹에 대한 설명이 <u>아닌 것</u>을 골라 보세요. (   )

   ① 버스킹은 뮤지션들이 길거리에서 공연하는 것을 말한다.

   ② 한국에서도 버스킹이 유행하고 있다.

   ③ 버스킹은 유럽에서 시작된 공연이다.

   ④ 뮤지션들은 예술적 재능을 마음껏 펼치지 못해서 길거리에서 공연한다.

읽기

1. 다음 글을 읽고 질문에 답해 보세요.

> 오늘 뮤지컬 '난타'를 봤다. 지난번에 윤서가 재미있다고 추천해서 꼭 한
> 번 보고 싶었는데 (ㄱ)마침 공연 감상문 과제가 생겨서 바로 다녀왔다.

　　난타는 대형 주방을 무대로 요리사들의 결혼식 파티 준비 과정에 대한 이야기를 코믹하게 그린 뮤지컬 공연이다. 각종 주방 기구로 한국의 전통 가락인 사물놀이의 리듬을 만들어 내어 색다른 느낌의 음악을 감상할 수 있다. 또한 난타는 대사 없이 리듬과 비트, 상황만으로 이루어져 있어 나같이 한국어가 서툰 외국인들도 쉽게 이해할 수 있을뿐더러 남녀노소 누구나 즐길 수 있다.

　　오늘 공연에서 가장 인상적이었던 것은 뭐니 뭐니 해도 관객이 직접 공연에 참여하는 장면이다. 내가 참여한 것은 아니었지만 다른 관객이 무대 위로 올라가 난타를 체험하는 모습이 정말 보기 좋고 인상 깊었다.

　　집에 돌아온 뒤에도 난타의 신나는 리듬이 계속 귓가에 맴돌았다. 난타에 대해 더 알아보니 난타는 한국 최초의 비언어 공연으로 1997년 서울에서 첫 공연을 성공적으로 선보인 뒤 지금까지 세계 각지에서 많은 사람들의 사랑을 받아 왔다고 한다. 현재는 한국인은 물론 외국인 관광객들에게도 인기가 많아 서울 관광 필수 코스로 될 만큼 유명해졌다. 앞으로도 난타 공연이 지금처럼 한국을 대표하여 많은 사람들에게 사랑을 받았으면 좋겠다.

(1) '-ㄴ/은/는 김에'를 사용하여 (ㄱ)의 상황을 표현하는 속담을 써 보세요.

_____

(2) 난타 공연에서 사용하는 도구가 <u>아닌</u> 것은 무엇인가요? (　　)

　　① 칼　　　　　　② 도마　　　　　　③ 쟁반　　　　　　④ 꽹과리

(3) 윗글의 내용과 같은 것을 골라 보세요. (　　)

　① 나는 오늘 공연에 직접 참여한 것이 가장 기억에 남는다.

　② 나는 집으로 돌아와 난타 음악을 들었다.

　③ 난타는 해외보다 국내에서 더 인기가 많다.

　④ 나는 난타가 한국을 대표하는 공연으로 손색이 없다고 생각한다.

(4) 난타에 대한 설명이 <u>아닌 것</u>을 골라 보세요. (　　)

　① 난타는 한국 최초의 비언어 공연이다.

　② 난타는 대사가 없기 때문에 줄거리도 없다.

　③ 난타는 나이·성별·국적 상관없이 즐길 수 있는 공연이다.

　④ 난타는 세계 각지에서 호평을 받는 작품이다.

2. 다음 글을 읽고 질문에 답해 보세요.

　　한국에서 대학 축제는 '대학 생활의 꽃'이라고 할 수 있다. 일 년에 한 번 잠시 학업에서 벗어나 (ㄱ)_____ 축제를 즐기며 여유를 가질 수 있어서 대학생들에게 매우 소중한 시간이다.

　　(ㄴ)대학 축제는 다 함께 어울리는 축제라는 뜻의 '대동제(大同祭)'로 도 불린다. 대동제는 보통 5월 중·하순에 사흘 동안 열리며 축제가 시작되기 전부터 학교 곳곳에 포스터를 붙여 축제 행사를 홍보한다. 축제가 시작되면 운동장에는 신나는 음악이 흘러나오고 캠퍼스는 축제를 즐기는 사람

들로 북적거린다. (ㄷ)학생들은 보통 공강이나 쉬는 시간에 축제를 즐기며 수업이 없는 날에는 축제를 즐기러 일부러 학교에 오는 경우도 있다.

(ㄹ)매년 각 학과 및 동아리에서는 영화제, 공연, 전시, 음식 판매, 게임, 노래 대회 등의 다양한 행사들을 기획하고 선보인다. 그중에서도 학생들이 음식을 직접 만들어 판매하는 푸드 트럭이 가장 인기가 많다. 샌드위치, 떡볶이 등의 간식거리부터 싱싱한 해산물 요리, 스테이크까지 다양하고 맛있는 음식들을 저렴한 가격에 맛볼 수 있기 때문이다.

(ㅁ)마지막으로 대학 축제의 하이라이트인 연예인의 공연도 빼놓을 수 없다. 축제 기간 매일 다른 연예인을 초청해 진행하며, 그 대학의 학생이 아니라도 공연을 볼 수 있어서 지역 주민들에게도 인기 만점이다. '대동제'라는 이름처럼 모두가 함께 어울려 즐길 수 있는 축제인 것이다.

(1) (ㄱ)에 들어갈 알맞은 것을 골라 보세요. (　　)

　① 마음껏　　　　　② 끔찍이　　　　　③ 뜻밖에　　　　　④ 당장

(2) 대동제란 무엇을 가리키며 어떤 의미인가요?

_____

(3) 다음 문장이 들어갈 곳으로 알맞은 것을 골라 보세요. (　　)

> 축제 기간에 캠퍼스는 볼거리, 먹을거리, 즐길 거리로 가득 차 있다.

　① (ㄴ)　　　　　② (ㄷ)　　　　　③ (ㄹ)　　　　　④ (ㅁ)

(4) 대학 축제에 대한 설명으로 맞는 것을 골라 보세요. (　　)

　① 대학생들은 일 년에 하루 대학 축제를 즐기며 스트레스를 푼다.

　② 축제가 시작되고 나면 캠퍼스 곳곳에 포스터를 붙여 축제를 홍보한다.

　③ 축제 기간에는 학생들이 축제를 충분히 즐길 수 있도록 휴강한다.

　④ 다른 대학 학생들도 축제에 놀러 올 수 있다.

번역

1. 다음 글을 중국어로 번역해 보세요.

한국의 5월은 5일 어린이날을 시작으로 8일 어버이날, 셋째 주 월요일 성년의 날 등이 있어 흔히 가정의 달로 불린다. 하지만 5월은 가정의 달일뿐더러 축제의 달이기도 하다. 많은 대학 축제가 5월에 열리기 때문이다. 요즘 학교 축제 준비로 바쁘지만 한국에 유학 온 김에 다른 학교의 축제도 경험해 보고 싶다. 축제에는 공연뿐만 아니라 먹고 놀 만한 것들이 많아서 게임을 하면서 스트레스를 풀기에 딱 좋다.

_____
_____
_____
_____
_____
_____
_____

2. 다음 글을 한국어로 번역해 보세요.

京剧是中国戏曲的一种，被称为中国的国粹。京剧中有涂着各种颜色、形形色色的"脸"登台亮相，被称为脸谱。虽然脸谱的种类多达数千种，但通过勾画脸谱所用的颜色可以把握人物的性格。其中红脸代表刚毅勇敢，黑脸代表豪放、公正无私，蓝脸和绿脸代表忠诚，白脸和黄脸代表奸诈奉承。因此，比较有代表性的有关羽的红脸、包拯的黑脸和曹操的白脸。

_____
_____
_____
_____
_____
_____

쓰기

시간이 지나도 기억에 남는 공연이 있습니까? 다음 질문에 답하고 친구에게 공연을 추천하는 글을 써 보세요.

1. 공연은 어떤 내용이었나요?

2. 어떤 부분이 인상 깊었나요?

3. 추천하는 이유는 무엇인가요?

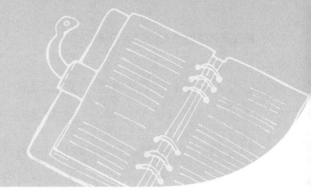

제8과
통신의 발달

🔖 어휘와 문법

1. 다음 단어에 대응되는 뜻풀이를 연결해 보세요.

(1) 기존 • • 호기심이 가득하여 알고 싶어하는 마음.

(2) 승진 • • 등급의 맨 끝.

(3) 궁금증 • • 이미 존재함.

(4) 초보자 • • 어떤 물건이나 장소 등이 지저분하거나 복잡한 상태.

(5) 엉망 • • 직장에서 지금보다 더 높은 자리에 오름.

(6) 꼴등 • • 어떤 분야에서 새로운 인물이 세상에 처음으로 나타나다.

(7) 반하다 • • 어떤 일을 처음으로 시작하거나 배우는 사람.

(8) 등장하다 • • 무엇과 반대가 되다.

(9) 소통하다 • • 남이 알지 못하게.

(10) 몰래 • • 오해가 없도록 뜻을 서로 통하다.

2. 다음 빈칸에 알맞은 것을 골라 보세요.

(1) 폭넓은 대인 관계는 그가 사업을 추진하는 데 있어서 가장 큰 (   )가/이 되었다.

① 기반   ② 기본   ③ 기존   ④ 기초

(2) 영화나 드라마의 폭력적인 장면은 아이들의 정서를 해칠 (   )가/이 있다.

① 고민   ② 불안   ③ 의심   ④ 우려

(3) 사람들은 건강이라고 하면 (   ) 육체적 건강을 생각하기 쉽지만 정신적 건강 또한 매우 중요하다.

① 항상   ② 가끔   ③ 흔히   ④ 자주

(4) 지금 대부분의 도서관은 열람실이 부족한 (　　)이다.

　　① 사실　　　　　　② 실정　　　　　　③ 경우　　　　　　④ 현상

(5) 진정한 평화를 위해서는 장기간의 (　　) 노력이 필요하다.

　　① 기본적인　　　　② 보편적인　　　　③ 지속적인　　　　④ 안정적인

(6) 시간 가는 줄도 모르고 (　　) 작업에 열중하고 있을 때 전화가 왔다.

　　① 마침　　　　　　② 한창　　　　　　③ 바로　　　　　　④ 무척

(7) 아무 생각 없이 (　　) 한번 해 본 말이니 절대 신경 쓰지 마세요.

　　① 과연　　　　　　② 그만　　　　　　③ 그저　　　　　　④ 그대로

(8) 사고 현장에 도착한 구조대는 (　　) 상황에서 응급 환자부터 수송하기 시작했다.

　　① 긴장한　　　　　② 긴급한　　　　　③ 성급한　　　　　④ 곤란한

3. 알맞은 단어를 골라 대화를 완성해 보세요.

의사소통하다　　정착되다　　전망되다　　중계하다　　자제하다　　간편하다
시시콜콜하다　　강력하다　　올바르다　　건전하다　　엄격하다

(1) 가: 학교에서 학생들이 나쁜 게임에 빠지지 않도록 예방 교육을 한다고 들었어요.

　　나: 네, 하루빨리 ＿＿＿＿＿＿＿ㄴ/은/는 놀이 문화가 ＿＿＿＿＿＿＿ 았/었/였으면 좋겠습니다.

(2) 가: 이 새벽에 왜 텔레비전을 켜고 그래?

　　나: 지금 각 방송사에서 월드컵 개막전을 실시간으로 ＿＿＿＿＿＿＿고 있단 말이야.

(3) 가: 넌 어쩜 그 사람에 대해 ＿＿＿＿＿＿＿ㄴ/은/는 것까지 다 알고 있니?

　　나: 같이 일한 지 십 년도 넘는데 이젠 가족인 셈이지.

(4) 가: 요즘 공기가 너무 안 좋네요.

　　나: 네, 이렇게 황사가 심한 날에는 될수록 외출을 ＿＿＿＿＿＿＿ㄴ/은/는 것이 좋아요.

(5) 가: 좋다는 약은 다 먹어 봤는데도 병이 좀처럼 낫지 않네요.

　　나: 식습관을 고쳐 보는 건 어때요? 백 가지의 약보다 _____

　　　　ㄴ/은/는 식습관이 건강에 더 유익하다고 하잖아요.

(6) 가: 휴대폰은 이제 우리 삶에서 떼려야 뗄 수 없는 존재가 된 것 같아요.

　　나: 맞아요. 결제는 물론, 간단한 일상 업무까지 빠르고 _____게

　　　　처리할 수 있으니까요.

(7) 가: 일기예보에서 비가 주말까지 계속될 것으로 _____대요/래요.

　　나: 정말이에요? 그럼 내일 체육 대회는 취소되는 거예요?

(8) 가: 외국어 능력은 어느 정도인가요?

　　나: 대학교에서 한국어를 배웠는데 실력이 뛰어난 건 아니지만 한국 사람과

　　　　기본적으로 _____ㄴ/은/는 데에는 어려움이 없습니다.

(9) 가: 당신, 애들한테 너무 _____ㄴ/은/는 거 아니에요?

　　나: 지금부터 학습 습관을 제대로 가르쳐야죠.

(10) 가: 범인의 잔인한 행동에 사람들이 분노하고 있어요.

　　나: 네, 죄질이 무거운 만큼 꼭 _____ㄴ/은/는 처벌이 내려질 거

　　　　예요.

4. 알맞은 표현을 골라 대화를 완성해 보세요.

나이가 들다	선을 보다	신호가 끊기다	책임을 묻다
인기가 치솟다	수신(을) 거부하다	습관을 기르다	블로그에 올리다

(1) 가: 이번 사고로 김 부장님이 징계를 받는대요.

　　나: 안타깝지만 어쩔 수 없죠. 우리 측의 실수이니 관계자에게 _____

　　　　ㄹ/을 수 밖에요.

(2) 가: 애가 장난이 심해서 걱정이에요.

　　나: 아직 많이 어리잖아요. _____면/으면 좀 차분해지겠죠.

(3) 가: 음식이 다 식겠다. 사진 그만 찍고 얼른 먹자.

　　나: 잠깐만, 음식 사진을 찍어 ＿＿＿＿＿＿＿ㄴ/은/는 게 요즘 내 취미란

　　　　말야.

(4) 가: 이 대리가 요즘 기분이 엄청 좋아 보여요.

　　나: 네, 아마 지난 주말에 ＿＿＿＿＿＿＿ㄴ/은/는 남자랑 잘되고 있나 봐요.

(5) 가: 어제 축제에서 친구들이 김 가수의 신곡을 떼창으로 따라 부르더라고.

　　나: 그러게 말이야. 신곡이 나온 지 두 달이 다 돼 가는데 여전히 ＿＿＿＿＿＿

　　　　＿＿＿＿고 있어.

(6) 가: 거래처 담당자에게 다음 일정에 대해 설명을 드렸나요?

　　나: 아니요, 아까 통화하던 중에 ＿＿＿＿＿＿＿아서/어서/여서 자세히 말

　　　　씀드리지 못했어요.

(7) 가: 이번 달이 아직 반이나 남았는데 벌써 생활비를 다 써 버렸어.

　　나: 그러게 평소에 좀 계획적으로 소비하는 ＿＿＿＿＿＿＿도록 해.

(8) 가: 언니가 지금 네가 연락이 안 된다고 난리야. 얼른 전화 드려.

　　나: 나만 보면 잔소리해서 ＿＿＿＿＿＿＿. 당분간 연락 안 할 거야.

5. '-ㄹ/을 법하다'를 사용하여 대화를 완성해 보세요.

　(1) 가: 설마 과장님 또 회사에서 밤을 샜대요?

　　　나: 그런가 봐요. ＿＿＿＿＿＿＿ 어떻게 안 자고 일하는지 모르겠어요.

　(2) 가: 상대팀이지만 수비를 정말 잘 하네요.

　　　나: 그러게요. 이 정도 공격이면 골이 ＿＿＿＿＿＿＿ 아직 승부를 못 내고

　　　　　있어요.

　(3) 가: 싫다는 장난을 왜 자꾸 치는지 모르겠어요.

　　　나: 이젠 장난을 그만 ＿＿＿＿＿＿＿ 아직 철이 덜 들었나 봐요.

　(4) 가: 왕나가 중국에 도착했을까요?

　　　나: 네, 출발한 지 세 시간이나 지났으니 지금쯤이면 ＿＿＿＿＿＿＿.

(5) 가: 동생 사춘기가 아직 안 끝났어요?

　　나: 네, 친한 친구의 말에는 귀를 ＿＿＿＿＿＿＿＿ 통 안 들어요.

6. '-려야/으려야'를 사용하여 대화를 완성해 보세요.

(1) 가: 왜 화를 내고 그래요? 아직 어리니까 잘 타일러 보세요.

　　나: ＿＿＿＿＿＿＿＿＿＿＿＿. 다음부터 참아 보도록 노력할게요.

(2) 가: 아직도 층간 소음이 심해요?

　　나: 네, 피아노 소리에 잠을 ＿＿＿＿＿＿＿＿＿＿.

(3) 가: 공부가 아무리 중요해도 쉬면서 하세요.

　　나: 리포트가 밀린 데다가 중간고사까지 겹쳐서 ＿＿＿＿＿＿＿＿＿.

(4) 가: 안 쓰는 물건은 버리는 게 어때요?

　　나: 추억이 담긴 물건이라 ＿＿＿＿＿＿＿＿＿.

(5) 가: 한 번만 더 믿어 주세요.

　　나: 같은 실수를 반복하는데 ＿＿＿＿＿＿＿＿＿.

7. 밑줄 친 부분과 의미가 비슷한 것을 골라 보세요.

(1) 노력한 것에 반해 결과가 좋지 않아서 조금 실망했어요. (　　)

　　① 노력한 것에 대해　　　　　② 노력한 것에 관해

　　③ 노력한 것에 비해　　　　　④ 노력한 것에 대비해

(2) 운전하던 중에 갑자기 '펑'하는 소리가 나서 깜짝 놀랐다. (　　)

　　① 운전하다가　　　　　　　② 운전하는 바람에

　　③ 운전하기 전에　　　　　　④ 운전한 후에

(3) 그 장면은 너무 인상적이어서 잊으려야 잊을 수가 없었어요. (　　)

　　① 잊지 않으면　　　　　　　② 잊을까 싶어도

　　③ 잊으려면　　　　　　　　④ 잊고 싶어도

(4) 사람들은 연령대를 막론하고 건강과 가족을 가장 중요한 것으로 생각한다.

　　(　　)

　　① 연령대와 관계없이　　　　　② 연령대에 따라서

③ 연령대에 비해서   ④ 연령대에 있어서

(5) 현장 조사는 과장님이 거의 다 <u>해 준 셈이에요</u>. (　　)

① 해 준 거예요   ② 해 준 거나 마찬가지예요

③ 해 준 법이에요   ④ 해 준 거가 맞아요

8. 주어진 문법 항목을 사용하여 문장을 바꿔 써 보세요.

(1) 우리 때는 졸업만 하면 취직이 됐다. (만 하더라도)

→ _____

(2) 우리 회사는 자주 야근하지만 휴가를 많이 준다. (에 반해)

→ _____

(3) 현대 사회에서는 누구나 스트레스를 받는다. (를/을 막론하고)

→ _____

(4) 그는 소설에나 있을 것 같은 불가사의한 삶을 살아왔다. (-ㄹ/을 법하다)

→ _____

(5) 주말에 친구랑 같이 쇼핑하다가 지갑을 잃어버렸다. (-는/던 중)

→ _____

(6) 사과하지도 않는 그를 용서할 수가 없다. (-려야/으려야)

→ _____

(7) 이번 주에 모든 기말고사가 끝나니까 이번 학기도 다 끝났다. (-ㄴ/은/는 셈이다)

→ _____

9. 다음 문장에서 <u>틀린 부분</u>을 찾아 바르게 고쳐 써 보세요.

(1) 선생님은 책만 하더라도 수 천 권밖에 없어요.

→ _____

(2) 열심히 안 했으니 아마 시험에 떨어질 법해요.

→ _____

(3) 5살부터 할머니 손에서 자랐으니 할머니께서 저를 길러 주셨는 셈이지요.

→ _____

(4) 김 과장이 처음부터 많이 도와주었으니 이 일은 김 과장과 같이 한 셈으로 합시다.

→ _____

(5) 오늘은 숙제하기 싫어서 하려야 할 수가 없어요.

→ _____

 듣기

장빈과 박윤서의 대화를 잘 듣고 질문에 답해 보세요. 🎧08

1. 박윤서가 장빈에게 전화한 이유는 무엇인가요?

_____

2. 장빈에게 어떤 문제가 생겼습니까? 맞는 것을 골라 보세요. (   )

① 장빈은 호주 여행을 하던 중에 사고를 당했다.

② 장빈은 메신저가 해킹당해서 요금이 많이 나왔다.

③ 장빈이 운영하는 개인 블로그가 해킹당했다.

④ 장빈은 별 생각 없이 올린 사진 때문에 사이버 범죄 대상이 되었다.

3. 대화 내용과 같은 것을 골라 보세요. (   )

① 장빈은 박윤서에게 돈을 보내 달라고 했다.

② 장빈이 해킹범에게 스스로 개인 정보를 알려 준 셈이다.

③ 박윤서는 장빈에게 메신저부터 탈퇴하라고 조언했다.

④ 대화가 끝나고 두 사람은 학교 친구들에게 연락할 것이다.

4. 두 사람은 어떻게 문제를 해결하기로 했나요?

_____

읽기

1. 다음 글을 읽고 질문에 답해 보세요.

이른 아침 기상 시간, 집주인을 깨우기 위하여 집안의 모든 불이 켜지고 커피포트가 자동으로 물을 끓이기 시작한다. 침대에서 일어나면 인공 지능 스피커가 오늘의 날씨와 교통 상황을 알려 준다. 교통사고로 도로가 막히는 상황이라도 생기면 스마트폰 알람이 자동으로 평소보다 더 일찍 울린다. 집 밖으로 나가면 집안의 모든 전등이 스스로 꺼지고 엘리베이터도 자동으로 호출된다. 외출 후 다시 집에 도착할 때쯤 여름에는 에어컨이, 겨울에는 난방이 미리 작동되어 집안의 온도를 쾌적하게 만들어 놓는다.

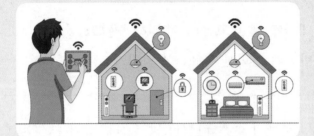

이와 같이 상상 속에서나 가능할 법한 스마트홈이 현실에서도 재현되고 있다. 사물 인터넷 기술이 지속적으로 발전해 나간다면 그리 멀지 않은 미래에 더욱 대중화가 될 것이다. 사물 인터넷(IoT: Internet of Things)이란 5G 통신을 기반으로 한 4차 산업 혁명의 핵심 기술로 사람이 조작할 필요 없이 사물끼리 인터넷으로 연결되어 실시간으로 정보를 주고받을 수 있는 기술을 말한다.

사물 인터넷은 이미 몇 년 전부터 일상생활의 다양한 분야에서 활용되고 있다. 와이파이나 블루투스를 활용한 스마트워치, 인공 지능 스피커 등이 그 예이다. 스마트워치를 통해 수집된 사용자의 건강 정보를 스마트폰에서 확인할 수도 있고 인공 지능 스피커에 날씨나 교통 상황을 물어볼 수도 있다. 앞으로 사물 인터넷 기술이 발전하여 하루빨리 우리의 상상이 현실이 되기를 바란다.

(1) 사물 인터넷이란 무엇인가요?

_____

(2) 사물 인터넷은 일상생활에서 어떻게 활용되고 있나요?

_____

(3) 스마트홈 기능이 <u>아닌 것</u>을 골라 보세요. (　　)

　① 아침에 집주인이 일어나면 자동으로 커피포트가 작동한다.

　② 도로 상황에 따라 스마트폰 알람 시간이 스스로 바뀐다.

　③ 집주인이 조명을 끄지 않고 밖으로 나가도 알아서 꺼진다.

　④ 집안 온도는 사용자가 직접 조절해야 한다.

(4) 윗글의 내용과 <u>다른 것</u>을 골라 보세요. (　　)

　① 정보 통신의 발달로 스마트홈이 현실화되고 있다.

　② 스마트홈은 사물 인터넷 기술을 기반으로 한 관리 시스템이다.

　③ 사물 인터넷은 몇 년 전만 하더라도 쓰이지 않았다.

　④ 스마트워치를 통해 수집된 정보를 스마트폰에서 확인할 수도 있다.

2. 다음 글을 읽고 질문에 답해 보세요.

　　댓글은 인터넷에서 게시물 밑에 바로 남길 수 있는 짧은 글을 말한다. 댓글은 사이버 공간에서 네티즌들이 정보를 주고받을 수 있는 인터넷 게시판이 활성화되면서 나타난 현상 중의 하나이다.

　　많은 사람이 공간적, 시간적 제약 없이 자유롭게 자신의 의견을 달 수 있다는 점에서 댓글은 긍정적인 측면이 있다. 댓글은 새로운 정보를 제공하기도 하고 게시글의 잘못된 정보나 오류에 대한 피드백을 주기도 한다. 면대면으로 토론하기 어려운 민감한 주제에 대해서도 댓글을 통해 자유롭게 토론하고 새로운 해결점을 찾을 수도 있다. 바로 소통과 참여의 순기능이 이루어 낸 댓글의 긍정적인 측면이다. 그러나 부정적인 측면도 있다. 자신과 의견이 다르다는 이유로 감정을 앞세워 비난하는 경우가 적지 않다. 심지어 익명성을 이용하여 허위 사실을 쓰거나 인신 공격을 하기도 한다. 익명성

아래에 감춰진 악성 댓글이 얼마나 무서운지 누구나 알고 있을 것이다.

그래서 인터넷 실명제를 도입하여 책임 의식을 가지도록 해야 한다는 의견이 많지만 또 반대로 자유로운 표현을 제한한다는 의견도 있다. 일정한 제도 도입도 좋지만 이에 앞서 올바른 댓글 문화를 형성하는 것 또한 중요하다. (ㄱ)_____ 우선 댓글은 말 그대로 게시글에 대하여 쓰는 것이기 때문에 글의 주제와 관련된 내용을 써야 한다. 다음으로 글쓴이의 의견을 존중해야 하며 자신의 의견과 다르더라도 명확한 근거를 갖고 반대의 이유를 적어야 한다. 뿐만 아니라 게시글의 내용이 좋았다면 어떠한 부분이 좋았는지, 글을 통해 깨닫거나 배운 점이 무엇인지 칭찬의 댓글을 남기는 것도 잊지 말자. 좋은 댓글은 글쓴이에게 힘을 줄 뿐만 아니라 건전한 인터넷 문화를 형성하는 데에도 도움이 될 것이다.

(1) (ㄱ)에 들어갈 알맞은 것을 골라 보세요. (　　)

① 그렇다면 어떻게 게시글을 써야 할 것인가?

② 그렇다면 어떻게 댓글을 써야 할 것인가?

③ 그렇다면 어떻게 소통의 자유를 지킬 것인가?

④ 그렇다면 어떻게 책임 의식을 높일 것인가?

(2) 댓글의 긍정적인 측면이 <u>아닌 것</u>을 골라 보세요. (　　)

① 새로운 정보를 제공할 수 있다.

② 게시글의 오류를 알려 줄 수 있다.

③ 자유로운 토론을 할 수 있다.

④ 면대면으로 소통할 수 있다.

(3) 글의 내용과 <u>다른 것</u>을 골라 보세요. (　　)

① 댓글은 인터넷 게시판이 활성화되면서 나타난 현상이다.

② 실명제 도입은 책임 의식을 키우는 데 도움이 된다.

③ 제도의 도입보다 건전한 문화 형성이 더욱 중요하다.

④ 좋은 댓글은 건전한 인터넷 문화 형성에 도움이 된다.

(4) 댓글의 내용으로 알맞은 것을 <u>모두</u> 골라 보세요. (　　)

　　① 주제와 관련된 내용을 써야 한다.

　　② 자신의 의견과 다르면 명확한 근거로 반대 이유를 써야 한다.

　　③ 게시글의 내용이 좋았다면 깨닫거나 배운 점이 무엇인지 쓰는 것이 좋다.

　　④ 게시글의 내용과 상관없이 칭찬하는 내용을 쓰는 것이 좋다.

 번역

1. 다음 글을 중국어로 번역해 보세요.

　　청소년 스마트폰 중독이 문제가 되면서 청소년용 스마트워치 사용이 늘어나고 있다. 스마트폰에 여러 기능과 게임이 있는 데에 반해 청소년용 스마트워치는 전화를 하고 위치를 알려 주는 기능을 위주로 개발한 것이기 때문에 초등학생들이 많이 사용한다. 하지만 초기의 개발 의도와 상관없이 여러 가지 기능이 추가되면서 학부모들의 걱정을 유발하기도 한다. 또한 주요 기능인 위치 확인만 하더라도 정확도가 떨어지고 통화 품질이 좋지 않은 등 하루빨리 개선되어야 할 문제들이 많다.

_____

_____

_____

_____

_____

_____

_____

2. 다음 글을 한국어로 번역해 보세요.

　　在几十年前，人们很难想象通过一部手机就可以足不出户，在家开展工作、学习、娱乐和社交活动，外出时还可以用来导航、付款等。从最早的电报、固定电话、BP机、"大哥大"，到今天的智能手机；从书信、短信、QQ、微信，再到视频电话，随着通信工具的变化和通信技术的飞速发展，现在不管是哪个年龄段的

101

人，手机都已经成为其生活中不可或缺的一部分。

_____

_____

_____

_____

_____

_____

 쓰기

여러분은 다른 사람과 어떻게 연락을 주고받습니까? 다음 질문에 답하고 통신 수단의 발달이 가져온 사회 변화에 대해 써 보세요.

1. 과거의 통신 수단에는 어떤 것이 있나요?

2. 오늘날의 통신 수단은 어떻게 변했나요?

3. 통신 수단의 발달은 사회에 어떤 변화를 가져왔나요?

제9과
이웃 관계

 어휘와 문법

1. 다음 단어에 대응되는 뜻풀이를 연결해 보세요.

(1) 일손　　•　　• 아주 가깝고 친한 정.

(2) 김장　　•　　• 특별히 마음에 두고 있는 일.

(3) 당번　　•　　• 직접 관계가 없는 남의 일에 참견하다.

(4) 친분　　•　　• 가정하여 말해서.

(5) 관심사　•　　• 겨울 동안 먹을 김치를 늦가을에 한꺼번에 많이 만드는 일.

(6) 간섭하다•　　• 일하는 사람.

(7) 양보하다•　　• 몸을 움직이거나 활동하지 않고 조용히 있다.

(8) 비우다　•　　• 다른 사람을 위해 자기 자신의 이익을 포기하다.

(9) 가만있다•　　• 어떤 장소에 아무도 없게 하다.

(10) 가령　•　　• 어떤 일을 할 순서가 됨.

2. 알맞은 단어를 골라 대화를 완성해 보세요.

데리다	쓰다듬다	줄어들다	공유하다	함께하다
정색하다	쑤시다	정중하다	너무하다	돈독하다

(1) 가: 요즘도 남매끼리 자주 싸워요?

　　나: 어렸을 땐 거의 매일 싸웠는데 지금은 제법 우애가 _____.

(2) 가: 어제 어른들을 따라다니느라 아이도 많이 피곤했을 거예요.

　　나: 안 그래도 돌아오는 차 안에서 머리를 _____아/어/여 줬더니
　　　금방 잠이 들더라고요.

(3) 가: 부장님은 농담할 때도 ＿＿＿＿＿＿＿＿며/으며 말하니까 농담인지 아닌지 구분이 안 돼요.

나: 시간이 지나면 익숙해질 거예요. 알고 보면 재미있는 분이시거든요.

(4) 가: 올해 들어 공기가 지난해에 비해 한층 좋아진 것 같아요.

나: 자동차 대신 자전거를 이용하는 사람이 늘어나서 그런지 대기 오염이 많이 ＿＿＿＿＿＿＿＿.

(5) 가: 어제 선배님께 예의 없이 행동한 거 같은데 어떡하지?

나: ＿＿＿＿＿＿＿＿게 사과드리고 다시는 실수를 안 하겠다고 하면 괜찮을 거야.

(6) 가: 시우 형, 이번 학기 많이 바쁜가 봐요. 얼굴 보기 힘드네요.

나: 요즘 취준생들이 취업 정보를 ＿＿＿＿＿＿＿＿ㄴ/은/는 소모임을 만들어 활동하느라 좀 바빴어.

(7) 가: 기숙사 친구들이랑 친해지고 싶은데 좋은 방법이 없을까?

나: 취미 활동을 ＿＿＿＿＿＿＿＿면서/으면서 공감대를 형성하면 바로 가까워질 수 있을 거야.

(8) 가: 이번 주에 영화 보는 건 좀 어려울 것 같아. 다음에 가자.

나: 몇 번이나 미루는 거야. 정말 ＿＿＿＿＿＿＿＿네.

(9) 가: 어떻게 하면 아이가 어려서부터 독서를 좋아하게 할 수 있을까요?

나: 저는 아이가 책을 가까이하도록 도서관에 자주 ＿＿＿＿＿＿＿＿고 다녔어요.

(10) 가: 며칠 무리해서 일을 했더니 온몸이 ＿＿＿＿＿＿＿＿고 아프네요.

나: 그럼 얼른 쉬어야죠. 몸이 튼튼해야 일도 계속할 수 있잖아요.

3. 다음에 공통으로 들어갈 단어를 골라 문장을 완성해 보세요.

> 머무르다   안다   맡다   덮어놓다   따지다

(1) (   )

① 그녀는 아무리 작은 일이라도 _____ㄴ/은/는 일에 최선을 다하는 사람이다.

② 그는 이번 연극에서 처음으로 주인공 역할을 _____게 되었다.

③ 잠깐 화장실에 다녀올 테니까 가방 좀 _____아/어/여 주실래요?

④ 나이가 가장 어린 그가 이번 동아리 활동의 기획을 _____게 되었다.

(2) (   )

① 친구끼리는 잘잘못을 _____기보다는 서로 양보하는 노력이 필요하다.

② 그는 물건을 살 때 항상 사용 가치를 꼼꼼히 _____아/어/여 보고 구매한다.

③ 아버지는 성적이 떨어진 아이에게 이유를 _____지 않고 좀 더 분발하라고 격려해 주셨다.

④ 날짜를 _____아/어/여 보니 다음 주가 회사 창립 기념일이었다.

(3) (   )

① 이번 학기에 들어서서 아들의 성적이 계속 중하위권에 _____아서/어서/여서 걱정이다.

② 부모님이 가게 일로 눈코 뜰 새 없이 바빴기에 할머니가 집에서 _____며/으며 우리를 돌봐 주기로 했다.

③ 버스가 사람들을 태우기 위해 정류장에 잠시 _____.

④ 그는 이틀 동안 서울에 _____다가 바로 부산으로 내려갈 예정이다.

(4) (　　　　)

① 이유도 묻지 않고 ＿＿＿＿＿＿＿고 아이에게 야단부터 치면 어떡해요?

② 이 문제를 그냥 ＿＿＿＿＿＿＿ㄹ/을 경우 사원들의 반대는 더 심해질 것입니다.

③ 남이 한다고 ＿＿＿＿＿＿＿고 따라 하면 후회할 수 있다.

④ 아직 이 일은 아무도 모르는 듯하니 그 애의 부모님을 봐서라도 그냥 ＿＿＿ ＿＿＿＿＿＿자.

(5) (　　　　)

① 경기가 끝나고 선생님은 고생했다며 나를 꼭 ＿＿＿＿＿＿＿아/어/여 주셨다.

② 그는 반드시 성공하겠다는 푸른 꿈을 ＿＿＿＿＿＿＿고 고향을 떠났다.

③ 그녀는 뭐가 그렇게도 재미있는지 배를 ＿＿＿＿＿＿＿고 깔깔 웃고 있었다.

④ 사장님은 사업 확장을 위해 위험 부담을 ＿＿＿＿＿＿＿고 투자했다.

4. 알맞은 표현을 골라 대화를 완성해 보세요.

| 잠을 설치다 | 기운이 없다 | 민원을 넣다 | 몸살이 나다 |
| 주의를 주다 | 실례가 되다 | 골치 아프다 | 신세를 지다 |

(1) 가: 이 과장님은 ＿＿＿＿＿＿＿아서/어서/여서 오늘 결근하셨어요.

나: 일주일 동안 계속 야근을 하더니 결국 몸져누우셨네요.

(2) 가: 팀장님, 오늘 무슨 좋은 일 있으세요? 기분이 정말 좋아 보이네요.

나: 그동안 나를 괴롭히던 ＿＿＿＿＿＿＿ㄴ/은/는 문제를 해결했더니 지금 마음이 너무 후련하네.

(3) 가: 아파트 인근 공사장에서 밤늦게까지 공사를 해서 소음으로 잠을 잘 수가 없네요.

나: 주민 센터에 ＿＿＿＿＿＿＿아/어/여 보는 건 어때요? 해결해 주실 거예요.

(4) 가: 기숙사를 신청했다고 들었는데 결과가 나왔나요?

나: 아쉽게도 들어갈 수 없게 되었어요. 그래서 방을 구할 때까지 잠시 친구 집에서 _____기로 했어요.

(5) 가: 너 오늘 너무 피곤해 보여.

나: 발표 때문에 저녁 내내 _____았더니/었더니/였더니 그래.

(6) 가: 옆에 앉은 친구들이 어찌나 장난을 치는지 수업하는 내내 집중할 수가 없었어.

나: 그럼 조용히 하라고 _____지 그랬어. 남에게 피해를 주면 안 되잖아.

(7) 가: 요즘 입맛이 떨어지고 _____네요.

나: 너무 더워서 그럴 거예요. 우리 삼계탕 먹으러 갈까요?

(8) 가: 아까 왜 선배님의 말을 끊고 그렇게 화를 냈어요?

나: 말을 끊는 게 _____ㄴ/은/는 줄 알면서도 도저히 가만있을 수가 없었어요.

5. 다음 문장을 〈보기〉와 같이 사동문으로 바꿔 써 보세요.

〈보기〉

아이가 옷을 입는다. (엄마)

→ <u>엄마가 아이에게 옷을 입힌다.</u>

---

(1) 윤서가 그 일을 알았다. (룸메이트)

→ _____

(2) 동생이 울었다. (형)

→ _____

(3) 신입 사원이 이 일을 맡았다. (과장)

→ _____

(4) 방이 더럽다. (나)

→ _____

(5) 아이가 잤다. (어머니)

→ _____

(6) 손자가 그림책을 봤다. (할아버지)

→ _____

6. 알맞은 것을 연결하고 '-았더니/었더니/였더니'를 사용하여 문장을 만들어 보세요.

(1) 요즘 매일 야식을 먹다   • • 표가 매진되다

(2) 한 잠 푹 자다   • • 발 벗고 나서서 도와주다

(3) 한 장 살까 두 장 살까 잠시 망설이다 • • 소화가 잘 안 되는 것 같다

(4) 방음 매트를 깔다   • • 소음이 덜하다

(5) 선배에게 어려움을 알리다   • • 피로가 싹 풀리다

(1) _____

(2) _____

(3) _____

(4) _____

(5) _____

7. 알맞은 것을 골라 대화를 완성해 보세요.

-다니/ㄴ다니/는다니/라니	-았더니/었더니/였더니	-지 그랬다
-ㄹ/을 수가 있어야지	를/을 가지고	-기에

(1) 가: _____ 방이 환해진 것 같지 않아요?

나: 정말 그러네요. 게다가 방도 더 커 보여요.

(2) 가: 그 노트북 사고 싶다고 하지 않았어?

나: 너무 비싸서 _____.

(3) 가: 그 책은 모두 대출 중이라 일단 다른 책을 봤어요.

나: _____. 저한테 그 책이 있는데 빌려줄게요.

(4) 가: 무슨 귤을 이렇게 많이 샀어요?

나: _____ 같이 먹으려고 많이 샀어요.

(5) 가: 제가 집들이에 못 가서 과장님이 서운해하는 건 아니에요?

나: 설마요. _____ 서운해할 사람이 아니에요.

(6) 가: 커피 사러 갈 건데 너도 한 잔 마실래?

나: 한밤 중에 _____.

8. 다음 밑줄 친 부분과 의미가 비슷한 것을 골라 보세요.

(1) 어머니가 형에게 <u>책을 읽혔다</u>. (   )

① 책을 읽고 있다　　　　　　② 책을 읽어 줬다

③ 책을 읽게 됐다　　　　　　④ 책을 읽게 했다

(2) 오래간만에 <u>운동을 했더니</u> 숨이 차더라고요. (   )

① 운동을 하느라고　　　　　　② 운동을 해서

③ 운동을 하는데　　　　　　④ 운동을 하기에

(3) 한 달 동안 꾸준히 <u>말하기 연습을 했더니</u> 한국어가 많이 자연스러워졌어요.
(   )

① 말하기 연습을 한 탓에　　　② 말하기 연습을 하다 보니

③ 말하기 연습을 하다가　　　④ 말하기 연습을 하기에

(4) 방언도 방언이지만 말이 너무 빨라서 <u>알아들을 수가 있어야지</u>. (   )

① 알아들을 줄을 몰랐다　　　② 알아들을 수가 있었다

③ 알아들을 수가 없었다　　　④ 알아들을 수밖에 없었다

(5) 두 사람은 사이가 <u>돈독하기에</u> 서로 이해할 것입니다. (　　)

① 돈독하느라고 　　　　　　　　② 돈독하기 때문에

③ 돈독한 바람에 　　　　　　　　④ 돈독한 탓에

(6) 죄송하다는 말 한 마디면 <u>되는 일을 가지고</u> 저렇게까지 싸워야 하는지 모르겠다. (　　)

① 되는 일로 　　　　　　　　　　② 되는 일이면

③ 되는 일이지만 　　　　　　　　④ 되는 일이라서

9. 다음 문장에서 **틀린 부분**을 찾아 바르게 고쳐 써 보세요.

(1) 시우는 더워서 에어컨을 켜고 잤더니 감기에 걸렸다.

→ _____

(2) 여보, 나 어제 술을 많이 마셨더니 아침에는 콩나물국 좀 끓여 줘.

→ _____

(3) 너무 늦게 자면 일찍 일어날 수가 있어야지요.

→ _____

(4) 날씨가 따뜻하기에 기분이 너무 좋았다.

→ _____

(5) 내가 공무원 시험에 합격했기에 파티를 열었다.

→ _____

(6) 동생이 라면을 먹었기에 나도 같이 먹자고 했다.

→ _____

(7) 어머니는 아이에게 우유를 먹혔다.

→ _____

 듣기

장레이와 김시우의 대화를 잘 듣고 질문에 답해 보세요. 09

1. 김시우에게는 어떤 문제가 있었나요?

_____

2. 김시우는 그 문제를 어떻게 해결했습니까? 맞는 것을 골라 보세요. (   )

  ① 윗집에 메모를 남겼다.

  ② 윗집에 민원을 넣었다.

  ③ 윗집에 법정 소송을 걸었다.

  ④ 윗집에 직접 찾아가서 소통했다.

3. 대화 내용과 같은 것을 골라 보세요. (   )

  ① 김시우는 요즘 윗집 때문에 잠을 설쳤다.

  ② 장레이는 법정 소송을 제안했다.

  ③ 김시우는 슬리퍼를 사서 윗집 문 앞에 놓았다.

  ④ 김시우는 윗집에 아이용 슬리퍼를 선물했다.

4. 장레이는 무엇이 층간 소음 문제를 해결해 줬다고 생각하나요?

_____

 읽기

1. 다음 글을 읽고 질문에 답해 보세요.

> 옆집 언니가 주말 동안 지방에 있는 친구 결혼식에 가서 그동안 언니네 강아지 '초코'를 내가 돌봐 주기로 했다. 오늘 언니가 지방으로 떠나며 나에게 초코를 (ㄱ)_____.

　　초코가 우리 집에 오자마자 나는 초코에게 아침밥을 (ㄴ)＿＿＿＿. 초코가 감기에 걸려서 먹이와 함께 감기약도 같이 줬다. 아직 감기 기운이 남아 있는지 초코는 기운이 없어 보였다. 아침을 먹고 잠이 들었기에 언니가 준 이불을 덮어 주었다. 초코는 한숨 자고 일어나서 기분이 좋은지 애교를 부렸다. 마침 언니가 매일 산책시키던 시간이 되어 나도 초코를 데리고 아파트 단지를 산책했다. 초코는 익숙한 듯 나를 데리고 다녔다. 산책을 끝내고 집에 와서 초코의 발을 (ㄷ)＿＿＿＿ 전에 초코가 집안 여기저기를 (ㄹ)＿＿＿＿ 돌아다니고 있었다. 장난꾸러기 초코를 보며 나는 예전에 키웠던 강아지 '짜장'이 생각났다. 짜장도 초코처럼 털이 짙은 갈색이었는데 나는 짜장면을 좋아해서 짜장이라고 불렀다. 옆집 언니도 아마 초콜릿을 좋아해서 초코라는 이름을 붙였을 것이다.

　　내가 자려고 침대에 누우니 초코도 내 옆으로 와서 누웠다. 우리는 사이좋게 같이 잠이 들었다. 아침이 되자 초코는 나를 (ㅁ)＿＿＿＿. 나에게 재롱을 부리기에 계속 쓰다듬어 주었다. 초코와도 벌써 정이 많이 들어서 헤어질 때 참 섭섭할 것 같다. 나중에 복도에서 만나면 더 예뻐해 줘야겠다.

(1) 알맞은 단어를 고르고 (ㄱ)~(ㅁ)에 적절한 형태로 문장을 완성해 보세요.

먹다	깨다	더럽다	맡다	씻다

(ㄱ) ＿＿＿＿＿＿＿　　　　(ㄴ) ＿＿＿＿＿＿＿

(ㄷ) ＿＿＿＿＿＿＿　　　　(ㄹ) ＿＿＿＿＿＿＿

(ㅁ) ＿＿＿＿＿＿＿

(2) 윗글의 내용과 같은 것을 골라 보세요. (　　)

① 옆집 언니는 지방에서 결혼식을 올렸다.

② 짜장은 옆집 언니 강아지의 이름이다.

③ 초코는 성격이 활달한 강아지이다.

④ 나는 저녁에 침대에서 초코를 재웠다.

(3) 옆집 언니의 강아지가 주말 동안 한 일이 <u>아닌</u> 것을 골라 보세요. (　　)

① 감기약을 먹었다.　　　　　② 우리 집에서 잤다.

③ 아파트 단지를 산책했다.　　④ 나를 쓰다듬어 주었다.

(4) 옆집 언니 강아지의 이름은 무엇입니까? 나는 그렇게 이름을 붙이게 된 이유
가 무엇이라고 추측하나요?

---

2. 다음 글을 읽고 질문에 답해 보세요.

요즘 내가 푹 빠져 있는 드라마가 있다. 이 드라마는 1980년대 한국인
들의 생활 모습을 담은 드라마인데, 특히 이웃 간의 정이 많았던 그 시절
을 잘 그려 내고 있다. 같은 동네에 사는 사람들이 집에서 만든 음식을 서
로 나눠 주거나 집으로 초대하여 식사하는 모습은 지금으로서는 보기 드
문 일이다.

그렇다면 지금은 예전과 같이 이웃과 교류하는 문화가 사라져 버린 것일까? 최근 '당신 근처의 슈퍼'라는 의미의 '당근슈퍼' 앱이 큰 인기를 끌고 있다. 이 앱은 사용자의 동네에서만 이용 가능한 중고 거래 앱인데, 중고 거래뿐만 아니라 동네 생활 정보를 공유하거나 도움을 요청하는 것도 가능하여 전 연령층의 사랑을 받고 있다. (ㄱ)얼마 전에는 폭우로 한 동네 반지하 집들이 침수 피해를 입었는데 이 앱을 통해 피해 사실을 알렸더니 글을 본 이웃 주민들이 수재민의 집에 찾아가 구조를 도왔다는 사실이 신문 기사에 실리기도 했다.

고대 그리스 철학자 아리스토텔레스는 인간을 사회적 동물이라고 표현한 바 있다. 즉 사람은 끊임없이 다른 사람들과의 관계를 통해 살아가는 존재라는 것이다. 시대가 변해 공동체 의식이 사라지고 개인주의적인 삶을 살아간다고 하지만 그 양상만 달라졌을 뿐, 현대에서도 자신만의 작은 사회를 만들어 가며 이웃사촌의 훈훈한 정을 나누는 사회가 유지되고 있다.

(1) 요즘 내가 한 드라마에 푹 빠져 있는 이유는 무엇인가요?

_____

(2) (ㄱ)의 상황을 잘 표현할 수 있는 관용구를 써 보세요.

_____

(3) 윗글의 내용과 <u>다른 것</u>을 골라 보세요. (   )

① 옛날에는 이웃끼리 음식을 자주 나누어 먹었다.

② 당근슈퍼는 남녀노소 모두 즐겨 사용하는 앱이다.

③ 당근슈퍼에서는 사용했던 물건도 팔 수 있고 고민을 공유할 수도 있다.

④ 공동체 의식이 사라지면서 이웃사촌의 문화도 없어지고 있다.

(4) 당근슈퍼 이용자들이 나눌 만한 대화가 <u>아닌 것</u>을 골라 보세요. (   )

① 가: 다음 달 18일에 식을 올리는데 시간 내서 와 주시면 너무 고맙겠습니다.

   나: 그럼요. 꼭 가야 하죠.

② 가: 다음 주에 김장을 하려고 하는데 도와 주실 분 있나요?

나: 일손이 부족하시면 제가 가서 좀 도와 드릴게요.

③ 가: 다음 달에 이사를 해야 하는데 가구 필요하신 분 있나요?

　　나: 소파가 괜찮아 보이는데 얼마예요?

④ 가: 이번 일요일에 단수한다는데 다들 미리 준비하세요.

　　나: 잊어버리고 있었는데 알려 줘서 고마워요.

 번역

1. 다음 글을 중국어로 번역해 보세요.

　　안타깝게도 '이웃사촌'이라는 말이 점점 사라져가고 있다. 옛날에는 사람이 주요 노동력이었기에 가까이 있는 이웃끼리 서로 도움을 주고받아야 했지만 이제는 이웃이 없어도 얼마든지 일을 해결할 수 있기 때문에 의존도가 점점 떨어지게 된 것이다. 한 설문 조사에 의하면 이웃에 대해 잘 모르는 편이라고 답한 사람은 32.2%나 되는 반면, 잘 알고 있다고 답한 사람은 6.6%밖에 되지 않았다. 이웃과의 교류가 어색해서 인사 정도만 한다는 사람도 있고 심지어 교류할 필요성을 잘 모르겠다는 사람도 있다. 그럼에도 화목한 이웃 관계는 안정감과 행복감을 심어 주어 삶의 질을 높여 줄 수 있다고 생각하는 사람들이 여전히 적지 않다.

_____

_____

_____

_____

_____

_____

2. 다음 글을 한국어로 번역해 보세요.

　　进入21世纪，全球开启"地球村"时代。随着广播、电视、互联网和其他电子媒介的出现，以及各种现代交通工具的飞速发展，时空距离被迅速缩短，国际交往变得日益频繁和便利，整个地球就如同是一个传统村落。地球村的出现打破了传统的时空观念，使人们与外界乃至整个世界的联系更为紧密，人与人之间的理解也随之加深。

_____

_____

_____

_____

_____

_____

_____

 쓰기

타인과 더불어 함께 살려면 무엇이 필요합니까? 다음 질문에 답하고 개인과 공동체의 관계에 대한 자신의 생각을 써 보세요.

1. 개인의 이익과 공동체의 이익은 모순이 되나요?

2. 개인은 공동체 속에서 어떻게 해야 하나요?

3. 개인에게 이로운 바람직한 공동체는 어떤 모습인가요?

제 10 과
주거 생활

 어휘와 문법

1. 다음 단어에 대응되는 뜻풀이를 연결해 보세요.

(1) 끼니 • • 마시면 약효가 있거나 몸에 좋다고 하는 물이 나는 곳.

(2) 외박 • • 어느 곳을 드나듦.

(3) 통금 • • 매일 일정한 시간에 음식을 먹음.

(4) 솜씨 • • 돈이나 재물 등을 쓰지 않고 쌓아 두다.

(5) 출입 • • 수업이나 모임에 참석하지 않다.

(6) 약수터 • • 자기 집이나 일정한 숙소 이외의 곳에서 잠을 잠.

(7) 모으다 • • 손으로 무엇을 만들거나 어떤 일을 하는 재주.

(8) 구비되다 • • 어떤 곳을 지나다니지 못하게 함.

(9) 결석하다 • • 필요한 것을 사거나 만들거나 하여 갖추다.

(10) 장만하다 • • 있어야 할 것이 다 갖추어지다.

2. 다음 밑줄 친 부분과 바꿔 쓸 수 있는 것을 골라 보세요.

(1) 이번 학기 기숙사에 들어가지 못한 그는 학교 근처에서 <u>방세와 식비를 내고 지낼</u> 방을 구하는 중이다. (　　)

① 입주할　　　② 자취할　　　③ 하숙할　　　④ 임대할

(2) 학생으로서 스스로 월세 보증금을 장만하기란 <u>쉽지 않다</u>. (　　)

① 보람차다　　② 만만찮다　　③ 창피하다　　④ 번거롭다

(3) 형은 지금 다니고 있는 회사의 <u>급여가</u> 너무 적다면서 이직을 고려하고 있다. (　　)

① 보수가　　　② 대가가　　　③ 요금이　　　④ 금리가

(4) 갑자기 온몸에 열이 나고 땀이 흐르면서 <u>정신이 흐려지기</u> 시작했다. (　　)

　　① 시끄럽기　　　② 부끄럽기　　　③ 미끄럽기　　　④ 어지럽기

(5) 친구랑 똑같은 가방을 메서 헷갈릴까 봐 <u>함께 두지 않았다</u>. (　　)

　　① 같이 두었다　　② 혼자 두었다　　③ 따로 두었다　　④ 다르게 두었다

(6) 여러분, 대학 생활을 <u>될 수 있는 대로</u> 보람 있고 알차게 보내시길 바랍니다.
　　(　　)

　　① 아무리　　　　② 아무튼　　　　③ 아무래도　　　　④ 아무쪼록

(7) <u>이렇게 하든지 저렇게 하든지</u> 오늘 다 못 끝낼 것 같으니까 서두르지 마십시
　　오. (　　)

　　① 어쩐지　　　　② 어차피　　　　③ 어쩌다　　　　④ 어느새

(8) 불빛이 없는 골목길을 혼자 걸으니 <u>보통의 정도로</u> 무서운 게 아니었다. (　　)

　　① 아예　　　　　② 무척　　　　　③ 여간　　　　　④ 몹시

(9) 엄마는 여행 간 아들이 연락되지 않아 <u>몹시 불안해하며 걱정하였다</u>. (　　)

　　① 가슴을 쳤다　　　　　　　　② 가슴을 태웠다

　　③ 가슴이 내려앉았다　　　　　④ 가슴이 후련해졌다

(10) 서류를 잃어버려서 걱정하던 나는 재발급을 받을 수 있다는 말에 <u>마음을 편
　　히 가지게 되었다</u>. (　　)

　　① 마음이 맞았다　　　　　　　② 마음에 들었다

　　③ 마음을 먹었다　　　　　　　④ 마음을 놓았다

3. 알맞은 단어를 골라 대화를 완성해 보세요.

부딪치다	탈락하다	헷갈리다	드나들다	선별하다
나서다	변경하다	난감하다	예민하다	터무니없다

(1) 가: 손님이 영수증도 없이 반품해 달라고 요구해서 너무 ＿＿＿＿＿＿＿.

　　나: 정말 곤란한 상황이었겠어요.

(2) 가: 저는 가끔 한국 친구가 제 부탁을 거절한 건지 허락한 건지 _____
____르/을 때가 있어요.

　나: 아직 한국어가 서툴러서 그럴 거예요.

(3) 가: 어제 봤던 원룸을 계약했어요?

　나: 아니요, 집주인이 _____ㄴ/은/는 가격으로 보증금을 요구하기
에 그만뒀어요.

(4) 가: 방금 들은 교통 정보에 따르면 자전거와 자동차가 _____아서/
어서/여서 사고가 났대요.

　나: 그래서 비 오는 날은 항상 운전을 조심해야 돼요.

(5) 가: 룸메이트하고 또 싸웠나요?

　나: 말도 말아요. 시험 기간이라 그런지 요즘 특히 _____ㄴ/은/는
것 같아요.

(6) 가: 아이들이 이 방 저 방을 _____며/으며 정신없이 뛰어놀아요.

　나: 그러게요. 오랜만에 만나니 너무 신났나 봐요.

(7) 가: 요즘 아이 입학 때문에 너무 바쁘시다고 들었어요.

　나: 네, 수많은 학교 중에서 아이에게 적합한 학교를 _____기란
여간 힘든 일이 아니네요.

(8) 가: 이번 팀 과제 발표는 윤서에게 맡길까요?

　나: 네, 말재주가 좋아서 발표에 적극적으로 _____르/을 거예요.

(9) 가: 지난 대회에서 예선에 _____던 팀이 이번에 우승을 했대요.

　나: 그래서 경기는 정말 아무도 모르는 일인 것 같아요.

(10) 가: 아이가 있어서 그러는데 창가 쪽으로 자리를 바꿀 수 없을까요?

　나: 가능합니다. 창가 쪽 좌석으로 _____아/어/여 드리겠습니다.

4. 알맞은 표현을 골라 대화를 완성해 보세요.

계약이 만료되다	속을 태우다	발품을 팔다	문제점을 인식하다
흉내(를) 내다	철없이 굴다	눈치가 보이다	눈에 띄다

(1) 가: 자격증 시험 때문에 매일 밤마다 불을 켜고 공부하다 보니 룸메이트의
　　　　_____.

　　나: 그러지 말고 룸메이트에게 상황 설명을 하고 양해를 구하는 건 어때요?

(2) 가: 혼자 조용히 지낼 수 있는 자취방을 알아볼까 하는데 좋은 방법이 없을까요?

　　나: 마음에 드는 집을 구하는 게 여간 쉬운 일이 아니거든요. 무조건 _____
　　　　_____아야/어야/여야 하는 것 같아요.

(3) 가: 아이들은 부모의 말을 그대로 _____ㄴ/은/는 경향이 있더라
　　　　고요.

　　나: 맞아요, 그래서 아이 앞에서는 항상 말을 조심해야 해요.

(4) 가: 말도 마. 엄마는 늘 나만 보면 야단을 치셔.

　　나: 네가 너무 _____니까/으니까 걱정돼서 그러시지.

(5) 가: 곧 소속사와의 _____ㄴ/은/는 걸로 알고 있습니다. 향후 어떤
　　　　계획이신지요?

　　나: 그동안 쌓아 온 신뢰로 지금 회사와 재계약하기로 했습니다.

(6) 가: 그동안 기숙사 관리를 소홀하게 해 왔던 것 같습니다. 죄송합니다.

　　나: _____고 하루빨리 개선해 나가는 것이 중요합니다.

(7) 가: 오늘은 거리에 차들이 많지 않네요.

　　나: 네, 추석이라 모두 고향에 내려가서 그런지 차들이 _____게
　　　　줄었어요.

(8) 가: 박 선수는 어릴 때에도 성실한 모범생이었을 것 같아요.

　　나: 전혀 아닙니다. 어릴 때는 어머니의 _____ㄴ/은/는 말썽꾸러
　　　　기 학생이었어요.

5. '-아서/어서/여서 그런지'를 사용하여 대화를 완성해 보세요.

(1) 가: 장빈 씨는 한국어로 발표를 참 잘 하네요.

　　나: _____ 한국어가 아주 유창해요.

(2) 가: 아이가 발레를 참 잘 하네요.

　　나: _____ 아이도 춤을 잘 추네요.

(3) 가: 이사 간 원룸은 어때요?

　　나: _____ 깨끗하고 좋아요.

(4) 가: 전기 요금 많이 나왔어요?

　　나: _____ 얼마 안 돼요.

(5) 가: 레이 씨는 참 박학다식한 거 같아요.

　　나: _____ 아는 게 참 많더라고요.

6. '-던 차에'를 사용하여 대화를 완성해 보세요.

(1) 가: 방학에 잠깐 아르바이트를 하고 싶은데 괜찮은 데 없을까?

　　나: 그렇지 않아도 나 대신 _____ 마침 잘 됐다. 내가 방학에
　　　　여행을 좀 다녀오려고 하거든.

(2) 가: 피자 한 판 시켰는데 같이 먹을래?

　　나: 좋아! 뭐 먹을까 _____ 잘 됐다.

(3) 가: 학교 헬스장에서 두 명이 함께 등록하면 할인해 준다고 하던데 같이 운동
　　　　할까?

　　나: 그래? 안 그래도 _____ 너무 잘 됐다.

(4) 가: 비 맞지 않았어?

　　나: 아니요, 우산이 없어서 _____ 마침 친구를 만나서 같이
　　　　쓰고 왔어요.

(5) 가: 이사할 집 알아봤어? 부동산에 전화해 봐야 하는 거 아니야?

　　나: 이미 구했어. _____ 마침 선배가 좋은 원룸을 소개해 줬어.

7. 알맞은 것을 골라 대화를 완성해 보세요.

> -ㄹ까/을까 하다   -아서/어서/여서/라서 그런지   -지
>
> -려던/으려던 차에   에 따르면   여간 …… 아니다

(1) 가: 그럼 이번 행사는 취소한 겁니까?

    나: 행사 시기를 _____ 취소한 것은 아닙니다.

(2) 가: 오늘 왜 이렇게 늦게 왔어요?

    나: 막 집을 _____ 손님이 와서 좀 늦어졌어요.

(3) 가: 주말이긴 하지만 그래도 사람이 엄청 많네요.

    나: _____ 요즘은 평일에도 사람이 많더라고요.

(4) 가: _____ 올해 여름에는 더위가 심할 것이라고 합니다.

    나: 그렇군요. 방학에 피서를 가야겠어요.

(5) 가: 집 구하기 어렵죠?

    나: 네, 학교에서 가까우면서도 월세가 싼 집을 구하기가 _____.

(6) 가: 점심 메뉴 정했어요?

    나: 네, 저는 너무 더워서 냉면을 _____.

8. 밑줄 친 부분과 의미가 비슷한 것을 골라 보세요.

(1) 졸업 후 한국에서 일을 좀 더 하고 귀국할까 합니다. (　　)

    ① 귀국할까 의문입니다   ② 귀국할 생각입니다

    ③ 귀국하기로 했습니다   ④ 귀국해야 합니다

(2) 가: 산을 싫어하세요?

    나: 바다를 더 좋아하는 거지 산을 싫어하는 것은 아니에요. (　　)

    ① 좋아해서 그런지   ② 좋아하긴 하지만

    ③ 좋아하는 데다가   ④ 좋아하는 만큼

(3) 가: 아까 그분이랑 친하세요?

나: 봉사 모임에서 한 번 <u>만났을 뿐이고</u> 잘 아는 사이는 아니에요. (　　)

① 만났을 뿐이지만　　　　　② 만났을 뿐이라서

③ 만났을 뿐인지　　　　　④ 만났을 뿐이지

(4) 말하기 대회에서 1등을 하니 <u>여간 기쁘지 않았어요</u>. (　　)

① 전혀 기쁘지 않았어요　　　② 그리 기쁘지 않았어요

③ 전혀 기쁜지 몰라요　　　④ 얼마나 기쁜지 몰라요

(5) 인터넷에서 숙소를 <u>알아보고 있던 차에</u> 마침 선배가 좋은 곳을 소개해 줬다.

(　　)

① 알아보고 있다가　　　　② 알아보고 있느라고

③ 알아보고 있던 중에　　　④ 알아보고 있는 김에

(6) 학교에 <u>갔던 차에</u> 도서관에서 책을 빌려 왔다. (　　)

① 학교에 간 김에　　　　② 학교에 가는 김에

③ 학교에 갔으니까　　　　④ 학교에 간 다음에

(7) 의사 선생님 <u>말씀에 따르면</u> 잠이 부족하면 우울증에 걸리기 쉽다고 합니다.

(　　)

① 말씀을 통해서　　　　② 말씀에 의하면

③ 말씀을 들으면　　　　④ 말씀을 전달하면

9. 다음 문장에서 <u>틀린 부분</u>을 찾아 바르게 고쳐 써 보세요.

(1) 시우는 주말에 날씨가 좋으면 등산을 할까 한다.

→ _____

(2) 다음 학기부터는 기숙사에서 살까 하겠습니다.

→ _____

(3) 어제 찬 음식을 너무 많이 먹었어서 그런지 저녁부터 배가 아팠어요.

→ _____

(4) 성격이 차분해서 그런지 일을 잘 할 거예요.

→ _____

(5) 고래는 물고기가 아니지 포유류이다.

→ _____

(6) 선생님 말씀에 따라서 이번 시험 문제가 어려웠다고 합니다.

→ _____

 듣기

류지아와 아주머니의 대화를 잘 듣고 질문에 답해 보세요. 📻10

1. 류지아는 어떤 방을 보러 갔나요?

_____

2. 류지아가 본 방은 얼마인가요?

_____

3. 류지아가 본 방에 대한 설명으로 맞는 것을 골라 보세요. ( )

① 세 끼가 모두 제공된다.

② 내일 당장 들어와서 살 수 있다.

③ 통금 시간이 정해져 있다.

④ 전철역과 가깝지만 학교와는 거리가 좀 있다.

4. 대화 내용과 같은 것을 골라 보세요. ( )

① 류지아는 아주머니에게 미리 연락하고 집을 보러 왔다.

② 가구는 따로 준비해야 한다.

③ 이 방은 햇빛이 잘 들 것이다.

④ 류지아는 이 방을 바로 계약할까 한다.

읽기

1. 다음 글을 읽고 질문에 답해 보세요.

한국을 가리켜 '아파트 공화국'이라고 할 만큼 아파트는 한국에서 가장 보편적인 주거 형태이다. 아파트는 5층 이상의 공동 주택을 가리키는데 주로 도심에 위치해 있어 교통이 편리하다. 그리고 다른 주거 형태에 비해 보안 및 편의 시설이 뛰어나며 쓰레기 분리수거도 간편해서 많은 사람들이 희망 거주 형태로 꼽아 왔다. 하지만 아파트는 층간 소음에서 자유롭지 못하고 주차 공간이 부족하다는 단점이 있다.

교통수단의 발달로 출퇴근 시간이 단축되면서 사람들은 직장 근처에 집을 마련해야 한다는 고집을 버리고 조금 멀리 떨어져 있어도 쾌적한 환경에서 지내길 바라게 되었다. 이러한 수요를 만족시키는 주거 형태가 바로 단독 주택이다. 최근 한 부동산 플랫폼이 실시한 '희망 거주 형태' 설문 조사에서 단독 주택은 1위를 차지할 만큼 한국인의 희망 거주 형태의 샛별로 떠오르고 있다.

단독 주택은 한 채씩 따로 지은 주택을 말하는데 이웃과 벽이나 바닥을 공유하지 않아 층간 소음을 걱정하지 않아도 된다. 게다가 단독 주택의 마당은 전용 주차장이나 정원 외에도 바비큐장, 물놀이장 등으로 활용할 수 있다는 장점이 있다. 하지만 단독 주택은 쓰레기 분리수거나 주택 관리가 어렵다는 단점 때문에 아파트와 단독 주택을 두고 고민하는 사람들도 적지 않다.

(1) 왜 한국을 '아파트 공화국'이라고 하나요?

_____

(2) 윗글의 주제로 알맞은 것을 골라 보세요. (   )

　　① 아파트의 보안 및 편의 시설

　　② 아파트와 단독 주택의 장단점

　　③ 단독 주택의 마당 활용법

　　④ 한국인의 희망 거주 형태 순위

(3) 윗글의 내용과 같은 것을 골라 보세요. (   )

　　① 공동 주택은 모두 아파트이다.

　　② 단독 주택은 분리수거가 편리하다.

　　③ 요즘도 사람들은 직장 근처에 집을 마련하고 싶어한다.

　　④ 요즘 많은 사람들이 단독 주택에서 살고 싶어한다.

(4) 아파트와 단독 주택의 장단점을 써 보세요.

_____

_____

_____

_____

2. 다음 글을 읽고 질문에 답해 보세요.

　　집을 매매할 때는 물론이고 단기 임대를 할 때도 확인해야 할 점이 여간 많은 것이 아니다. 부동산 계약은 거래 금액이 클 뿐만 아니라 일단 계약을 체결한 다음에는 문제를 발견하더라도 계약을 변경하거나 해지하기가 어렵기 때문이다.

　　그렇다면 집을 구할 때 어떤 점들을 확인해야 할까? 매물의 종류와 상관없이 공통적으로 확인해야 할 것들로는 소음, 안전, 채광, 냉난방 시설 등이 있다. 이러한 점들은 부동산 앱으로는 확인하기 어렵고 일일이 발품을 팔아 확인해야 한다.

먼저 층간 소음은 없는지, 주변에 지하철이나 비행기가 지나다니지는 않는지 등 집 내부와 외부의 소음을 모두 확인해야 할 뿐더러 낮과 밤의 소음 정도도 체크하는 것이 좋다. 다음으로 안전과 관련하여 집 주변에 CCTV는 설치되어 있는지, 경찰서는 얼마나 가까운지, 저층인 경우 방범창은 잘 달려 있는지 등을 확인해야 한다. 그다음으로 채광을 확인해야 한다. 햇빛과 같은 자연조명은 집의 전체적인 분위기에 영향을 주며 채광이 좋은 경우 전기료를 절약할 수 있다. 마지막으로 여름에는 냉방 시설만을, 겨울에는 난방 시설만을 확인하는 경우가 많은데 계절을 막론하고 냉난방 시설을 모두 확인해야 한다.

물론 이 외에도 주변 환경이나 내부 설비에서 더 많은 부분을 체크해야 하지만 일단 위의 기본적인 것들만 잘 확인한다면 크게 문제가 되는 집은 피해 갈 수 있을 것이다.

(1) 집을 구할 때 집에 문제가 있는지 미리 확인해야 하는 이유는 무엇인가요?

_____

(2) 집을 구할 때 확인해야 할 기본 항목을 써 보세요.

_____

(3) 집을 구할 때 주의해야 할 점이 <u>아닌 것</u>을 골라 보세요. (   )

　① 집 안과 밖의 소음을 모두 확인해야 한다.

　② 집 주변에 경찰서가 있는지 확인해야 한다.

　③ 햇빛이 얼마나 잘 들어오는지 확인해야 한다.

　④ 여름에는 냉방이 잘 되는지, 겨울에는 난방이 잘 되는지만 확인하면 된다.

(4) 윗글의 내용과 <u>다른 것</u>을 골라 보세요. (   )

　① 집을 구할 때 확인해야 할 항목이 많다.

　② 집을 구할 때에는 직접 찾아가서 확인해 봐야 한다.

　③ 집을 구할 때에는 낮과 밤, 모두 한 번씩 가 보는 것이 좋다.

　④ 고층인 경우 방범창은 잘 달려 있는지 확인해야 한다.

💬 번역

1. 다음 글을 중국어로 번역해 보세요.

　　나와 룸메이트는 친한 친구이다. 하지만 생활 습관이 너무 달라서 조금 힘들다. 나는 아침형이고 룸메이트는 저녁형이다. 내가 자고 있을 때 룸메이트가 샤워하거나 룸메이트가 자고 있을 때 내가 샤워한다. 한 학기 동안 잠을 잘 못 자니 여간 피곤하지 않다. 함께 해결 방법을 고민하던 차에 선배가 방 교체를 신청할 수 있다고 말해 줘서 내일 행정실에 가서 신청해 볼까 한다.

_____

_____

_____

_____

_____

_____

_____

2. 다음 글을 한국어로 번역해 보세요.

韩国大学宿舍费用低廉，且配备有床、书桌、椅子和衣柜等基本家具，此外还有洗衣房、健身房、食堂等便利设施，最关键的是宿舍离教室和图书馆只有一步之遥，可以节省很多路上的时间，所以很多学生都想住宿舍。但由于韩国大学宿舍数量较少，一般实行申请制，学校会综合考量申请者的家庭收入、居住地、学习成绩以及提交的各项材料进行选拔，其中学习成绩尤为重要。我打算下个学期住宿舍，现在开始就得好好学习并提前准备各种材料了。

_____

_____

_____

_____

_____

_____

_____

 쓰기

여러분의 기숙사 생활은 어떻습니까? 다음 질문에 답하고 기숙사 생활을 소개하는 글을 써 보세요.

1. 기숙사 환경은 어떠한가요? (몇 인실, 방 구조 등)

2. 기숙사에 어떤 규칙이 있나요? (통금 시간, 전자 제품 사용 가능 여부 등)

3. 기숙사에 어떤 편의 시설이 있나요? (세탁실, 샤워실, 편의점 등)

제 11 과
문제와 해결

 어휘와 문법

1. 다음 단어에 대응되는 뜻풀이를 연결해 보세요.

(1) 상담원　•	• 물건을 자신도 모르게 빼앗기다.
(2) 부품　•	• 완전히 잠이 들지는 않으면서 자꾸 잠이 들려는 상태가 　되다.
(3) 습득물　•	• 어떤 문제에 대하여 듣고 도움말을 해 주는 것이 직업인 　사람.
(4) 왕복　•	• 많은 사람들에게 어떤 내용을 널리 알림.
(5) 공지　•	• 갔다가 돌아옴.
(6) 굽다　•	• 일이나 사람의 자취를 따라가며 찾다.
(7) 졸다　•	• 주워서 얻은 물건.
(8) 깜박하다　•	• 음식을 불에 익히다.
(9) 추적하다　•	• 기계 따위의 어떤 부분에 쓰는 물건.
(10) 도둑맞다　•	• 기억이나 의식 따위가 잠깐 흐려지다.

2. 다음 밑줄 친 부분과 바꿔 쓸 수 있는 것을 골라 보세요.

(1) 어머니는 가전제품을 사용하기 전에 설명서에 있는 주의 사항을 필독하라고
　 <u>강하게 부탁하셨다</u>. (　　)

　 ① 조치하셨다　　② 조언하셨다　　③ 충고하셨다　　④ 당부하셨다

(2) 나는 전부터 봐 두었던 옷장을 할인 매장에서 저렴한 가격으로 <u>구매했다</u>. (　　)

　 ① 구입했다　　② 거래했다　　③ 매매했다　　④ 주문했다

(3) 남자 친구가 자꾸 혼자서만 데이트 비용을 <u>책임지려고</u> 해서 고민이에요. (　　)

　 ① 담당하려고　　② 부담하려고　　③ 장만하려고　　④ 맡으려고

(4) 죄송합니다, 고객님. 이 제품은 특가 상품이기에 교환이나 <u>변심하여 돌려보내는 것은</u> 불가능합니다. ( )

① 이체는   ② 교체는   ③ 배송은   ④ 반품은

(5) 동생이 부주의로 내가 제일 아끼는 꽃병을 <u>조각이 나게 했나</u> 봐요. ( )

① 떨어뜨렸나   ② 넘어뜨렸나   ③ 깨뜨렸나   ④ 빠트렸나

(6) 고객님, 죄송하지만 상품을 <u>받은 지</u> 일주일이 지났으므로 반품 신청을 할 수 없습니다. ( )

① 수령한 지   ② 수거한 지   ③ 수신한 지   ④ 수집한 지

(7) 이 좌석은 임산부 <u>혹은</u> 노약자를 위한 전용석입니다. ( )

① 또한   ② 또는   ③ 또다시   ④ 게다가

(8) 어제가 과제 제출 마감일이라고 <u>틀림없이</u> 공지했는데도 불구하고 아직 내지 않은 사람이 있다. ( )

① 분명히   ② 톡톡히   ③ 완벽히   ④ 충분히

(9) 나뭇가지에 걸려 <u>조금만 잘못했더라면</u> 치마가 찢어질 뻔했어요. ( )

① 괜히   ② 그대로   ③ 하마터면   ④ 아무래도

(10) 어차피 끝난 일이니 <u>마음속으로 생각하지</u> 마세요. ( )

① 염두에 있지   ② 염두에 없지   ③ 염두에 두지   ④ 염두에 놓지

3. 다음에 공통으로 들어갈 단어를 골라 문장을 완성해 보세요.

잡다   연하다   넉넉하다   일부러   다만

(1) (   )

① 이제 믿을 수 있는 건 _____ 실력뿐이다.

② 많지 않은 돈이지만 _____ 얼마간이라도 치료비에 도움이 되었으면 좋겠어요.

③ 저는 사람들과 이야기하는 것을 좋아해요. _____ 좋아하는 사

람 앞에서는 부끄러워서 말을 잘 못해요.

④ _____ 하루라도 일 생각 안 하고 마음 편히 휴식할 수 있었으면 좋겠어요.

(2) (　　　　)

① 어머니는 _____지 않은 형편에도 한창 자라는 아이들에게 좋은 것을 먹이려고 애쓰셨다.

② 이 가게는 주인 아주머니의 _____ㄴ/은/는 마음씨 덕분에 단골손님이 많다.

③ 아직 시간이 _____니까/으니까 전혀 서두를 필요가 없다.

④ 어머니는 손님이 더 올 것을 예상해 음식을 _____게 장만하셨다.

(3) (　　　　)

① 나는 어린이집에 동생을 데리러 가는 것을 깜빡하고 친구와 약속을 _____.

② 경찰은 잠복근무 끝에 반지를 훔쳐 가지고 도망친 도둑을 _____.

③ 이 노래는 남녀노소 상관없이 누구나 쉽게 따라 부를 수 있어 국민가요로 자리 _____.

④ 신랑, 신부가 손을 _____고 나란히 결혼식장에 들어왔다.

(4) (　　　　)

① 고기에 양념을 해서 한 시간 숙성시켰다가 구웠더니 _____고 맛있었다.

② 파란색 원피스를 입고 _____ㄴ/은/는 화장을 한 그녀가 무척 청순해 보였다.

③ 할아버지는 오후가 되면 커피를 _____게 타서 드시곤 한다.

④ 초가을이어서 그런지 단풍 색이 아직 _____.

(5) (　　　　)

① 내가 일찍 가면 네가 신경 쓰일까 봐 _____ 늦게 왔어.

② _____ 컵을 떨어뜨린 것도 아니고 손이 미끄러워서 그런 걸 어

떡하겠어요.

③ 형 보러 _____ 여기까지 찾아온 사람한테 꼭 그렇게 차갑게 굴

어야만 했어요?

④ 면접할 때 _____ 대답하기 곤란한 질문도 한다니까 당황하지

말고 차분하게 대답하세요.

4. 알맞은 단어를 골라 대화를 완성해 보세요.

새다	뜯다	점검하다	신고하다	작동하다
기재되다	조율하다	알아차리다	의도하다	터뜨리다

(1) 가: 주소지가 변경되면 출입국관리사무소에 꼭 _____아야/어야/

여야 돼.

나: 그렇지 않아도 다음 달에 원룸으로 이사가려고 했는데 고마워.

(2) 가: 역사 시간은 수업 분위기도 좋고 항상 재미있는 거 같아.

나: 이게 다 유머러스한 선생님 덕분이지. 선생님의 개그 한마디에 우리가 웃

음을 _____곤 하잖아.

(3) 가: 왜 갑자기 서둘러 집을 구하려고 해요?

나: 지금 사는 원룸이 낡은 건물이라 배수관이 부식되어 자꾸 여기저기서 물

이 _____.

(4) 가: 룸메이트가 과 선배하고 사귄대.

나: 너 몰랐어? 난 지난번 모임 때 둘이 사귀는 거 _____ㄴ데/은

데/는데.

(5) 가: 받는 사람의 주소와 전화번호가 제대로 _____ㄴ지/은지/는지

확실히 체크했죠?

나: 네, 이번에는 틀림없을 겁니다.

(6) 가: 요즘은 컴퓨터가 잘 돼요?

나: 네, 컴퓨터에 백신 프로그램을 깔았더니 잘 _____고 있어요.

(7) 가: 왜 이렇게 늦었어요? 하마터면 제시간에 제출 못 할 뻔했잖아요.

　　 나: 팀원들이 각자 다른 생각을 갖고 있어서 _____느라고 애를 먹

　　　 었어요.

(8) 가: 아무래도 컴퓨터에 이상이 있는 것 같아요.

　　 나: 그럼 서비스 센터에 가서 제대로 _____아/어/여 봐요. 그동안

　　　 저장한 자료들이 없어지면 큰일이잖아요.

(9) 가: 고향에 있는 단짝 친구한테서 생일 선물이 왔네.

　　 나: 정말? 얼른 _____아/어/여 봐. 뭔지 너무 궁금하다.

(10) 가: 죄송합니다. 저희 직원의 부주의로 옷이 더러워졌네요.

　　　 나: _____ㄴ/은/는 것도 아닌데 괜찮습니다.

5. 〈보기〉와 같이 '-ㄹ/을 뻔했다'를 사용하여 문장을 바꿔 써 보세요.

┌─────────────── 〈보기〉 ───────────────┐

　　친구가 바뀐 시험 범위를 알려 줘서 시험에 떨어지지 않았어요.

　　→ 친구가 바뀐 시험 범위를 알려 주지 않았으면 시험에 떨어질 뻔했어요.

└────────────────────────────────────┘

(1) 휴대폰을 떨어뜨렸는데 케이스를 씌워서 액정이 깨지지 않았어요.

　　 → _____

(2) 오늘 길이 엄청 막혔는데 일찍 나와서 수업에 늦지 않았어요.

　　 → _____

(3) 옷을 많이 입어서 감기에 걸리지 않았어요.

　　 → _____

(4) 친구가 함께했기에 마라톤을 끝까지 뛸 수 있었어요.

　　 → _____

(5) 안전벨트를 해서 큰 사고가 나지 않았어요.

　　 → _____

6. '-려던/으려던 참이다'를 사용하여 대화를 완성해 보세요.

(1) 가: 신혼집은 구했어요?

나: 안 그래도 내일 _____.

(2) 가: 늦을 것 같으면 지하철을 타세요.

나: 안 그래도 막 _____.

(3) 가: 지금 회사에 있어요?

나: 네, 그런데 지금 막 _____. 무슨 일 있어요?

(4) 가: 아직도 점심 안 먹었어?

나: 지금 막 _____.

(5) 가: 주말에 쇼핑하고 싶은데 같이 갈래?

나: 마침 잘 됐다. _____.

7. 알맞은 것을 골라 대화를 완성해 보세요.

-아/어/여 가지고   -ㄹ/을 뻔했다   -는 대로

-려던/으려던 참이다   -나 싶다

(1) 가: 안색이 좀 안 좋은 것 같아요.

나: 밥을 급히 먹다가 _____.

(2) 가: 과 대표가 갑자기 휴학을 한다고? 잘못 들은 거 아니야?

나: 나도 _____ 확인해 봤는데 집안에 사정이 생겨서 그렇게 됐대.

(3) 가: 언제 회의하기로 했습니까?

나: 아직 회의 날짜가 나오지 않았습니다. _____ 알려드리겠습니다.

(4) 가: 과장님이 주말에 집들이를 한대요.

나: 그렇군요. 그럼 휴지하고 세제를 _____ 갈까요?

(5) 가: 오늘 언제 퇴근해?

나: 안 그래도 지금 막 _____.

8. 밑줄 친 부분과 의미가 비슷한 것을 골라 보세요.

(1) 날씨도 좋은데 주말에 <u>음식을 만들어 가지고</u> 소풍이나 갈까요? (　　)

    ① 음식을 만들고   ② 음식을 만들어서

    ③ 음식을 만든 다음에   ④ 음식을 만들고 나서

(2) 조금만 늦게 예매했으면 <u>영화를 못 볼 뻔했어요.</u> (　　)

    ① 영화를 못 봤겠어요   ② 영화를 못 볼 만해요

    ③ 영화를 못 볼 줄 알았어요   ④ 영화를 못 보고 말았어요

(3) <u>수업이 끝나는 대로</u> 수영하러 갈까요? (　　)

    ① 수업을 끝내고 나서   ② 수업이 끝난 다음에

    ③ 수업이 끝나자마자   ④ 수업을 끝내 가지고

(4) 내년에는 한국에 <u>유학을 가려고 해요.</u> (　　)

    ① 유학을 가고 싶어요   ② 유학을 가고자 해요

    ③ 유학을 가기로 했어요   ④ 유학을 갈 법해요

(5) 네가 회사를 나가면 나도 <u>그만둘 참이다.</u> (　　)

    ① 그만둘 만하다   ② 그만둘 법하다

    ③ 그만둘 생각이다   ④ 그만둘 지경이다

(6) 큰 마트에는 <u>팔지 않겠나 싶어서</u> 겨울에 수박 사러 간 적도 있어요. (　　)

    ① 팔 만해서   ② 팔 거라서

    ③ 팔지 않을지 몰라서   ④ 팔지 않을까 싶어서

9. 다음 문장에서 <u>틀린 부분</u>을 찾아 바르게 고쳐 써 보세요.

(1) 날씨가 추우니까 옷을 많이 입어 가지고 나가세요.

    → _____

(2) 저는 늦게 일어나서 자주 지각할 뻔해요.

    → _____

(3) 어머니는 집에 들어오는 대로 저녁 준비를 하셨다.

    → _____

(4) 한국에 도착한 대로 연락 드릴게요.

→ _____

(5) 내년에 유럽 여행을 가려던 참이에요.

→ _____

 듣기

다음 대화를 잘 듣고 질문에 답해 보세요. 🎧11

1. 남자와 여자에게 어떤 문제가 발생했나요?

_____

2. 남자는 어떻게 문제를 해결했나요? (   )

① 119에 전화를 걸어서 해결했다.

② 기사님에게 전화를 걸어서 해결했다.

③ 역무실에 전화를 걸어서 해결했다.

④ 경비실에 전화를 걸어서 해결했다.

3. 세 사람의 행동에 대한 설명이 <u>아닌</u> 것을 골라 보세요. (   )

① 여자는 당황스러워했다.

② 남자는 신속한 구조 요청을 했다.

③ 역무실 직원은 담당 기사를 불렀다.

④ 역무실 직원은 엘리베이터를 수리하러 갔다.

4. 대화 내용과 같은 것을 골라 보세요. (   )

① 남자와 여자는 서로 아는 사이이다.

② 남자와 여자는 1번 출구 근처의 엘리베이터 안에 있다.

③ 지하 1층으로 이동 중에 엘리베이터가 멈췄다.

④ 역무실 직원은 승강기 번호를 물어봤다.

 읽기

1. 다음 내용을 읽고 질문에 답해 보세요.

교환 및 반품(환불) 신청서

* 주문자(수령자) 성함: _____

* 핸드폰 번호: _____

* 교환 및 반품 사유: ☐ 단순 변심　　☐ 오배송　　☐ 불량

* 처리 방법: ☐ 교환　　☐ 반품

┃ 교환 및 반품 안내

1. 교환 및 반품은 물품 수령 후 3일 이내 고객 센터에 접수해야 하며 접수 후 7일 이내에 배송해야 합니다. 규정된 시일을 초과한 물품은 반송 처리되며 왕복 배송료는 고객이 부담합니다.

2. 업체로 반송된 물품은 수령 후 3~5일 이내에 교환 및 반품 처리가 됩니다.

3. 단순 변심에 의한 교환 및 반품 배송료는 고객이 전액 부담합니다. 반품의 경우 주문 금액에서 배송료 제외 후 환불됩니다.

4. 오배송 및 불량 상품에 한해서는 반품 배송료를 받지 않습니다. 단, 불량 상품의 경우, 동일 상품 교환만 가능하며 타 상품 교환은 단순 변심으로 간주합니다.

5. 한국택배에서 물품을 수거해 갑니다. 타 업체를 이용한 배송은 접수하지 않습니다.

┃ 교환 및 반품 불가 사유

1. 가격표를 제거한 경우
2. 사용한 흔적 또는 오염이나 냄새가 있는 경우
3. 물품을 고의로 손상시킨 경우(물품 검사 후 반송)

---

(1) 교환 및 반품 신청서에 작성해야 할 내용은 무엇인가요?

_____

(2) 교환 및 반품 과정에 대한 설명이 <u>아닌</u> 것을 골라 보세요. (　　)

　① 물품을 받고 3일 이내에 교환 및 반품 신청을 해야 한다.

　② 반품을 신청하고 3일 이내에 업체에 배송해야 한다.

　③ 반품 신청 후 7일 이내 배송 확인이 안 된 물품은 반송된다.

　④ 반송된 물품은 업체에서 확인 후 3~5일 이내에 처리된다.

(3) 교환 및 반품에 대한 설명이 <u>아닌</u> 것을 골라 보세요. (　　)

　① 상품에 문제가 있는 경우 전액 환불이 가능하다.

　② 상품이 잘못 배송된 경우 배송료는 업체가 부담한다.

　③ 불량 상품일 경우 타 상품으로 교환이 가능하다.

　④ 정해진 택배 업체로만 교환 및 반품하려는 물품을 보낼 수 있다.

(4) 윗글을 읽고 교환 및 반품이 가능한 상황을 골라 보세요. (　　)

　① 상품 구매 후 7일이 지난 경우

　② 물품이 잘못 배송된 경우

　③ 가격표를 제거한 경우

　④ 부주의로 상품이 오염된 경우

2. 다음 글을 읽고 질문에 답해 보세요.

　　어제 과제를 하던 중 갑자기 노트북 화면이 꺼져서 당황스러웠다. 몇 개월 전부터 자주 고장나긴 했지만 이번처럼 화면이 갑자기 꺼져 버린 경우는 처음이었다. 오래되긴 했으나 졸업할 때까지는 노트북을 바꿀 계획이 없었기 때문에 고쳐서 다시 쓸 수 있기를 바랐다. 그래서 바로 서비스 센터에 가려고 했지만 곧 문 닫을 시간이어서 전화를 걸었다. 상담원은 노트북의 상태와 모델명을 물은 뒤 오늘 오전으로 방문 예약을 잡아 주었다.

　　나는 아침 일찍 서비스 센터를 방문했다. 담당 수리 기사가 노트북을 꼼꼼히 살펴보더니 부품 하나가 부식돼 가지고 그런 거라면서 부품만 바꾸면 정상적으로 작동할 수 있다고 했다. 하지만 부품 가격이 비싼 데다가 무상 수리 기간도 지나서 수리비 전액을 부담해야 한다는 것이다. 그래도 새 노트북을 사는 것보다 싸기에 바로 수리하려고 했는데 해당 부품은 따로 주문을 해야 해서 수리하는 데 일주일이나 걸린다고 했다. 나는 당장 내일 과제를 제출해야 했고 수리 비용도 만만치 않아 고민하다가 노트북을 새로 구입했다. 다행히 수리 센터에서 기존에 쓰던 노트북 데이터를 새 노트북에 옮겨 주어 과제를 제 시간에 제출할 수 있었다.

(1) 나는 왜 서비스 센터에 갔나요?

_____

(2) 서비스 센터 예약 방문을 위해 상담원은 무엇을 물었나요?

_____

(3) 노트북에 문제가 생긴 이유는 무엇인가요? 알맞은 것을 골라 보세요. (　　)

　　① 노트북 액정이 깨졌다.

　　② 바이러스에 걸렸다.

　　③ 부품이 부식됐다.

　　④ 전원 버튼이 작동하지 않았다.

(4) 윗글의 내용과 같은 것을 골라 보세요. (   )

　　① 나는 노트북을 새로 장만하려던 참이었다.

　　② 나는 상담 전화를 통해 서비스 센터 방문을 예약했다.

　　③ 나는 부품 교체 비용이 비싸서 노트북을 새로 구입했다.

　　④ 나는 하마터면 노트북을 새로 구입할 뻔했다.

 번역

1. 다음 글을 중국어로 번역해 보세요.

　　지난밤 너무 추워서 감기에 걸릴 뻔했다. 날씨가 점점 추워지고 있는데 언제쯤 난방이 가동될지 모르겠다고 친구한테 투덜거렸더니 자기 방은 며칠 전부터 난방이 들어오기 시작했다고 한다. 알고 보니 우리 방 보일러가 고장이 난 것이다. 바로 행정실에 가서 손봐 달라고 했더니 그렇지 않아도 지금 순차적으로 점검하고 있다는 것이다. 고장이 났을 거라고는 전혀 생각을 못했다. 때가 되면 난방이 들어오겠지 싶어서 연락을 안 했는데 다음부터는 사소한 일이라도 바로바로 행정실로 연락을 해야겠다.

_____

_____

_____

_____

_____

_____

_____

2. 다음 글을 한국어로 번역해 보세요.

　　上个月我在网上购买了一台平板电脑，今天一不小心摔到地上，液晶屏碎了，触屏也不能用了。我联系客服询问该怎么办。客服说已经过了7天无理由退货期，不能退货，只能去附近的专卖店修理。另外，尽管是在保修期内，但因为我个人的疏忽导致需要更换配件，所以配件费用要由我自己承担。这真是完全意想不到的巨大损失，我以后一定要小心。

_____

_____

_____

_____

_____

_____

 쓰기

사용하던 제품에 이상이 있어서 A/S를 받은 적이 있습니까? 다음 질문에 답하고 A/S를 받은 경험에 대해 써 보세요.

1. 언제, 어디에서 구입한 제품인가요?

2. 어떤 문제가 있었나요?

3. 어떻게 해결했나요?

제 12 과
생활 경제

 어휘와 문법

1. 다음 단어에 대응되는 뜻풀이를 연결해 보세요.

(1) 과시 •　　　　• 무엇에 매우 깊이 빠져 마음을 빼앗기다.

(2) 불신 •　　　　• 돈이나 물건 등을 함부로 쓰는 모양.

(3) 준말 •　　　　• 어떤 대상을 믿지 아니함.

(4) 사기꾼 •　　　　• 사실보다 크게 나타내어 보임.

(5) 취하다 •　　　　• 둘 이상의 일을 한꺼번에 진행하다.

(6) 강조하다 •　　　　• 단어의 일부분이 줄어들어 만들어진 단어.

(7) 매진되다 •　　　　• 어떤 생각이 갑자기 머리에 떠오르는 모양.

(8) 병행하다 •　　　　• 남김없이 다 팔리다.

(9) 흥청망청 •　　　　• 특히 강하게 주장하거나 두드러지게 하다.

(10) 번쩍 •　　　　• 자신의 이익을 위해 남을 속이는 사람.

2. 다음 밑줄 친 부분과 바꿔 쓸 수 있는 것을 골라 보세요.

(1) 경기 불황이 계속되면서 물가가 전년 <u>비교</u> 큰 폭으로 상승했다. (　　)

　　① 대비　　　　② 대조　　　　③ 참고　　　　④ 고려

(2) 과학이 발달하지 못했던 옛날에 사람들은 혜성이 나타나면 <u>운수가 좋지 않다</u>
고 여기기도 했다. (　　)

　　① 불안하다　　② 불쌍하다　　③ 불행하다　　④ 불길하다

(3) 개발 팀장은 올해 안에 기능적 요소를 고려한 새로운 모델을 <u>시장에 내놓겠다</u>
고 발표했다. (　　)

　　① 출범하겠다　　② 출시하겠다　　③ 진출하겠다　　④ 수출하겠다

(4) 자주 끼니를 거르다 보면 건강을 <u>해롭게 하기</u> 십상이니 아무리 바빠도 꼭 챙겨 드셔야 해요. (   )

① 다치기　　　② 상하기　　　③ 해치기　　　④ 망하기

(5) 쓰레기를 <u>생각 없이 아무렇게나</u> 버리는 사람이 많아 분리수거장에 카메라를 설치했다. (   )

① 함부로　　　② 일부러　　　③ 저절로　　　④ 제대로

(6) <u>망설임 없이</u> 하는 말이나 행동이 때로는 상대방의 기분을 나쁘게 할 수 있으니 조심해야 한다. (   )

① 철없이　　　② 쓸데없이　　　③ 서슴없이　　　④ 터무니없이

(7) 일기예보에 따르면 삼십 도가 넘는 한여름 더위가 <u>앞으로 얼마 동안</u> 계속될 것이라고 한다. (   )

① 한참　　　② 오래　　　③ 내내　　　④ 당분간

(8) 앞으로 아무리 어려운 상황에 놓이더라도 <u>결코</u> 포기해서는 안 됩니다. (   )

① 여간　　　② 절대로　　　③ 좀처럼　　　④ 도저히

3. 알맞은 단어를 골라 대화를 완성해 보세요.

급증하다	소요되다	중요시하다	명심하다	의존하다
저지르다	불어나다	디디다	억울하다	소소하다

(1) 가: 김 대리가 이번에도 승진하지 못했다면서요?

나: 네, 나름대로 열심히 노력하는데 매번 탈락하니 너무 ＿＿＿＿＿＿＿
　　ㄴ가/은가/는가 봐요.

(2) 가: 신입 사원 채용 공고에 고졸자도 지원이 가능하다고 했는데 정말인가요?

나: 네, 저희 회사는 지원자들의 능력과 열정을 ＿＿＿＿＿＿＿기 때문에 학벌은 보지 않습니다.

(3) 가: 주거 비용을 제외하고 한 달에 쓰는 생활비가 대충 얼마나 돼요?

나: 교통비며 휴대폰 요금 등 ＿＿＿＿＿＿＿게 쓰는 돈만 해도 이십만 원은 넘는 것 같아요.

(4) 가: 올해에는 연출부나 제작부에 지원하는 사람이 많다면서요?

나: 네, 요즘 인기를 끌고 있는 부서이니만큼 지원자가 _____고
있어요.

(5) 가: 물건을 주문하면 며칠 만에 받을 수 있나요?

나: 주문을 받고 나서 제작하기 때문에 일주일 정도 _____.

(6) 가: 어쩌다 다리를 다쳤어?

나: 계단을 내려오다가 발을 잘못 _____는 바람에 삐끗했어요.

(7) 가: 룸메이트와 화해했어?

나: 응, 일부러 _____ㄴ/은/는 일이 아니니 용서해 주기로 했어.

(8) 가: 어제 내린 비로 강물이 _____아/어/여 인근 주민들이 위험하
다고 합니다.

나: 그럼 빨리 안전한 곳으로 대피해야 할 것 같아요.

(9) 가: 이제 계약서에 사인만 하면 되는 거죠?

나: 네, 그런데 계약 기간 내에 계약을 위반하는 행위를 하면 위약금을 지급해
야 한다는 점 꼭 _____아야/어야/여야 합니다.

(10) 가: 어떻게 자녀분들을 이렇게 훌륭하게 키우실 수 있었나요?

나: 어려서부터 독립심을 길러 주려고 노력했어요. 자신의 일은 될수록 부모
에게 _____지 않고 스스로 할 수 있게 많이 격려했죠.

4. 알맞은 표현을 골라 대화를 완성해 보세요.

| 손이 크다 | 습관을 들이다 | 잔고가 바닥나다 | 충동구매를 하다 |
| 시선을 끌다 | 입에 맞다 | 예금을 들다 | 성능이 떨어지다 |

(1) 가: 어떻게 하면 생활비를 아껴 쓸 수 있을까요?

나: 영수증을 모아 지출을 꼼꼼히 가계부에 적는 _____아/어/여
봐요.

(2) 가: 책이 출판되어 서점에 나오자마자 많이 팔렸다면서요?

나: 네, 개성 넘치는 표지 디자인이 독자들의 ＿＿＿＿＿＿＿ㄴ/은/는 것 같아요.

(3) 가: 학교 앞 중국집은 항상 손님이 많네요.

나: 음식이 맛있을뿐더러 아주머니가 ＿＿＿＿＿＿＿아서/어서/여서 늘 넉넉히 주니까 장사가 잘되는 것 같아요.

(4) 가: 준비한 음식이 ＿＿＿＿＿＿＿ㄴ지/은지/는지 모르겠어요.

나: 요리가 너무 맛있어서 오랜만에 과식을 했네요.

(5) 가: 이번 달이 아직 열흘이나 남았는데 ＿＿＿＿＿＿＿. 어떡하죠?

나: 흥청망청 소비를 했으니 오늘부터 지출을 최대한 줄이는 수밖에 다른 방법이 없죠.

(6) 가: 요즘 은행에서 가장 인기를 끄는 예금 상품은 무엇인가요?

나: 이 상품을 추천하고 싶은데요. 일반 ＿＿＿＿＿＿＿ㄴ/은/는 것처럼 입출금이 자유롭지만 수익이 보장되는 상품입니다.

(7) 가: 휴대폰 새로 바꿨네. 쓸 만해?

나: 가격 대비 ＿＿＿＿＿＿＿ㄴ/은/는 것 같아. 비싸기만 했지 전에 쓰던 휴대폰보다 편리하지 않아.

(8) 가: 필요도 없는 건데 왜 또 ＿＿＿＿＿＿＿ㄴ/은/는 거야?

나: 그냥 구경만 하려고 했는데 점원의 말솜씨에 그만 넘어가 버렸어.

5. 다음 문장의 '-기 마련이다'를 '-기 십상이다'로 바꿔 쓸 수 있으면 O표, 바꿔 쓸 수 없으면 X표를 하세요.

(1) 겨울이 가면 봄이 오기 마련이다. (　　)

(2) 급히 먹으면 체하기 마련이에요. (　　)

(3) 춥다고 집에만 있으면 면역력이 떨어지기 마련이에요. (　　)

(4) 인생에 내리막길이 있으면 오르막길도 있기 마련이지요. (　　)

(5) 상처를 깨끗이 처리하지 않으면 감염되기 마련이죠. (　　)

6. 알맞은 것을 연결하고 '-다고/ㄴ다고/는다고/라고 해서'를 사용하여 문장을 만들어 보세요.

(1) 학점이 높다 • • 건강해지다

(2) 행사 기간이다 • • 지출이 줄어들다

(3) 친구가 적다 • • 인간관계가 좋지 않다

(4) 운동을 많이 하다 • • 대학 생활을 잘 보내다

(5) 가계부를 적다 • • 필요 없는 물건을 사다

(1) _____

(2) _____

(3) _____

(4) _____

(5) _____

7. 알맞은 것을 골라 대화를 완성해 보세요.

> -단/ㄴ단/는단/(으)란 말이다　　-기 마련이다
> -기 십상이다　　　　　　　　-다면서/ㄴ다면서/는다면서
> -니만큼/으니만큼/느니만큼　　-다고/ㄴ다고/는다고 해서

(1) 가: 요즘 자꾸 깜빡깜빡하는 거 같아요.
　　나: 나이가 들면 기억력이 _____.

(2) 가: 팀원들의 정성이 많이 들어간 제품이라 잘 팔려야 할 텐데요.
　　나: 이번 제품은 가성비가 _____ 많이 팔릴 거예요.

(3) 가: 학기 중에 아르바이트를 하면 학업에 영향을 주지 않을까?
　　나: 괜찮아. _____ 공부할 시간이 없는 건 아니야.

(4) 가: 생각보다 시간이 많이 걸리는 일이라 미리 준비하지 않으면 마감일을 _____.
　　나: 그렇군요. 얼른 서두르겠습니다.

(5) 가: 오늘 친구랑 약속이 _____ 왜 아직 집이야?

　　나: 친구한테 급한 일이 생겨서 취소됐어요.

(6) 가: 한 달에 백만 원씩이나 _____?

　　나: 네, 그러지 않으면 다 써 버려서 적금 들었어요.

8. 다음 밑줄 친 부분과 의미가 비슷한 것을 골라 보세요.

(1) 좋아하는 일을 하면 <u>즐겁기 마련이다</u>. (　　)

　　① 즐거울 만하다　　　　　　② 즐겁기 십상이다

　　③ 즐거울 수가 있다　　　　　④ 즐거운 게 당연하다

(2) 계획 없이 소비하다가는 통장 잔고가 <u>바닥나기 십상이다</u>. (　　)

　　① 바닥날 만하다　　　　　　② 바닥날 것 같다

　　③ 바닥나기 쉽다　　　　　　④ 바닥날 수도 있다

(3) 월세가 <u>올랐으니만큼</u> 다른 지출을 줄여야 해요. (　　)

　　① 오른 만큼　　　　　　　　② 오른 대신에

　　③ 오른 바람에　　　　　　　④ 오르기 때문에

(4) 방이 우리가 다 <u>들어갈 만큼</u> 크지는 않아요. (　　)

　　① 들어가니만큼　　　　　　② 들어갈 정도로

　　③ 들어갈 지경으로　　　　　④ 들어갈 법으로

(5) 청소년도 시청하는 <u>프로그램인 만큼</u> 교육적인 내용을 담고 싶다. (　　)

　　① 프로그램인 정도로　　　　② 프로그램인 바람에

　　③ 프로그램이기 위해　　　　④ 프로그램이기 때문에

9. 다음 문장에서 <u>틀린 부분</u>을 찾아 바르게 고쳐 써 보세요.

(1) 점심을 너무 많이 먹어서 오후에 졸리기 마련이에요.

　　→ _____

(2) 봄이 오면 꽃이 피기 십상이다.

　　→ _____

(3) 고객 응대에 소홀히 하면 소비자들의 불만이 크기 십상이다.

→ _____

(4) 그동안 열심히 준비를 하느니만큼 공연을 실수 없이 잘 마칠 거야.

→ _____

(5) 바빠서 잘 시간도 없는다면서 게임을 하고 있어?

→ _____

(6) 가: 그 영화 평점도 낮던데 왜 봤어?

나: 친구는 재미있다고 해서 봤어요.

→ _____

 듣기

박윤서와 장빈의 대화를 잘 듣고 질문에 답해 보세요. 🎧12

1. 장빈이 햄버거를 자주 먹는 이유는 무엇인가요?

_____

2. 박윤서의 소비 패턴으로 알맞은 것을 골라 보세요. (   )

① 자주 패스트푸드를 시켜 먹는다.

② 물건에 따라 가성비를 따지기도 하고 가심비를 따지기도 한다.

③ 일주일에 한 번은 뮤지컬을 보러 다닌다.

④ 음식을 고를 때 가성비를 따지는 편이다.

3. 장빈의 소비 패턴으로 알맞은 것을 골라 보세요. (   )

① 생필품을 살 때 가격을 비교하면서 구입한다.

② 뮤지컬을 예매할 땐 가성비를 고려해서 일반 좌석을 산다.

③ 음식을 고를 때에는 가격보다 맛과 질을 고려하는 편이다.

④ 전자기기만큼은 가성비보다 가심비를 따지는 편이다.

4. 박윤서는 무엇을 만들 예정인가요?

_____

 읽기

1. 왕나의 일기를 읽고 질문에 답해 보세요.

　　오늘 윤서와 계획적인 소비에 대해 이야기를 하면서 돈 관리 방법을 배우게 되었다. 윤서는 우리가 고정적인 수입이 없는 대학생이니만큼 가계부 쓰는 것을 통해 계획적인 소비 습관을 들일 수 있다고 했다. 그래서 나도 휴대폰으로 가계부 앱을 사용해 보기로 했다.

　　지난 한 달 동안의 생활비 지출 내역을 입력하고 보니 그동안 잘 몰랐던 나의 소비 패턴을 정확하게 파악할 수 있었다. 식비가 가장 많은 비중을 차지했고 기숙사비, 문화비, 교통비 등이 그 뒤를 이었다. 아마도 기숙사에서는 음식을 만들어 먹을 수 없어서 주로 사 먹었기 때문에 식비가 많이 나온 것 같다.

　　소비 패턴을 파악하고 나니 지출 내역 중 절약할 수 있는 부분이 보였다. 우선 식비에서는 편의점 대신 슈퍼마켓을 이용하는 것으로 소비를 줄일 수 있다. 같은 물건이라고 해도 슈퍼마켓은 편의점보다 싸기 때문이다. 그리고 생필품은 온라인 세일 기간을 기다렸다가 친구들과 함께 공동 구매를 하기로 했다. 이렇게 하면 혼자서 구매하는 것보다 훨씬 가격이 저렴하다. 마지막으로 한국은 택시비가 비싸기 때문에 가까운 거리는 걸어 다니거나 대중교통을 이용하면 좋을 것 같다. 사실 기본적인 것들인데 여태까지 귀찮아서 실천하지 않았던 것 같다. 앞으로는 잘 실천해 나가야겠다.

(1) 윤서는 왜 계획적인 소비를 해야 한다고 했나요?

_____

(2) 나는 어디에 돈을 가장 많이 사용합니까? 그 이유는 무엇인가요?

_____

(3) 윗글을 읽고 알 수 있는 것을 골라 보세요. (   )

① 나의 한 달 생활비 내역

② 나의 생활비 지출 금액

③ 나의 생활비 지출 순위

④ 나의 식비 내역

(4) 윗글의 내용과 <u>다른 것</u>을 골라 보세요. (   )

① 나는 윤서에게 돈 관리 방법을 배웠다.

② 가계부를 사용하면 소비 패턴을 정확하게 파악할 수 있다.

③ 슈퍼마켓과 편의점은 동일한 물건이라면 가격이 같다.

④ 나는 슈퍼마켓 및 대중교통 이용, 공동 구매를 통해 돈을 절약하려고 한다.

2. 다음 글을 읽고 질문에 답해 보세요.

개미와 베짱이

어느 곤충 나라에 개미와 베짱이가 살았어요. 쇼핑을 좋아하는 베짱이는 오늘도 하루 종일 살 물건이 없는지 핸드폰만 봤어요. 베짱이는 개미에게 퇴근하고 같이 쇼핑하러 가자고 제안했지만 계획적 소비를 하는 개미는 매번 당장 필요한 물건이 없다며 거절했어요.

베짱이는 (ㄱ)_____ 월급날이 되면 항상 친구들에게 맛있는 음식을 사 주곤 했어요. 그래서 월급을 받은 지 보름도 안 되어서 다 써 버리고 말았지요. 그러나 개미는 근검절약하는 습관이 있어서 월급을 받으면 먼저 저축부터 하고 나머지 돈도 아껴서 사용했어요.

　　그러던 어느날, 곤충 나라의 경기 불황이 심해지면서 베짱이와 개미가 다니던 회사도 문을 닫게 되었어요. 베짱이는 다른 회사에 취직을 하고 싶었지만 취직이 여간 힘든 것이 아니었어요. 그러나 평소에 차근차근 월급을 모으며 미래를 대비했던 개미는 그동안 모아 둔 비상금으로 큰 문제 없이 잘 지낼 수 있었어요. (ㄴ)＿＿＿＿＿＿ 돈을 쓰며 살았던 베짱이는 월세도 못 내고 음식도 살 수 없게 되었어요.

　　이 사실을 알게 된 개미는 베짱이가 다시 취업할 때까지 자신의 집에서 보낼 수 있게 도와주었어요. 개미의 따뜻한 마음에 감동을 받은 베짱이는 자신의 잘못된 소비 습관을 고치고 앞으로 근검절약하는 생활을 하겠다고 다짐했답니다.

(1) 개미는 쇼핑하자는 베짱이의 제안을 왜 거절했나요?

＿＿＿＿＿＿＿＿＿＿＿＿＿＿＿＿＿＿＿＿＿＿＿＿＿＿＿＿＿＿＿

(2) 베짱이가 월급을 빨리 써 버리는 이유는 무엇인가요?

＿＿＿＿＿＿＿＿＿＿＿＿＿＿＿＿＿＿＿＿＿＿＿＿＿＿＿＿＿＿＿

(3) (ㄱ)과 (ㄴ)에 들어갈 알맞은 것을 골라 보세요. (　　)

　　① (ㄱ): 충동구매해서　　　　　　(ㄴ): 물 쓰듯

　　② (ㄱ): 티끌 모아 태산이라고　　(ㄴ): 차근차근

　　③ (ㄱ): 근검절약해서　　　　　　(ㄴ): 함부로

④ (ㄱ): 손이 커서   (ㄴ): 흥청망청

(4) 윗글의 내용과 <u>다른 것</u>을 골라 보세요. (   )

① 베짱이는 과소비를 하는 습관이 있다.

② 베짱이는 돈이 떨어져서 음식을 살 수 없었다.

③ 개미는 월급을 받아서 아껴 쓰고 나머지 돈은 저축한다.

④ 개미는 서슴없이 베짱이를 자신의 집에서 지내게 했다.

 번역

1. 다음 글을 중국어로 번역해 보세요.

　계획 없이 소비하면 돈을 많이 쓰기 십상이다. 따라서 돈을 쓰기 전에는 어디에 얼마나 쓸지 미리 지출 계획을 잘 세워야 한다. 먼저 자신의 상황에 맞게 수입을 저축할 돈, 사용할 돈, 여윳돈 세 가지로 나눈다. 수중에 돈이 있으면 쓰기 마련이기 때문에 수입의 일부분은 꼭 저축해야 한다. 사용할 돈은 식비나 교통비 등 고정적인 지출을 고려하여 정하고 혹시 예상하지 못한 지출이 생길 수 있기에 여윳돈을 조금 남겨 놓는 것이 좋다. 계획을 잘 세웠다고 해서 꼭 행동으로 이어지는 것은 아니지만 똑똑한 소비의 첫걸음으로 반드시 필요한 단계이다.

_____

_____

_____

_____

_____

_____

_____

2. 다음 글을 한국어로 번역해 보세요.

　　相信大家都有过冲动消费的经历。比如说有人在"双十一""双十二"期间，或者在商家宣传仅限当天有特惠活动的时候，整个人就像着了魔一样无法自拔，开始不停地买买买。很多东西当时觉得特别有用而且划算才买的，但多半是很长时间都不会用到，有的甚至连包装都没有拆。所以我们要养成理性消费的习惯，在购买之前，多问自己几遍："这个东西我真的需要吗？""假如买了它，我能用上几次呢？"这样坚持下去的话就能有效控制不必要的消费。

_____

_____

_____

_____

_____

_____

_____

 쓰기

여러분은 윤리적 소비라는 말을 들어 본 적이 있습니까? 다음 질문에 답하고 윤리적 소비에 대한 글을 써 보세요.

1. 윤리적 소비란 무엇인가요?

2. 윤리적 소비가 필요한 이유는 무엇인가요?

3. 윤리적 소비를 어떻게 실천할까요?

제 13 과
군대 생활

📖 어휘와 문법

1. 다음 단어에 대응되는 뜻풀이를 연결해 보세요.

(1) 생기 •　　　• 서로 도와서 함께 존재하다.

(2) 위상 •　　　• 마음이나 행동이 정성스럽고 친절하며 다정하게.

(3) 자진 •　　　• 죽었거나 거의 죽게 되었다가 다시 생명을 얻게 되다.

(4) 손꼽다 •　　　• 여럿 중에서 뛰어나다고 생각하다.

(5) 획득하다 •　　　• 어느 정도로 적당히.

(6) 먹고살다 •　　　• 스스로 나섬.

(7) 살아나다 •　　　• 활발하고 건강한 기운.

(8) 공존하다 •　　　• 얻어 내어 가지다.

(9) 살뜰히 •　　　• 생활을 유지하다.

(10) 대충 •　　　• 어떤 사물이 다른 사물과의 관계 속에서 가지는 위치나 상태.

2. 다음 밑줄 친 부분과 바꿔 쓸 수 있는 것을 골라 보세요.

(1) 김 감독의 새 영화는 <u>개봉</u> 일주일 만에 백만 관객을 돌파했다. (　　)

① 방영　　　　② 종영　　　　③ 상영　　　　④ 방송

(2) 그는 병을 핑계로 병역을 기피했던 사실을 <u>스스로</u> 신고했다. (　　)

① 자진　　　　② 자신　　　　③ 자원　　　　④ 자기

(3) 집중력을 <u>향상하기</u> 위해서는 충분한 수면이 필요하다. (　　)

① 줄기　　　　② 줄이기　　　　③ 높기　　　　④ 높이기

(4) 먹는 것뿐만 아니라 입는 것까지 언제나 <u>정성스럽고 부족함 없이</u> 챙겨 주셔서
감사합니다. (　　)

① 지나치게　　　② 살뜰하게　　　③ 리얼하게　　　④ 일정하게

(5) 그녀는 <u>잠자리에 들기</u> 전에 항상 따뜻한 우유를 한 컵 마시곤 한다. (　　)

   ① 기상하기　　　② 깨어나기　　　③ 배웅하기　　　④ 취침하기

(6) 형은 <u>엄마가 시키는 일을</u> 하러 간다고 해 놓고 몰래 친구를 만나러 갔어요. (　　)

   ① 엄마의 잔소리를　　　　　② 엄마의 주문을

   ③ 엄마의 심부름을　　　　　④ 엄마의 꾸지람을

(7) 난 내일 경기 때문에 걱정이 태산인데 넌 <u>어떻게</u> 그렇게 차분할 수가 있어?
(　　)

   ① 어쩜　　　　② 어쩌다　　　　③ 얼마나　　　　④ 어찌나

(8) 그는 다른 사람의 심정은 <u>아주 조금도</u> 신경을 안 쓰는 것 같아요. (　　)

   ① 여간　　　　② 결코　　　　③ 전혀　　　　④ 도저히

3. 알맞은 단어를 골라 대화를 완성해 보세요.

소지하다	감당하다	선사하다	깨어나다	방심하다
앞서가다	조르다	온전하다	당당하다	생생하다

(1) 가: 내일 수업에서 발표를 해야 하는데 잘 할 수 있을지 걱정돼요.

   나: 열심히 준비했으니까 자신감을 갖고 ＿＿＿＿＿＿＿게 발표하세요.

(2) 가: 김 작가님의 이번 작품은 호평 일색이더라. 읽어 봤어?

   나: 응, 진한 가족애를 그린 작품인데 독자들에게 큰 감동을 ＿＿＿＿＿＿
   ㄴ/은/는 거 같아.

(3) 가: 월드컵 개막전 생방송을 못 봐서 너무 아쉬워.

   나: 저녁 스포츠 뉴스에서 그 현장을 ＿＿＿＿＿＿게 보도하니까 그때 보
   도록 해.

(4) 가: 지난주에 코트를 구입했는데 다른 색상으로 바꾸고 싶어요.

   나: 교환을 원하실 경우에는 구입일로부터 열흘 이내에 영수증을 ＿＿＿＿＿
   ＿＿＿고 방문하시면 됩니다.

(5) 가: 오늘 차 사고가 났다면서요?

나: 네, _____던 차가 급정거를 하는 바람에 부딪치고 말았어요.

(6) 가: 새 노트북은 언제 샀어?

나: 지난주에 샀어. 몇 날 며칠 부모님을 _____아서/어서/여서 겨우 최신형으로 바꿨어.

(7) 가: 휴가를 다녀와서 그런지 너무 활기차 보이네요.

나: 네, 누구에게도 방해받지 않고 _____게 자신만을 위한 시간을 보낼 수 있어서 너무 좋았어요.

(8) 가: 이 많은 자료를 어떻게 하루 만에 다 정리할 수 있었어요?

나: 사실 혼자 _____기에는 일이 너무 많아서 선배님에게 도움을 청했어요.

(9) 가: 그래서 이야기는 어떻게 끝나?

나: 마법에 걸린 공주가 왕자의 입맞춤을 받고 잠에서 _____ 니/은/는 거지.

(10) 가: 운전할 때에는 언제 어떻게 사고가 날지 모르니까 한순간이라도 _____아서는/어서는/여서는 안 됩니다.

나: 네, 꼭 명심하도록 하겠습니다.

4. 알맞은 표현을 골라 대화를 완성해 보세요.

| 말을 놓다 | 말투가 딱딱하다 | 한달음에 달려가다 | 국위를 선양하다 |
| 의무를 다하다 | 인기리에 판매되다 | 의견이 분분하다 | 잔소리를 늘어놓다 |

(1) 가: 엄마가 매일같이 전화를 해서 _____.

나: 혼자 사는 게 걱정되어서 그러죠. 사랑이 없으면 잔소리도 안 해요.

(2) 가: 산에서 길을 잃었던 아이는 엄마를 찾았나요?

나: 네, 등산객들의 도움으로 찾았어요. 애가 멀리서 엄마를 보고 _____ _____더라고요.

(3) 가: 한 단체의 구성원으로서 부여된 _____아야/어야/여야 한다고
　　　생각합니다.

　　나: 네, 그렇게 해야만 구성원으로서의 권리도 주장할 수 있죠.

(4) 가: 회사에서 출시한 새 상품이 인기가 대단하다면서요?

　　나: 네, 해외에서도 예상 밖의 호평을 받으며 _____고 있어요.

(5) 가: 나이에 상관없이 동기들은 모두 _____기로 했어요.

　　나: 그래서 그런지 너무 편하게 지내는 것 같아서 부러워요.

(6) 가: 박 감독의 영화가 국제 영화제에서 큰 상을 받았대요.

　　나: 우리 문화의 우수성을 세계에 알려 _____ㄴ/은/는 좋은 기회
　　　가 되었군요.

(7) 가: 사람들은 내가 무슨 말만 하면 화난 줄 알아.

　　나: 너의 _____아서/어서/여서 그래. 좀 부드럽게 말해 봐.

(8) 가: 이직하겠다고 하니 식구들이 뭐라고 해요?

　　나: 지금 회사에서 일을 계속해야 한다는 둥 그만두어야 한다는 둥 _____
　　　_____.

5. 〈보기〉와 같이 '를/을 불문하고'를 사용하여 문장을 바꿔 써 보세요.

───────────── 〈보기〉 ─────────────

옛날이나 지금이나 동양이나 서양이나 아름다움을 추구하는 마음은 동일
하다.

→ 동서고금을 불문하고 아름다움을 추구하는 마음은 동일하다.

---

(1) 어느 국가에서든지 노약자를 보호하는 것은 상식이다.

　　→ _____

(2) 어떤 이유에서든 법을 위반해서는 안 된다.

　　→ _____

(3) 나이가 많건 적건 능력이 뛰어나면 승진할 수 있다.

　→ _____

(4) 그는 어떤 장르의 음악이든 즐겨 듣는 편이다.

　→ _____

(5) 우리 학교에서는 국적에 상관 없이 성적이 좋으면 장학금을 받을 수 있다.

　→ _____

6. 알맞은 단어를 고르고 '에 지나지 않다'를 사용하여 문장을 완성해 보세요.

공상　　수단　　잔소리　　빈말　　변명

(1) 그에게 돈은 식량과 주거지를 마련하기 위한 _____.

(2) 지각할 때마다 차가 막혔다고 하는 것은 _____.

(3) 실천이 따르지 않는 결심은 _____.

(4) 말만 앞서고 행동하지 않는 꿈은 _____.

(5) 진심으로 그를 생각해서 한 말이었지만 그에게는 _____.

7. 알맞은 것을 골라 문장을 완성해 보세요.

-ㄴ/은/는 이상　　　　　　-ㄹ/을 바에
-았어도/었어도/였어도　　얼마나 -다고/ㄴ다고/는다고
를/을 불문하고　　　　　　에 지나지 않다
-다는/냐는/라는/자는 둥 -다는/냐는/라는/자는 둥

(1) 가: 아버지가 그렇게 무서워요?

　　나: 네, 화낼 때는 _____.

(2) 비빔밥은 _____ 모두가 선호하는 메뉴이다.

(3) 학교 다닐 때는 _____ 지금 생각하면 그때가 제일 재미있었다.

(4) 한국에서는 성인 남성이라면 건강에 _____ 군대에 꼭 가야 합니다.

(5) 백 세 인생이라고 하지만 왕성하게 일을 할 수 있는 기간은 겨우 _____ _____.

(6) 시간에 쫓기며 _____ 집에서 편히 쉬겠어요.

(7) 그는 _____ 핑계를 대며 계속 약속을 미뤘다.

8. 다음 빈칸에 들어갈 말로 적절한 것을 <u>모두</u> 골라 보세요.

(1) 안 쓰는 물건을 창고에 (　　) 버리는 게 낫지 않아요?

① 둘 바에야　　　　② 둘 바에는　　　　③ 둘 바에다　　　　④ 둘 바에도

(2) 팔을 다치지만 (　　) 나는 무용을 전공했을 것이다.

① 않았더라도　　　② 않았다면　　　　③ 않았어도　　　　④ 않았지만

(3) 중간에 공부를 그만둔 게 얼마나 (　　).

① 후회가 된다고요　　　　　　　② 후회가 되는지 몰라요

③ 후회하나 싶어요　　　　　　　④ 후회가 된단 말이야

(4) (　　) 부정부패는 없어야 한다.

① 지위 고하에 따라서　　　　　② 지위 고하를 따라

③ 지위 고하를 불문하고　　　　④ 지위 고하를 막론하고

(5) 실천이 따르지 않는 이론은 (　　).

① 탁상공론이기 마련이다　　　　② 탁상공론에 불과하다

③ 탁상공론이기 십상이다　　　　④ 탁상공론에 지나지 않는다

9. 다음 문장에서 <u>틀린 부분</u>을 찾아 바르게 고쳐 써 보세요.

(1) 경기에 참가한 이상 우승을 위해 노력했습니다.

→ _____

(2) 빨리 하느라 오류를 많이 낼 바에는 실수 없이 천천히 했어요.

→ _____

(3) 출퇴근 시간만 되면 교통이 얼마나 복잡해요.

→ _____

(4) 외국에 있었어도 자주 연락할게.

→ _____

(5) 공부를 열심히 하는 둥 영양제를 챙겨 먹는 둥 엄마의 잔소리는 끊이지 않는다.

→ _____

 듣기

인터뷰의 내용을 잘 듣고 질문에 답해 보세요. 🎧13

1. 김지훈의 직업은 무엇인가요?

_____

2. 사격 훈련에서 어떻게 하면 포상 휴가를 받을 수 있나요?

_____

3. 군 생활에 대한 설명이 <u>아닌 것</u>을 골라 보세요. (   )

① 사격 훈련 포상 휴가는 4박 5일이다.

② 포상 휴가는 사격 훈련이 아닌 다른 훈련을 통해서도 얻을 수 있다.

③ 전보다 군 생활이 많이 좋아진 편이다.

④ 자대 배치를 받은 이상 휴대폰 사용은 절대 금지이다.

4. 대화 내용과 같은 것을 골라 보세요. (   )

① 요즘 바둑을 소재로 한 드라마가 인기이다.

② 김지훈은 군대 드라마가 허구에 지나지 않는다고 생각한다.

③ 드라마 속 주인공은 포상 휴가를 얻기 위해 사격 훈련을 연습했다.

④ 군 생활에 대해 더 궁금한 사항이 있으면 홈페이지의 댓글을 참고하면 된다.

 **읽기**

1. 다음 글을 읽고 질문에 답해 보세요.

군대란 국가와 국민을 보호하기 위해 무력 사용이 가능한 국가 조직이다. 한국의 국군은 크게 육군, 해군, 공군, 해병대로 나뉘는데 육군은 육지 전투, 해군은 해상 전투, 공군은 공중 전투를 담당하는 군대이며, 해병대는 육지와 해상 전투가 모두 가능한 군대이다.

한국은 기본적으로 징병제 국가로 만 18세 이상 28세 이하의 한국 국적을 가진, 심신이 건강한 남성은 모두 의무적으로 군 복무를 해야 한다. 징병제를 통해 입대할 경우 자동적으로 육군 현역병이 되는데 그 절차는 다음과 같다. 병역 가능 나이가 되면 병무청으로부터 신체검사 안내를 받는데 이 검사에서 1~3급 판정을 받으면 입대가 가능하다. 징병의 경우 친구나 가족과 함께 동반 입대가 가능하며 자신이 입영 날짜를 직접 선택할 수도 있다. 특히 입영 날짜에 따라 군 복무 기간 내 혹한기 훈련의 횟수나 강도가 달라질 수 있어 매년 대학교 수강 신청처럼 입영 날짜 선택이 치열하다.

이밖에 해군, 공군, 해병대나 육군 특기병으로 복무하고 싶다면 모병제를 통해 지원해야 한다. 이 경우 1차 서류 심사, 2차 신체검사 및 면접 심사를 통과해야 최종적으로 입대가 가능하다. 모병의 경우 입영 날짜가 정해져 있으며 해병대는 18개월, 해군은 20개월, 공군은 21개월로 복무 기간이 다르다.

(1) 한국의 국군은 어떻게 나뉘나요?

_____

(2) 육군에 대한 설명이 <u>아닌 것</u>을 골라 보세요. (   )

① 병역 가능 나이가 되면 신체검사 안내를 받게 된다.

② 신체검사에서 1~3급 판정을 받아야 입대가 가능하다.

③ 징병의 경우 친구나 가족과 동반 입대하는 것이 가능하다.

④ 육군의 경우 정해진 입영 날짜를 따라야 한다.

(3) 해군이나 공군에 입대하려면 어떤 절차를 거쳐야 하나요?

_____

(4) 윗글의 내용과 <u>다른 것</u>을 골라 보세요. (   )

① 군대 종류에 따라 담당 전투지가 다르다.

② 한국은 징병제 국가이지만 모병을 통해 군인을 선발하기도 한다.

③ 한국 남성이라면 나이와 건강 상태를 불문하고 의무적으로 군 복무를 해야
　 한다.

④ 해군과 공군의 군 복무 기간은 다르다.

2. 다음 글을 읽고 질문에 답해 보세요.

　　병역 대상자인 한국 남성이라면 누구나 군 생활에 대해 진지하게 고
민해 봤을 것이다. 예전에 비해 복무 기간이 짧아지기는 했지만 20대의
18~21개월은 더없이 귀중한 시간이기에 많은 청년들이 군 생활을 보다
슬기롭게 지내기 위해 계획한다.

　　그 방법 중 하나가 군에서 자신의 전공이나 적성에 맞는 보직을 맡는 것
이다. 보직이란 부대에서 맡게 되는 직무를 말하는데 자대 배치를 받은 군
인은 누구나 보직을 맡아 수행해야 한다. 따라서 군 생활을 결정하는 것은
보직이라고 해도 과언이 아니다. 보직의 종류는 다양한데 육군에만 약 900
여 개의 보직이 있다. 입대 신청 시 전문 특기병으로 지원하지 않은 군인
의 경우 자대 배치 후 랜덤으로 보직이 결정된다. 따라서 자신의 전공이나
적성에 맞는 보직이 있다면 입대 전에 전문 특기병으로 미리 지원해야 한
다. 전문 특기병에는 주로 어학병, 지식 관리병, 운전병, 생물학 시험병, 요
리병 등이 있으며 전문 자격증 및 경력이 있으면 합격할 확률이 높다. 전문
특기병의 경우 그 전문성을 인정받아 제대 후 취업 시 가산점을 받을 수 있
기 때문에 입대하기 전에 미리 관련 자격증을 준비하는 사람도 적지 않다.

　　보직에 관해서 더욱 상세하게 알고 싶다면 병무청 홈페이지에 접속해서 관련 정보를 찾아보면 된다. 또한 각 시청에서는 병역 의무자들을 대상으로 군 생활 노하우를 전수하는 교육 프로그램도 있으니 군 생활 전반을 이해하고 빨리 적응하는 데에 도움이 될 것이다. 군대에서도 다양한 배움의 기회가 주어질 뿐만 아니라 하루 한 시간의 자기 계발 시간도 있으니 잘 활용한다면 기필코 값진 성장의 시간이 될 것이다. 그러므로 슬기로운 군대 생활을 보내기 위해 가장 필요한 것은 올바른 마음가짐과 강력한 행동력이 아닐까?

(1) 보직이란 무엇인가요?

_____

(2) 전문 특기병은 왜 인기가 많나요?

_____

(3) 슬기로운 군대 생활을 위한 방법이 <u>아닌 것</u>을 골라 보세요. (　　)

　① 자신의 전공이나 적성에 맞는 보직이 있다면 입대 전에 지원한다.

　② 맡은 보직이 적성에 맞지 않으면 변경 신청을 한다.

　③ 자신이 원하는 보직에 필요한 자격증을 입대 전에 미리 준비해 놓는다.

　④ 군 생활 노하우를 전수하는 교육 프로그램에 참여한다.

(4) 윗글의 내용과 <u>다른 것</u>을 골라 보세요. (　　)

　① 지금은 예전에 비해 군 복무 기간이 짧아졌다.

　② 군인이라면 누구나 보직을 맡아 수행해야 한다.

　③ 전문 특기병이 아닌 경우 자대 배치 후 보직이 임의로 결정된다.

　④ 올바른 마음가짐만 있다면 군 생활을 슬기롭게 보낼 수 있다.

번역

1. 다음 글을 중국어로 번역해 보세요.

　'군복을 입은 이상 좀 더 강하게, 화끈하게 군 생활을 즐기고 싶다.'라는 생각에서일까? 요즘 한국에서는 해병대에 지원하는 젊은이들이 늘어나고 있다. 이 열기를 이어 해마다 열리는 '포항 해병대 문화 축제'에도 사람들의 관심이 모아지고 있다. 올해는 군번줄 만들기, 페이스 페인팅, 실전 체력 체험 등 해병대 문화의 진수를 체험할 수 있는 부스들이 인기리에 운영된다고 한다. 이 밖에도 군악대, 의장대 등의 각종 시연 행사와 해병대 관련 상품을 판매하는 문화 마켓도 준비되어 있다고 하니 그야말로 남녀노소를 불문하고 모두가 마음껏 즐길 수 있는 축제가 될 것이다.

＿＿＿＿＿＿＿＿＿＿＿＿＿＿＿＿＿＿＿＿＿＿＿＿＿＿＿＿＿＿

＿＿＿＿＿＿＿＿＿＿＿＿＿＿＿＿＿＿＿＿＿＿＿＿＿＿＿＿＿＿

＿＿＿＿＿＿＿＿＿＿＿＿＿＿＿＿＿＿＿＿＿＿＿＿＿＿＿＿＿＿

＿＿＿＿＿＿＿＿＿＿＿＿＿＿＿＿＿＿＿＿＿＿＿＿＿＿＿＿＿＿

＿＿＿＿＿＿＿＿＿＿＿＿＿＿＿＿＿＿＿＿＿＿＿＿＿＿＿＿＿＿

＿＿＿＿＿＿＿＿＿＿＿＿＿＿＿＿＿＿＿＿＿＿＿＿＿＿＿＿＿＿

＿＿＿＿＿＿＿＿＿＿＿＿＿＿＿＿＿＿＿＿＿＿＿＿＿＿＿＿＿＿

2. 다음 글을 한국어로 번역해 보세요.

　　中华人民共和国实行以志愿兵役为主体的志愿兵役与义务兵役相结合的兵役制度。每年12月31日前年满18周岁的男性公民，都应当按照兵役机关的安排在当年进行初次兵役登记。经过初次兵役登记的未服现役的公民，符合预备役条件的，可根据需要进行预备役登记。现役士兵包括义务兵役制士兵和志愿兵役制士兵，前者称义务兵，后者称军士。义务兵服现役的期限为二年，期满后，根据军队需要和本人自愿，经批准可以选改为军士。军士实行分级服现役制度。军士服现役的期限一般不超过30年，年龄不超过55周岁。

＿＿＿＿＿＿＿＿＿＿＿＿＿＿＿＿＿＿＿＿＿＿＿＿＿＿＿＿＿＿

＿＿＿＿＿＿＿＿＿＿＿＿＿＿＿＿＿＿＿＿＿＿＿＿＿＿＿＿＿＿

_____

_____

_____

_____

_____

 쓰기

여러분은 대학교에서 군사 훈련을 받아 본 적이 있습니까? 다음 질문에 답하고 군사 훈련을 소개하는 글을 써 보세요.

    1. 언제 군사 훈련을 받았나요?

    2. 어떤 군사 훈련을 했나요?

    3. 군사 훈련을 받은 소감은 어떤가요?

제 14 과
꿈과 직업

 어휘와 문법

1. 다음 단어에 대응되는 뜻풀이를 연결해 보세요.

(1) 분식 •   • 마음속에 깊이 느껴진 감동.

(2) 홍보 •   • 사물이나 현상이 이루어지는 기본.

(3) 훗날 •   • 널리 알림.

(4) 재기 •   • 시간이 지나고 앞으로 다가올 날.

(5) 여부 •   • 어떤 분야에서 뒤처지지 않고 남아 있다.

(6) 감명 •   • 밀가루로 만든 음식.

(7) 밑바탕 •   • 그러함과 그러하지 않음.

(8) 번갈다 •   • 실패 후에 노력하여 다시 일어섬.

(9) 살아남다 •   • 여럿이 모두 꼭 같이.

(10) 하나같이 •   • 둘 이상의 대상이 일정한 시간 동안 순서를 바꾸다.

2. 다음 빈칸에 알맞은 것을 골라 보세요.

(1) 부상에도 불구하고 팀이 우승을 한 것은 선수들의 굉장한 (   ) 덕분입니다.

① 끈기   ② 결심   ③ 포부   ④ 홍보

(2) 추석이 되자 많은 사람들이 고향으로 내려가 도시의 거리에는 차량이 눈에 (   ) 줄어들었다.

① 뜨게   ② 띠게   ③ 띄게   ④ 띄우게

(3) 이 작품은 오늘날까지도 많은 사람들 사이에서 널리 (   ) 있다.

① 간주되고   ② 회자되고   ③ 반복되고   ④ 각인되고

(4) 마음을 열고 부모님과 (   ) 대화를 한번 나눠 보는 건 어떨까요?

① 진지한   ② 친숙한   ③ 착실한   ④ 정중한

(5) 이 드라마는 스토리가 (   )뿐더러 배우들의 연기력까지 뛰어나 매회 시청률이 상승하고 있다.

① 단단할   ② 탄탄할   ③ 희미할   ④ 확고할

(6) 그는 맡기는 일마다 하나같이 (   ) 처리하여 동료들의 극찬을 받는다.

① 단정하게   ② 간편하게   ③ 깨끗하게   ④ 깔끔하게

(7) 의사는 분초를 다투며 (   ) 환자부터 응급 처치를 했다.

① 심각한   ② 혼란한   ③ 위급한   ④ 긴급한

(8) 양측의 의견에 (   ) 차이가 있어서 합의가 이루어질지 우려가 됩니다.

① 희미한   ② 상당한   ③ 대단한   ④ 적절한

(9) 그는 가수가 되겠다며 기타 하나만 들고 (   ) 집을 나갔다.

① 무난하게   ② 무리하게   ③ 무작정   ④ 무조건

(10) 이번 경기의 승패는 (   ) 선수의 실력에 달려 있다.

① 아예   ② 오로지   ③ 차다리   ④ 다만

3. 다음에 공통으로 들어갈 단어를 골라 문장을 완성해 보세요.

> 밝히다   떼다   들이다   뛰어들다   걸치다

(1) (   )

① 축제가 끝나서 학교 게시판에 붙인 포스터를 _____.

② 대학교를 졸업하고 사회인으로 막 첫걸음을 _____ㄴ/은/는 신입이라 부족한 게 많습니다.

③ 요즘은 공공 기관에 직접 방문하지 않고 온라인으로 각종 증명서를 _____ㄹ/을 수 있어요.

④ 유학 가게 되어 기르던 고양이를 입양 보내야 하는데 정을 _____기가 너무 어렵다.

(2) (   )

① 어릴 때부터 용돈을 계획적으로 쓰는 습관을 _____ㄴ/은/는 것
이 중요하다.

② 이번 경기의 승패는 선수들이 훈련에 얼마나 노력을 _____
냐/으냐/느냐에 달려 있다.

③ 중요한 사안인 만큼 우리는 많은 시간을 _____아/어/여 충분하
게 토론했다.

④ 아이가 컴퓨터 게임에 재미를 _____면/으면 학업에 영향을 줄
수 있으므로 꼭 유의하셔야 합니다.

(3) (   )

① 가로등이 어두운 거리를 환히 _____.

② 이러한 다양한 경험들이 쌓여서 너의 앞길을 _____아/어/여 줄
거야.

③ 목격자의 진술만 가지고 사고의 원인을 _____ㄴ/은/는 것은 부
족한 점이 있습니다.

④ 그녀는 부모님 앞에서 멋진 통역사가 되겠다는 포부를 _____.

(4) (   )

① 천둥소리에 놀란 아이는 엄마의 품속으로 _____.

② 준비 운동도 하지 않고 바로 물속으로 _____ㄴ/은/는 행동은
삼가야 합니다.

③ 그는 요식업 사업에 _____ㄴ/은 지 5년 만에 세 개의 가맹점을
세우며 큰 성과를 거두었다.

④ 소방관들은 망설이지 않고 불 속으로 _____아/어/여 사람들을
구해 냈다.

(5) (   )

① 최근 사회 전반에 _____아/어/여 지식 기부, 재능 기부 등 나눔
의 문화가 확산되고 있다.

② 장시간에 _____ㄴ/은/는 설득 끝에 드디어 빅 데이터를 활용한
프로젝트를 진행하기로 했다.

③ 저희 가맹점은 한 지역에 집중된 것이 아니라 전국 각 지역에 _____ _____아/어/여 분포되어 있습니다.

④ 김 작가의 이번 작품은 장장 십 년에 _____아/어/여 완성된 것이다.

4. 알맞은 표현을 골라 대화를 완성해 보세요.

마음을 사로잡다	총력을 기울이다	경쟁이 치열하다	상을 타다
전화가 빗발치다	장벽을 허물어뜨리다	입소문이 나다	전망이 밝다

(1) 가: 이번 사건에 대해 철저하게 조사해 주시기 바랍니다.

나: 네, _____아/어/여 진실을 밝히도록 하겠습니다.

(2) 가: 갑자기 무슨 전화가 이렇게 많이 와요?

나: 그러게요. 김 배우의 출연 여부와 관련된 문의 _____아서/어서/여서 업무가 마비될 지경이에요.

(3) 가: 장래 직업에 대해 나름대로 고민을 많이 해 봤는데 저는 앞으로 신에너지 개발과 관련된 일을 하고 싶어요.

나: 그래, 앞으로 발전 가능성이 높아 _____ㄴ/은/는 분야이니 한 번 도전해 보거라.

(4) 가: _____고 눈물을 많이 흘리시더라고요.

나: 아무래도 그동안 고생했던 시간들이 생각나면서 좀 울컥했던 것 같아요.

(5) 가: 요즘 장사가 잘돼요?

나: 네, 음식 맛이 좋다고 _____면서/으면서 항상 손님들로 북적거려요.

(6) 가: 그 친구와는 아직도 화해하지 않았나요?

나: 화해를 하긴 했는데 오해로 인한 마음의 _____지 못한 것 같네요.

(7) 가: 이 드라마에서는 특히 조연 배우의 연기가 극의 긴장감을 고조시켰던 것
　　　같아요.

　　나: 네, 주연 배우 못지않은 연기력으로 관객들의 ＿＿＿＿＿＿＿＿지요.

(8) 가: 올해에도 대학 입시 ＿＿＿＿＿＿＿＿지요?

　　나: 네, 올해에는 수험생들도 늘어나는 바람에 입시의 문은 더 좁아질 전망입
　　　니다.

5. 다음 문장에서 '-면서/으면서'가 <u>다른 의미</u>로 쓰인 것을 골라 보세요.

(1) (　　　)

　　① 친구는 자기가 잘못했<u>으면서</u> 사과도 안 한다.

　　② 그는 나를 봤<u>으면서</u> 못 본 것처럼 지나갔다.

　　③ 이 책은 재미있<u>으면서</u> 읽기가 쉽다.

　　④ 그는 책임자도 아니<u>면서</u> 우리한테 이래라 저래라 했다.

(2) (　　　)

　　① 날씨가 풀리<u>면서</u> 나들이하는 사람도 많아지고 있다.

　　② 이사하<u>면서</u> 동네 친구들과의 연락이 끊어졌다.

　　③ 그는 중국어를 할 줄도 모르<u>면서</u> 혼자 중국으로 여행을 떠났다.

　　④ 고령화 사회에 들어서<u>면서</u> 관련 사회 보장 제도가 점차 완비되고 있다.

(3) (　　　)

　　① 태풍이 남쪽으로 내려가<u>면서</u> 비바람도 그칠 전망입니다.

　　② 시대가 변하<u>면서</u> 집안일을 하는 남자들이 늘어나고 있다.

　　③ 그는 재미로 쓴 단편 소설이 공모에 당선되<u>면서</u> 소설가가 됐다.

　　④ 그는 변호사로 활동하<u>면서</u> 소설을 쓰는 등 다양한 분야에서 활약하고 있다.

(4) (　　　)

　　① 나는 음악을 들<u>으면서</u> 공부하는 습관이 있다.

　　② 나는 알지도 못하<u>면서</u> 아는 것처럼 하는 사람이 제일 싫다.

　　③ 나는 이번 캠프에서 즐겁게 놀<u>면서</u> 많은 걸 배우게 됐다.

　　④ 나는 여행하<u>면서</u> 보고 느낀 것을 모두 기록해 두었다.

6. 〈보기〉와 같이 '에 못지않다'를 사용하여 문장을 바꿔 써 보세요.

─────────── 〈보기〉 ───────────

나무를 심는 것도 중요하지만 잘 가꾸고 보호하는 것 또한 중요한 일입니다.

→ 나무를 심는 것(에) 못지않게 잘 가꾸고 보호하는 것 또한 중요한 일입니다.

(1) 비록 어린 아이지만 그의 의지력은 어른만큼 강합니다.

→ _____

(2) 형이 수영에 탁월한 재능이 있지만 동생도 수영을 무척 잘합니다.

→ _____

(3) 고객의 만족도 중요하지만 직원의 권익 보호도 무시해서는 안 됩니다.

→ _____

(4) 이 가게는 만두도 냉면만큼이나 유명하다고 합니다.

→ _____

(5) 능력뿐만 아니라 끈기 또한 중요한 성공 요인입니다.

→ _____

7. 알맞은 것을 골라 문장을 완성해 보세요.

| 에 달려 있다 | -ㄴ가/은가/는가 하면 | -면서/으면서 |
| -ㄹ/을 리가 있다/없다 | 만 가지고 | 에 못지않다 |

(1) _____ 불면증 환자도 증가하는 추세이다.

(2) 목표를 이룰 수 있는지 여부는 순전히 자신의 의지와 _____.

(3) 내 친구는 _____ 매운 음식을 좋아하고 잘 먹는다.

(4) 그는 약속을 중요하게 생각하는 사람이라 _____.

(5) 어떤 사람은 책을 _____ 어떤 사람은 관심이 가는 부분만 읽기도 한다.

(6) 일이란 결국 타인과 함께 협업하는 것이기 때문에 _____ 일을 성

사시키기 어렵다.

8. 다음 밑줄 친 부분과 의미가 비슷한 것을 골라 보세요.

(1) 행복한 노후 생활은 <u>건강에 달려 있다</u>. (　　)

　① 건강과 관련이 있다　　　　　② 건강에 지나지 않다

　③ 건강에 따라 가능하다　　　　④ 건강에 의해 결정된다

(2) 진로 상담을 통해 아이들은 자신의 <u>꿈을 찾는가 하면</u> 희미했던 꿈을 구체화하

기도 한다. (　　)

　① 꿈을 찾을 수 있고　　　　　② 꿈을 찾기도 하고

　③ 꿈을 찾는 반면에　　　　　④ 꿈을 찾곤 하다

(3) 가: 오빠, 내 이어폰 봤어?

나: 어제 <u>청소하다가</u> 방에서 본 거 같아. (　　)

　① 청소하면서　　　　　　　　② 청소하느라

　③ 청소하다 보니　　　　　　　④ 청소하고 보니

(4) <u>한국에 살면서</u> 많은 한국 친구들을 사귀었어요. (　　)

　① 한국에 살다가　　　　　　　② 한국에 사니까

　③ 한국에 사는 김에　　　　　④ 한국에 사는 동안에

(5) 열 번도 더 얘기했으니까 <u>잊을 리가 없어요</u>. (　　)

　① 잊을 거예요　　　　　　　　② 잊을 수가 있어요

　③ 잊을 수가 없어요　　　　　④ 반드시 잊을 거예요

(6) 한 나라의 경제는 <u>구호나 열정만 가지고</u> 살릴 수 있는 것이 아니다. (　　)

　① 구호나 열정이 있어서　　　② 구호나 열정만 있으면

　③ 구호나 열정을 갖추면　　　④ 구호나 열정이 있다고

9. 다음 문장에서 <u>틀린 부분</u>을 찾아 바르게 고쳐 써 보세요.

(1) 행복은 어떻게 생각하기에 달려 있다.

　→ _____

(2) 한국어가 서툰 그는 실수를 피하기 위해 쉬운 것만 말하는가 하면 아예 말을 하지 않는다.

→ _____

(3) 요즘 동아리 활동이 많으면서 공부할 시간이 줄어들었다.

→ _____

(4) 가르치는 학생이 그리 많은데 제 이름을 기억할 리가 없나요?

→ _____

(5) 어떤 사람은 정상까지 올라가는가 하면 어떤 사람은 산중턱까지만 올라갔다.

→ _____

🎧 듣기

장빈과 박윤서의 대화를 잘 듣고 질문에 답해 보세요. 🎧14

1. 장빈은 이번 방학에 무엇을 하고 싶어하나요?

_____

2. 장빈은 어떤 계기를 통해 진로 결정의 첫걸음을 떼었나요?

_____

3. 대화 내용과 같은 것을 골라 보세요. (　　)

① 박윤서는 인턴 경험이 있다.

② 취업 못지않게 인턴도 경쟁이 치열하다.

③ 인턴 경험이 없어도 성적이 좋거나 자격증이 많으면 취업하기 쉽다.

④ 통역은 다른 분야와 다르게 세분화되어 있지 않다.

4. 이어질 장빈의 대답으로 적절하지 않은 것을 골라 보세요. (　　)

① 아직 갈피를 잡기가 어려운데 좀 더 알아보려고.

② 하나같이 재미있을 것 같아서 가능하면 다양한 분야에 지원해 보려고.

③ 글쎄, 아직 확고하게 한 분야를 정한 건 아니라 잘 모르겠어.

④ 끈기 있게 도전하다 보면 언젠가는 붙겠지.

읽기

1. 다음 글을 읽고 질문에 답해 보세요.

직업은 일종의 나를 담는 그릇이다. (ㄱ)사람마다 성격과 생김새가 다른 것처럼 그릇의 모양과 크기, 색깔도 다를 수밖에 없다. 우리는 흔히 직업을 선택할 때 많은 요소들을 고려하는데 그중 흥미, 적성, 가치관 등을 중요하게 생각한다. 즉, 직업이란 그릇에 내가 좋아하는 것, 내가 잘할 수 있는 것, 내 가치관에 맞는 것 등을 담을 수 있어야 한다.

하지만 안타깝게도 이 삼박자를 고루 갖춘 천직을 찾는 것은 그렇게 쉬운 일이 아니다. 그렇다면 어떻게 해야 나에게 꼭 맞는 직업을 찾을 수 있을까? 기초 공사가 제대로 되어야 튼튼한 건물을 쌓아 올릴 수 있는 것처럼 직업을 선택하기 전에 우선 자신이 무엇을 좋아하고 싫어하는지, 무엇을 잘하고 못하는지, 내 가치관은 어떠한지 등을 알아야 한다. 다행히 요즘은 다양한 적성 검사를 통해 자신에 대해 알 수 있는 기회가 많아졌다. 이러한 검사들은 자기 자신에 대해 탐색하는 과정으로 자신을 알아 가는 것은 직업 선택에 있어서 가장 중요하면서도 기본이 되는 것이다. 그리고 스스로에게 맞는 일이라고 판단되면 용기를 내어 시도해 보는 자세가 필요하다. 성공하든 실패하든 시도를 통해 그 직업과 나와의 궁합을 파악할 수 있으니 나아갈 방향을 정하는 것은 점점 쉬워질 것이다.

(1) 윗글에서는 직업을 무엇에 비유하였나요?

_____

(2) 천직이란 무엇을 말하는지 윗글에서 찾아 써 보세요.

_____

(3) (ㄱ)이 의미하는 것으로 알맞은 것을 골라 보세요. (　　)

　　① 사람마다 성격과 생김새가 다르면서 직업도 다르다.

　　② 그릇의 모양이 각자 다른 것처럼 사람도 각자 생김새가 다르다.

　　③ 사람마다 어울리는 직업이 다른데 이는 자신의 생김새에 달려 있다.

　　④ 사람마다 성격과 생김새가 다른 것처럼 각자에게 맞는 직업도 같을 리가
　　　 없다.

(4) 윗글의 내용과 다른 것을 골라 보세요. (　　)

　　① 직업을 선택함에 있어서 흥미, 적성, 가치관은 중요하게 고려해야 할 요소
　　　 이다.

　　② 적성 검사를 통해 자신의 흥미, 적성, 가치관 등에 대해 알 수 있다.

　　③ 어떤 일을 시도해 보기 전에 자신에 대해 충분히 알아보는 시간이 필요하다.

　　④ 자신에게 맞는 직업을 찾기 위해서는 좋아하지 않는 일이라도 일단 시도해
　　　 봐야 한다.

2. 다음 글을 읽고 질문에 답해 보세요.

　　　과거에 없었던 새로운 직업이 탄생하는 것은 '신생 직업', 종사자가 크게
늘어나고 있는 것은 '성장 직업', 종사자가 줄어들고 있거나 소멸되고 있는
직업은 '쇠퇴 직업'이라고 한다. 이렇듯 직업이 다양한 양상을 보이는 것은
직업이 시대의 변화를 반영하기 때문이다.

　　　1960년대에는 한국에서 국영 방송국인 KBS가 개국하면서 프로듀서,
배우, 성우, 가수 등 방송과 관련된 직업이 부상하였다. 1970년대에는 한
국의 대표적인 대기업들이 사업을 확장하고 성장하며, 국가적으로도 수출

에 힘쓰던 시기였기에 제조업 및 해외 무역업의 종사자가 크게 늘어났다. 1980년대에는 서울 올림픽 유치 및 개최로 통역사, 외교관과 같은 직업이 주목을 받았으며, 1990년대부터는 한국에서 인터넷이 대중화를 이루며 컴퓨터 관련 직업이 새롭게 생겨나기도 했다. 최근에는 4차 산업혁명이 화두가 되면서 빅 데이터, 인공 지능, 지능형 로봇, 자율 주행 자동차, 사물 인터넷 등 첨단 과학기술과 관련된 직업이 새로이 생겨나고 있다. 생명이 탄생하고 성장하며 소멸하는 것과 같이 직업도 이러한 과정들을 거쳐 만들어지고 성장하기도 하며 우리 곁에서 사라지기도 한다.

(1) 신생 직업, 성장 직업, 쇠퇴 직업은 각각 무엇을 의미하나요?

_____

_____

_____

(2) 직업이 다양한 양상을 보이는 이유는 무엇인가요?

_____

(3) 직업의 시대적 변화에 대한 설명이 <u>아닌 것</u>을 골라 보세요. (　　)

　① 직업이 살아남을지 쇠퇴될지는 시대의 변화에 달려 있다.

　② 1970년대에는 국가가 수출에 힘쓰던 시기여서 무역업이 성장했다.

③ 1980년대에 통역사가 주목을 받게 된 것은 올림픽의 영향이 컸다.

④ 4차 산업혁명이 발달하면서 컴퓨터 관련 직업이 많이 탄생하기 시작했다.

(4) 윗글을 읽고 <u>알 수 없는 것</u>을 골라 보세요. (　　)

① 신생 직업의 예　　　　　　　　　② 성장 직업의 예

③ 쇠퇴 직업의 예　　　　　　　　　④ 신생 직업의 탄생 배경

 번역

1. 다음 글을 중국어로 번역해 보세요.

　　좋은 직업 못지않게 적성에 맞는 직업을 선택하는 것 또한 매우 중요하다. 적성에 맞는 직업을 찾고자 하는 사람이 늘어나면서 적성 검사를 받는 대학생들이 많아지고 있다. 흥미와 적성을 헷갈리기도 하는데, 흥미는 어떤 분야에 관심이 있는 것을 말하고 적성은 어떤 일을 잘할 수 있는 것을 말한다. 흥미가 있다고 꼭 적성에 맞는 것은 아니다. 흥미만 가지고 직업을 선택하면 나중에 괴로워질 수도 있다. 재미있어서 선택한 직업인데 막상 하고 보니 어렵고 잘 해내지 못할 수 있기 때문이다.

_____

_____

_____

_____

_____

_____

2. 다음 글을 한국어로 번역해 보세요.

　　每个人都有自己的梦想。儿时我的梦想是开一家面包店，这样每天都可以吃到刚出炉的热乎乎的面包。升入高中后，我的梦想变成了要考上一所好大学。现在这个目标实现后，我却发现自己有点儿茫然，不知道接下来该做什么了。究其原因，一方面是我尚未适应大学生活，另一方面是我还没有静下心思考过未来。世上万事都取决于我们的决心，我得尽快找到自己喜欢的事情，并为之付出努力，这样才不辜负自己，不辜负人生。

_____

_____

_____

_____

_____

_____

_____

 쓰기

여러분의 꿈은 무엇입니까? 다음 질문에 답하고 꿈의 실현을 주제로 한 글을 써 보세요.

1. 어릴 적 꿈은 무엇이었나요? 지금의 꿈은 무엇인가요?

2. 꿈이 바뀐 이유나 계기가 무엇인가요?

3. 꿈을 이루기 위해 어떤 노력을 해야 하나요?

제 15 과
모임 문화

 어휘와 문법

1. 다음 단어에 대응되는 뜻풀이를 연결해 보세요.

(1) 사회자　　•　　　　• 상관하지 않거나 구애를 받지 않다.

(2) 무렵　　•　　　　• 어떤 일을 이루는 데 기초가 되는 요인.

(3) 지평　　•　　　　• 모임이나 회의 등의 진행을 보는 사람.

(4) 회갑　　•　　　　• 어떤 시기와 일치하는 때.

(5) 밑거름　　•　　　　• 줄을 이어 계속.

(6) 가리다　　•　　　　• 더 바랄 것이 없이.

(7) 후원하다　•　　　　• 잘잘못이나 좋고 나쁨을 따져서 구분하다.

(8) 불구하다　•　　　　• (비유적으로) 어떤 것의 전망이나 가능성.

(9) 더없이　　•　　　　• 태어난 지 육십 년이 되는 예순 번째 생일.

(10) 줄줄이　　•　　　　• 뒤에서 도와주다.

2. 다음 빈칸에 알맞은 것을 골라 보세요.

(1) 설날에 사람들은 한 해의 행복을 (　　) 연을 날린다.

　　① 기원하며　　　② 후원하며　　　③ 소원하며　　　④ 지원하며

(2) 송년회는 연말연시를 맞아 가족이나 친구, 동료 등과 함께 지난 한 해를 (　　) 내년을 준비하는 모임이다.

　　① 돌보며　　　② 돌아보며　　　③ 살펴보며　　　④ 떠올리며

(3) 단독 주택은 아파트에 비해 관리가 어렵지만 독립적이고 (　　) 공간을 가질 수 있다는 장점이 있다.

　　① 아늑한　　　② 따스한　　　③ 얌전한　　　④ 훈훈한

(4) 성격이 깔끔한 그는 (   ) 물건 정리를 잘한다.

① 자꾸   ② 내내   ③ 언제나   ④ 언제든지

(5) 결혼 생활이라는 것이 (   ) 행복한 것만은 아니다.

① 물씬   ② 마냥   ③ 실컷   ④ 몹시

(6) 모임 날짜와 장소를 알려 드리니 (   ) 참석하여 주시기 바랍니다.

① 그만   ② 그냥   ③ 부디   ④ 부쩍

(7) 날이 (   ) 밝기도 전에 우리는 목적지를 향해 출발했다.

① 채   ② 막   ③ 딱   ④ 꽤

(8) 트렌치코트에 스카프를 하니 가을 느낌이 (   ) 난다.

① 훨씬   ② 물씬   ③ 번쩍   ④ 흠뻑

3. 알맞은 단어를 골라 대화를 완성해 보세요.

붙다	빠지다	비틀거리다	떠올리다	유발하다
도모하다	뜻깊다	등한하다	아낌없다	소원하다

(1) 가: 네가 웬일이야? 먼저 모임에 가자고 하고?

　　나: 그동안 공부가 바쁘다는 핑계로 동호회 활동에 ＿＿＿＿＿＿＿던 것 같
　　　　아서.

(2) 가: 어릴 때 얘기만 나오면 말 못하게 하더라.

　　나: 철없던 시절에 저지른 실수를 ＿＿＿＿＿＿＿면/으면 나도 몰래 얼굴이
　　　　뜨거워져서 그래.

(3) 가: 이번 행사는 부서 간의 협력을 다지기 위해 이루어진 것이라면서요?

　　나: 네, 그래서 서로 친목을 ＿＿＿＿＿＿＿ㄹ/을 수 있는 활동으로 준비했
　　　　습니다.

(4) 가: 지난 일 년간 ＿＿＿＿＿＿＿ㄴ/은/는 열정과 노고로 팀을 이끌어 주신
　　　　여러분께 깊은 감사의 마음을 전합니다.

　　나: 별말씀을요. 덕분에 저희도 많이 성장했는걸요.

(5) 가: 너 혹시 어지러워? 왜 _____ㄴ데/은데/는데?

나: 종일 앉아 있다가 갑자기 일어나서 그래.

(6) 가: 초등학교 친구 잘 만났어?

나: 그게 오래 떨어져 지내다 보니 _____ㄴ/은/는 사이가 된 것 같아. 좀 낯설더라.

(7) 가: 박 교수님의 강의는 언제 들어도 지루하지가 않아.

나: 맞아. 교수님께서 제시한 적절한 사례들이 우리의 흥미를 _____아서/어서/여서 그런 것 같아.

(8) 가: 대학생이 되어 처음 맞는 방학인데 뭘 할 계획이니?

나: 통역 지원과 같은 자원봉사 활동에 참가하면서 _____ㄴ/은/는 시간을 보내려고 해.

(9) 가: 날씨가 이렇게 더운데 왜 _____아/어/여 앉고 그래?

나: 그러게. 자리도 많은데 우리 좀 떨어져 앉자.

(10) 가: 몇 날 며칠 밤새며 보고서를 썼는데 B라니 이해가 안 돼.

나: 이 보고서에는 중요한 문제 해결 방안이 _____아/어/여 있어서 높은 점수를 받지 못한 건 아닐까?

4. 알맞은 표현을 골라 대화를 완성해 보세요.

| 바람(을) 쐬다 | 머리를 식히다 | 잔을 들다 | 마음을 가라앉히다 |
| 자리를 빛내다 | 친목을 다지다 | 선행을 베풀다 | 안부를 전하다 |

(1) 가: 자, 우리 모두 신랑 신부의 새 출발을 축하하며 _____ㅂ시다/읍시다.

나: 좋아요. 백년해로하세요!

(2) 가: 교수님, 부디 진학 설명회에 참석해 _____아/어/여 주시길 바랍니다.

나: 네, 꼭 시간을 내서 참가할게요.

(3) 가: 윤서는 어제도 경로당에 자원봉사하러 갔다고 하더라.

나: 응, 정이 많아서 그런지 자주 _____곤 하지.

(4) 가: 이번 프로젝트를 원만하게 마무리했으니 축하할 겸 오늘 회식하는 게 어때요?

나: 좋아요. 오랜만에 팀원들 사이에 _____고 너무 좋죠.

(5) 가: 몇 번의 패배 끝에 우리가 드디어 올 시즌의 첫 승을 거두었네요.

나: 그래도 아직 경기가 남았으니 들뜬 _____고 끝까지 최선을 다해요.

(6) 가: 날씨가 너무 좋은데 어디든 _____러/으러 가고 싶어요.

나: 그럼 근처 공원에라도 같이 가요.

(7) 가: 혼자 가는 여행이라 많이 걱정돼서 그러는데 자주 _____도록 해.

나: 네, 항상 조심하고 자주 연락드리겠습니다.

(8) 가: 이번 여름 휴가 계획은 세웠나요?

나: 네, _____ㄹ/을 겸 3박 4일로 한국 여행을 갈까 해요.

5. 다음 문장이 맞으면 O표, 틀리면 X표를 하세요.

(1) 스트레스를 풀 겸 마라탕 먹으러 갈까? (　　　)

(2) 노트북은 오래 써야 하니 살 겸 성능이 좋은 걸로 사려고요. (　　　)

(3) 오랜만의 휴가이니 여행 간 김에 푹 쉬다 와. (　　　)

(4) 머리가 복잡해서 바람을 쐬는 김에 산책 나왔어요. (　　　)

(5) 오랜만에 안부를 묻는 김에 전화를 드렸어요. (　　　)

6. 〈보기〉와 같이 '-더라'를 사용하여 문장을 바꿔 써 보세요.

─────── 〈보기〉 ───────

어제 두 사람이 같이 밥 먹는 것을 보았다.

→ 어제 두 사람이 같이 밥 먹더라.

(1) 나이가 들어서 공부하는 것이 쉽지 않다고 느꼈다.

→ _____

(2) 김 선생님 수업은 인기가 많다고 들었다.

→ _____

(3) 선배가 자료 조사를 나보고 하라고 말했다.

→ _____

(4) 옆집 아이가 울면서 집에 들어가는 것을 보았다.

→ _____

(5) 뮤지컬을 봤는데 배우들의 연기력과 가창력이 참 뛰어났다.

→ _____

7. 알맞은 것을 골라 문장을 완성해 보세요.

-ㄹ/을 겸   -더라   보고   를/을 비롯하다   -도록 하다   에서

(1) 코치는 _____ 농구팀 팀장을 맡으라고 했다.

(2) 우리 학교는 _____ 많은 유명 인사를 배출했다.

(3) 더 하실 말씀이 없으면 오늘 회의는 여기에서 _____.

(4) 경험도 쌓고 _____ 인턴으로 일하고 있습니다.

(5) 실업률이 높아지면서 _____ 대책 마련에 적극적으로 나섰다.

(6) 가: 어제 본 영화 어땠어?

나: 평점은 낮았지만 나는 _____.

8. 다음 밑줄 친 부분과 바꿔 쓸 수 있는 것을 모두 골라 보세요.

(1) 스트레스도 풀 겸 체력도 키울 겸 아침마다 달리기를 해요. (   )

① 스트레스도 풀고 체력도 키우고자

② 스트레스도 풀고 체력도 키우기 위해

③ 스트레스를 풀면서 체력을 키우기 위해

④ 스트레스를 푸는 데다가 체력까지 키우고자

(2) 서울대입구역을 <u>비롯해</u> 이 지역에는 많은 원룸이 매물로 나와 있다. (　　)

　　① 중요시해　　　　② 포함해　　　　③ 시작으로　　　　④ 중심으로

(3) <u>레이보고</u> 행정실에 가서 물어보라고 했어요. (　　)

　　① 레이하고　　　② 레이에게　　　③ 레이한테　　　④ 레이한테서

(4) 늦은 시간에는 기숙사에서 <u>전화하지 않도록 하겠습니다</u>. (　　)

　　① 전화하지 않을게요　　　　　　② 전화하지 않게 하겠습니다

　　③ 전화하지 않겠습니다　　　　　④ 전화하지 않으려고 하겠습니다

(5) 연말에 일이 <u>몰리지 않도록</u> 미리미리 해 놓으세요. (　　)

　　① 몰리지 않게　　　　　　　　　② 몰리지 않고자

　　③ 몰리지 않게끔　　　　　　　　④ 몰리지 않기에

9. 다음 문장에서 <u>틀린 부분</u>을 찾아 바르게 고쳐 써 보세요.

(1) 저는 능력도 없을 겸 요즘 너무 바쁠 겸 해서 일을 민수에게 부탁했어요.

　　→ _____

(2) 나는 공휴일인데도 회사에 가더라.

　　→ _____

(3) 지아는 친구를 만나니까 반갑더라.

　　→ _____

(4) 오랜만에 한국에 있는 친구보고 전화했어요.

　　→ _____

(5) 가: 영희 씨, 매번 이렇게 늦게 주면 제가 야근을 해야만 제때에 마무리할 수
　　　있어요.

　　나: 죄송합니다. 다음에는 꼭 미리 제출하게 하겠습니다.

　　→ _____

 듣기

왕나와 박윤서의 대화를 잘 듣고 질문에 답해 보세요. 15

1. 왕나와 장빈이 MT에 참여하지 못한 이유는 무엇인가요?

_____

2. MT에서 숙소의 주방 시설이 좋지 않으면 어떻게 식사를 해결하나요?

_____

3. 국어국문학과 MT에 대한 설명이 <u>아닌 것</u>을 골라 보세요. (　　)

① 봄에 가는 편이다.

② 학과 학생을 비롯하여 교수님도 참여한다.

③ 주로 도심을 떠나 지방으로 간다.

④ MT에서 주로 물놀이를 하거나 게임을 한다.

4. 대화 내용과 <u>다른 것</u>을 골라 보세요. (　　)

① 왕나는 한국의 MT 문화를 꼭 체험해 보고 싶어한다.

② MT는 주로 동기끼리의 친목을 다지는 데 도움이 된다.

③ 중국에는 보통 학과에서 가는 MT 활동이 없다.

④ 왕나와 박윤서는 다음 학기에 함께 MT에 참여할 것이다.

읽기

1. 다음 글을 읽고 질문에 답해 보세요.

> 오늘 한국의 이색적인 모임을 경험했다. 바로 동네 소모임인데 동일한 취미를 가진 사람이 함께 모여 취미 활동을 하는 모임이다. 특이한 점은 앱을 통해서만 모임을 만들고 가입할 수 있으며, 지역 인증을 통해 같은 동네에 사는 사람만 참여할 수 있도록 한 점이었다. 개설과 가입은 온라인에

서 이루어지지만 모임은 오프라인으로 진행된다. 크게 두 가지 모임 형식이 있는데, 정기적으로 모여 취미 활동을 함께하는 일반 모임과 강사가 개설한 원데이 클래스에 참여하는 모임이다. 독서, 운동, 여행, 공연, 요리 등 다양한 그룹으로 나눠져 있으며 참여 전 앱을 통해 각 모임의 구성원 및 활동 후기도 미리 볼 수 있다.

나는 아직 낯선 사람과 여행을 가거나 운동을 하기가 부담스러워 원데이 클래스에 등록했다. 원데이 클래스란 하루 동안 한시적으로 개설되는 수업을 말하며 짧은 시간과 적은 비용으로 새로운 일을 경험해 볼 수 있다는 장점이 있다. 그래서 예전에 시간과 비용 문제로 망설였던 홈 베이커리 수업에 등록하였다. 재료비와 수강비가 모두 합해서 만 원이었다. 이렇게 저렴한 비용으로 평소에 쉽게 도전하지 못했던 일을 해 볼 수 있다는 점에서 정말 좋은 모임인 것 같다.

수업하는 곳에 도착하니 벌써부터 빵 냄새가 물씬 났다. 앞 시간 수강생들이 구운 빵 냄새인 것 같았다. 처음에는 어색했지만 수업이 끝날 무렵에는 케이크를 서로 나눠 먹으며 분위기가 제법 훈훈해졌다. 어느새 친해진 우리 반 수강생들은 나중에 다른 수업도 같이 듣기로 약속했다.

모르는 사람과 함께한다는 것에 거부감을 느끼기도 했지만 실제로 겪어 보니 처음 보는 사이임에도 불구하고 같은 취미를 가져서 그런지 대화가 잘 통했다. 집으로 돌아와 마음에 드는 수업을 모두 신청하고 나니 이번 달 주말 일정이 꽉 찼다. 오늘 새로운 친구도 사귀고 케이크를 만드는 방법도 배워서 더없이 좋은 날이었다. 머리도 식힐 겸 앞으로도 자주 이용해 봐야겠다.

(1) 내가 경험한 이색적인 모임은 무엇인가요?

_____

(2) 내가 오늘 참여한 수업에 대한 설명이 <u>아닌 것</u>을 골라 보세요. (   )

　① 홈 베이커리 원데이 클래스이다.

　② 수업에 참여하는 데 든 비용은 총 만 원이다.

　③ 수업에 도착했을 때 이미 앞 시간 수강생들이 빵을 만들고 있었다.

　④ 훈훈한 분위기 속에서 케이크를 서로 나눠 먹었다.

(3) 내가 오늘 처음 본 사람과도 대화가 잘 통했던 이유는 무엇인가요?

_____

(4) 윗글의 내용과 같은 것을 골라 보세요. (   )

　① 취미만 같다면 다른 지역 사람들도 얼마든지 소모임 참여가 가능하다.

　② 나는 이 소모임에 참여하기 전에는 홈 베이커리에 전혀 관심이 없었다.

　③ 나는 모르는 사람과 함께 수업을 듣는 것이 그렇게 좋진 않았다.

　④ 나는 이번 달 주말 내내 원데이 클래스에 참여할 예정이다.

2. 다음 글을 읽고 질문에 답해 보세요.

　　한국의 대학교에는 특별한 모임이 있다. 바로 농활이라 불리는 모임인데, 농촌 활동의 줄임 표현으로 대학생들이 일정 기간 동안 직접 농촌 생활을 체험하면서 농가의 일손도 돕고 농민들과 교류도 하는 모임이다. 학년이나 전공과 상관없이 농활 모임에 신청할 수 있고, 지원자가 많을 경우 면접을 통해 참여자를 선발하기도 한다.

　　농활 기간은 대학마다 다르다. 학기 중 주말을 활용하여 2박 3일 간 농활 모임을 갖는 학교도 있고 방학 기간에 일주일 이상 활동을 기획하는 학교도 있다. 계절에 따라 다양한 농촌 활동을 체험할 수 있는데 이를테면 봄에는 모내기, 여름·가을에는 각종 제철 채소 및 과일 수확 등 활동을 주로 한다. 겨울은 농한기이기 때문에 활동이 없을 거라고 생각하기 쉽지만 김장이나 가을에 수확한 농산물을 가공하는 일을 돕는다.

농활 장소 선정을 비롯해 일정 짜기, 홍보하기 등 모든 일은 학생회에서 직접 주도하며 숙식은 마을 회관에서 해결한다. 학생들은 직접 장을 봐 온 식재료로 회관에서 요리를 해 먹고 잠을 잔다. 해당 농가에서 식사나 간식을 제공하는 경우도 많은데, 이때 농촌 어르신들과 함께 교류하는 시간을 갖는다.

농활은 대학생들이 농촌의 부족한 일손을 돕는 것 그 이상의 의의가 있다. 타인과 함께 농사일을 돕고 식사를 준비하는 등 활동을 통해 공동체 의식을 높일 수 있고, 농민들에게서 땀의 소중함을 배움으로써 서로의 정서와 입장을 더 잘 이해할 수 있게 된다.

(1) 농활이란 무엇인가요?

_____

(2) 농활에 대한 설명으로 맞는 것을 골라 보세요. (   )

　① 학년이나 전공과 상관없이 신청할 수 있고 신청하면 무조건 선발된다.

　② 학교에 따라 짧게는 2박 3일, 길게는 일주일 이상 활동한다.

　③ 농활 장소 선정을 비롯해 모든 일은 학교에서 주도한다.

　④ 숙식은 모두 해당 농가에서 제공한다.

(3) 계절별 주된 농촌 활동을 써 보세요.

_____

_____

(4) 농활의 의의에 대한 설명이 <u>아닌 것</u>을 골라 보세요. (　　)

　① 농촌의 부족한 일손을 돕는 단순한 봉사 활동이다.

　② 농민들로부터 땀의 소중함을 배울 수 있는 현장이다.

　③ 단체 생활을 통해 공동체 의식을 높일 수 있다.

　④ 농민과 학생이 서로를 더 이해할 수 있게 한다.

 번역

1. 다음 글을 중국어로 번역해 보세요.

　한국에는 송년회를 비롯한 여러 모임이 있는데 직장인들은 특별한 날이 아니더라도 종종 회식을 한다. 회식은 단순히 직장 동료들과 식사나 술을 즐기는 자리가 아니다. 그동안 하고 싶었던 이야기를 하면서 단합을 도모하는 자리이기도 하다. 예전에는 회식에 꼭 참석해야 하는 분위기였지만 요즘은 회식 문화가 바뀌고 있다. 일이 있으면 얼마든지 빠질 수 있고 술을 못 마시면 음료수를 마셔도 좋다.

_____

_____

_____

_____

_____

_____

_____

2. 다음 글을 한국어로 번역해 보세요.

　人是一种社会性动物，每天都要与他人交流沟通，彼此合作。每个人的生存都离不开社会，人人都需要朋友。开心时可以分享喜悦，难过时可以倾诉心声，需要帮助时可以挺身相助，这便是朋友的最大意义。但友谊是需要维系的，无论平时有多忙，也需要经常联系，互相问候。不然，好友将变为普通朋友，朋友会沦为路人。拥有一段珍贵的友谊是一生中美好的事情，让我们都珍惜自己的朋友吧。

_____

_____

_____

_____

_____

_____

 쓰기

여러분은 대학교에서 어떤 모임에 참석해 봤습니까? 다음 질문에 답하고 가장 기억에 남는 모임을 주제로 한 글을 써 보세요.

1. 언제, 어디에서 모임을 했나요?

2. 어떤 모임이었나요?

3. 기억에 남는 이유는 무엇인가요?

附 录

제1과

장레이: 윤서야, 지금 뭐 해?

박윤서: 동아리 회원 모집 포스터를 만들고 있어. 다음 주에 신입 회원 모집 활동을 해야 해서.

장레이: 무슨 동아리인데?

박윤서: 영어 회화 동아리인데, 재미있는 건 물론이고 영어 실력도 향상시킬 수 있어. 또 대인 관계도 넓힐 수 있어서 일석삼조라고 할 수 있지.

장레이: 그래? 난 공부에 방해가 될까 봐 동아리 가입을 망설이고 있었거든. 그런데 네 이야기를 듣다 보니 후회되네.

박윤서: 다음 주부터 신입 회원 모집 기간이니까 너도 가입해 보는 게 어때?

장레이: 2학년생도 가입할 수 있어?

박윤서: 물론이지. 어떤 동아리에 가입하고 싶어?

장레이: 나는 자기 발전에 도움이 되면서도 많은 사람들과 교류할 수 있는 동아리에 가입하고 싶어.

박윤서: 그럼 독서 토론 동아리는 어때? 내 친구가 그 동아리에서 활동 중인데, 여러 전공의 학생들이 모여서 토론하니까 다양한 의견을 나눌 수 있어서 재미있다고 했거든.

장레이: 좋아. 다음 주에 가입하러 가 봐야겠다. 윤서야, 고마워!

제2과

사회자: 오늘은 '거절'이 어려운 분들을 위해 사회 심리학 박사이신 김나영 교수님을 모시고 말씀 나눠 보겠습니다. 교수님, 안녕하세요?

김나영 교수: 네, 안녕하세요? 여러분, 혹시 '예스맨(Yes Man) 강박증'이라는 말을 들어 보신 적 있나요? '예스맨 강박증'이란 다른 사람의 부탁을 거절하지 못하고 무조건 '예스'라고 대답하는 증상을 말합니다. 일반적으로 상대방과의 관계가 나빠질까 봐 두려워하는 분들에게서 많이 나타나지요.

사회자: 저도 친한 지인으로부터 받은 부탁을 거절하기가 어려워서 들어줬다
가 능력 밖의 일을 돕느라 힘들었던 적이 몇 번 있습니다. 교수님, 이렇
게 부탁을 거절하기 곤란할 땐 어떻게 해야 할까요?

김나영 교수: 우선 내가 거절한다면 부탁한 상대와 사이가 나빠질 것이라는 생각부
터 버려야 합니다. 오히려 좋은 관계를 유지하기 위해서는 도와주기 어
려운 일에 무조건 '예스'라고 하는 것보다 지혜롭게 거절하는 것이 더
좋습니다.

사회자: 그렇다면 어떻게 거절하는 것이 지혜로운 방법일까요?

김나영 교수: 같은 거절이라고 해도 어떻게 표현하는지에 따라 상대방의 기분이 달
라질 수 있습니다. 우선 상대방의 처지에 대해 공감을 표현하고, 부탁
을 들어줄 수 없는 이유를 겸손한 태도로 말해야 합니다. 또한 부탁을
들어주지 못한 것에 대한 미안함과 아쉬움을 표현해야 도와주기 싫어
서 거절했다는 오해를 사지 않을 수 있습니다.

사회자: 그렇군요. 예를 들면 어떻게 표현해야 할까요?

김나영 교수: 예를 들면 '도와 드리고 싶지만'이라든지 '죄송해서 어쩌죠?'와 같은 표
현을 함께 사용한다면 거절당한 상대방이 마음의 상처를 받지 않을 것
입니다.

제3과

박윤서: 왕나야, 왜 이렇게 피곤해 보여? 무슨 일 있어?

왕나: 말도 마. 요즘 룸메이트 때문에 잠을 잘 못 잔 탓에 피곤해 죽겠어.

박윤서: 정말? 룸메이트가 왜?

왕나: 나랑 룸메이트랑 수면 패턴이 정반대거든. 나는 일찍 자고 일찍 일어나는 반
면에 내 룸메이트는 늦게 자고 늦게 일어나서 서로 수면을 방해하게 되더라고.

박윤서: 그랬구나. 룸메이트랑 이 문제에 대해서 상의는 해 봤어?

왕나: 응, 이미 얘기해 봤지. 근데 룸메이트는 밤부터 새벽까지 공부가 잘된다고
하고, 나는 아침 수업 때문에 일찍 일어날 수밖에 없어서 이 문제를 어떻게
해결하면 좋을지 모르겠어.

박윤서: 수면 패턴 외에 다른 문제는 없어?

왕나: 응, 우리 둘 다 물건 정리도 잘하고 기타 생활 습관도 비슷해서 이 문제만 해
　　　결되면 서로 잘 지낼 수 있을 거 같아.

박윤서: 그렇구나. 사실 나도 룸메이트랑 같은 문제로 많이 힘들었거든.

왕나: 정말? 그럼 어떻게 해결했어?

박윤서: 우린 서로의 생각을 솔직하게 말하고 함께 잘 지낼 방법을 찾아갔어. 상대방
　　　이 잠이 들면 최대한 조용히 움직이려고 노력하고 잘 때에는 각자 안대와 귀
　　　마개를 사용하기로 했어.

왕나: 제법 괜찮은 방법인걸? 나도 오늘 룸메이트랑 한번 얘기해 봐야겠다. 고마워.

제4과

장빈: 지아야, 넌 어떤 스타일의 남자가 좋아?

류지아: 갑자기 그건 왜?

장빈: 이유는 이따가 알려 줄게. 일단 어떤 사람이 좋은지 얘기해 봐.

류지아: 음, 난 이해심이 깊고 다정다감한 사람이 좋아.

장빈: 그렇구나. 그럼 외모는?

류지아: 글쎄, 난 외모는 안 보는데…… 그냥 나보다 키 크고 어깨도 넓고 갸름한 얼
　　　굴에 코도 오똑하면 좋겠어. 아! 그리고 보조개도 있으면 좋겠고……

장빈: 잠깐만, 너 외모 안 본다더니 눈이 너무 높은 거 아니야?

류지아: 장난이야. 난 진짜 외모는 상관없어. 이제 말해 봐. 왜 물어 보는 거야?

장빈: 사실 내 친구 중 한 명이 너랑 친해지고 싶다고 해서.

류지아: 누군데?

장빈: 학과 동기인데, 네가 동아리 모임 때 학교에서 춤추는 거 보고 무척 알고 싶
　　　어졌대. 걔도 너처럼 춤에 관심이 많거든.

류지아: 그래? 그 친구는 어떤 사람이야?

장빈: 좀 과묵하긴 하지만 무뚝뚝한 사람은 아니야. 그리고 마음도 넓고 정도 많아
　　　서 너랑 잘 어울릴 것 같은데. 나랑 셋이서 식사 한번 하지 않을래?

류지아: 음, 난 잘 모르는 사람하고 만나는 건 좀 부담스러워.

제5과

김시우: 레이야, 한국에는 나라에서 정한 기념일 외에도 다양한 기념일이 있는데, 혹시 알고 있니?

장레이: 빼빼로데이 같은 기념일은 알고 있는데 다른 기념일에 대해서는 잘 몰라요. 또 뭐가 있어요?

김시우: 삼겹살데이라는 기념일도 있어. 이날은 들어 봤니?

장레이: 네, 3월 3일은 삼겹살 먹는 날 맞죠? 근데 사람들이 그날 왜 삼겹살을 먹는지는 사실 잘 몰라요.

김시우: 3월 3일은 3(삼)이 겹치는 날이라 삼겹살데이라고 해. 한국에는 이런 기념일이 80개도 넘어.

장레이: 그렇게나 많은 줄 몰랐네요. 왜 이렇게 많은 거예요?

김시우: 기업들이 물건을 팔기 위한 목적으로 다양한 기념일들을 만들어 내서 그래. 날짜의 발음이나 모양이 상품의 이름과 비슷하다는 점을 이용해서 사람들이 기억하기 쉽도록 한 거지. 빼빼로데이도 바로 그렇게 해서 생겨났어.

장레이: 그렇군요. 저는 빼빼로데이가 서로 빼빼로 과자를 주고받으면서 정을 나누는 날이라고만 생각했는데 그게 아니었네요.

김시우: 이런 판매 전략을 기념일 마케팅이라고 하는데, 요즘 같은 불경기에도 기념일과 관련된 상품이라면 말 그대로 눈 깜짝할 사이에 다 팔리거든. 그래서 농산물이 잘 안 팔려서 힘들어하는 농민들을 돕고자 한국 정부에서도 기념일 마케팅을 이용하고 있대.

제6과

박윤서: 왕나야, 야구장에 직접 와 보니까 어때?

왕나: 텔레비전으로만 보다가 열광적인 분위기를 직접 느껴 보니까 정말 재미있어. 경기 시작된 지 얼마 안 됐는데 벌써부터 관중들의 열기가 뜨겁네.

박윤서: 오늘이 프로 야구 개막전인 데다가 공교롭게도 경기하는 두 팀이 이번 시즌 우승 후보여서 인기가 많거든. 지난 시즌에서도 1승 차이로 1, 2위가 갈렸었어.

왕나: 아, 그렇구나. 어, 윤서야, 저기 좀 봐. 오늘 아이돌이 시구하나 봐!

박윤서: 맞아. 시구 끝나고 본 경기가 바로 시작될 거야. 그래서 지금 치어리더들도 응원을 준비하고 있어. 참, 어제 같이 연습한 구단 응원가 기억나?

왕나: 응, 근데 아직 선수별 응원가는 모르는데 어떡하지?

박윤서: 괜찮아. 이따가 응원 단장이 응원을 주도하면 우리는 구호에 맞춰서 이 막대 풍선을 흔들기만 하면 돼.

왕나: 알겠어. 그리고 윤서야, 야구장에서 음식을 먹어도 돼? 사람들이 지금 먹으면서 응원을 하고 있네.

박윤서: 어머, 내 정신 좀 봐. 경기 볼 생각에 그만 먹을거리도 잊어버렸네. 야구장은 음식물 반입이 가능해서 괜찮아.

왕나: 정말? 그럼 우리도 먹으면서 응원하자. 어디에서 살 수 있어?

박윤서: 주변 가게나 경기장 안에 있는 식당에서 음식을 포장해 와도 되고 배달을 시켜도 돼. 그런데 캔 음료는 반입 금지 물품이라 사면 안 돼.

왕나: 캔 음료는 왜 안 돼?

박윤서: 캔 음료는 위험 방지 차원에서 반입이 안 되고 페트병은 가능해.

왕나: 그렇구나. 그럼 우리 그냥 배달시켜 먹을까?

박윤서: 좋아. 야구장 앱으로 주문하면 자리까지 배달해 주니까 그게 더 편하겠다.

제7과

류지아: 와, 너무 재밌다. 레이야, 넌 어땠어? 연극 볼만했어?

장레이: 그냥 볼만한 정도가 아니라 진짜 재밌었어. 사실 연극은 처음인데다 영화처럼 자막이 있는 게 아니라서 좀 걱정했거든. 근데 현장에서 배우들의 연기를 직접 보니까 더 실감 나고 이해도 잘 되는 것 같아.

류지아: 다행이다. 요즘 이 연극이 배우들의 뛰어난 연기로 호평을 받고 있거든. 게다가 긴장감 넘치는 줄거리까지 더해져서 인기를 휩쓸고 있대.

장레이: 그렇구나. 넌 이 연극에 대해서 어떻게 이렇게 잘 알아?

류지아: 사실 지난번에 왕나랑 같이 한 번 봤었거든. 그때 이 연극에 흠뻑 빠져서 이 것저것 찾아봤지.

장레이: 그럼 오늘 두 번째로 본 거네. 어, 지아야, 저기 좀 봐. 사람들이 왜 모여 있지?

류지아: 노래 소리가 들리는 걸로 봐서 누군가가 버스킹을 하는 것 같은데. 가서 구경해 볼까?

장레이: 그래, 그런데 버스킹이 뭐야?

류지아: 버스킹은 뮤지션들이 길거리에서 공연하는 것을 말해. 광장이나 골목 문화가 발달한 유럽에서 시작되었는데 한국에서도 요즘 많이 유행하고 있어. 자신의 예술적 재능을 마음껏 펼치지 못한 뮤지션들이 거리의 악사가 된 거지.

장레이: 아, 그렇구나. 그럼 우리도 가서 한번 구경해 보자!

제8과

장빈: 여보세요? 윤서야, 웬일이야?

박윤서: 여보세요? 장빈아, 너 괜찮아?

장빈: 괜찮냐니? 갑자기 무슨 말이야?

박윤서: 네가 메신저로 나한테 호주에서 사고가 났다고 300만 원만 보내 달라고 했잖아.

장빈: 내가? 언제? 나 그런 적 없는데?

박윤서: 정말? 그럼 누군가가 네가 지금 여행 중인 걸 알고 네 메신저를 해킹했나 봐.

장빈: 내가 여행 중인 걸 어떻게 알고?

박윤서: 네가 엊그제 SNS에다가 호주행 비행기 티켓하고 여행 사진 올렸잖아. 혹시 그걸 본 게 아닐까? 뉴스에서 들었는데 SNS에 여행 정보를 올리면 사이버 범죄 대상이 될 확률이 높대.

장빈: 난 그저 시시콜콜한 일상을 나눴을 뿐인데. 이런 범죄에 악용될 줄 정말 몰랐어. 어, 해킹범이 부모님께도 연락했나 봐. 부모님도 무슨 일 있냐고 문자 하셨네. 나 어떡하지?

박윤서: 일단 메신저 비밀번호부터 바꾸고 주변 분들에게 얼른 해킹당한 사실을 알려야 하지 않을까? 학교 친구들에게는 내가 얘기해 줄게.

장빈: 정말 고마워, 지아야.

박윤서: 별일 아닌데 뭘. 그리고 꼭 경찰에 신고해서 해킹범이 처벌을 받게 하자.

제9과

장레이: 형, 좀 피곤해 보이는데 요즘에도 윗집 때문에 잠을 설쳐요?

김시우: 아니, 요즘 자격증 시험 준비하느라 밤새워서 그래. 그 문제는 잘 해결됐어.

장레이: 해결됐다뇨? 어떻게요?

김시우: 처음에는 메모 남겨도 소용이 없어서 민원을 넣을까 했었거든.

장레이: 맞아요. 형이 그 문제로 고민했었잖아요.

김시우: 근데 인터넷에 검색해 보니까 민원 넣으면 서로 사이만 나빠지고 소음은 계속된다는 거야.

장레이: 저도 예전에 층간 소음 민원 때문에 화난 윗집이 더 큰 소음을 만들어서 법정 소송까지 했다는 뉴스를 본 적이 있어요.

김시우: 그러니까. 그래서 인터넷 카페에서 다른 방법을 찾아봤는데 어떤 사람이 슬리퍼를 사서 윗집 문 앞에 놓았더니 그 다음부터는 조용해졌다는 글이 있더라고.

장레이: 그래서 형도 똑같이 따라 했어요?

김시우: 나는 슬리퍼랑 아이한테 줄 과자도 같이 사서 직접 찾아갔어. 그냥 슬리퍼만 놓고 오면 강요하는 것 같아서. 가서 직접 얘기해 보니까 발소리가 그렇게 크게 들리는지 몰랐다고 하더라고. 다행히 내가 사 준 캐릭터 슬리퍼가 아이의 마음에 들었는지 잘 신어 주고 있는 것 같아.

장레이: 역시 층간 소음 문제를 해결하는 데에는 이웃 간의 소통과 배려가 답이네요.

제10과

류지아: 안녕하세요? 지나가던 길에 하숙생 구한다는 광고를 보고 왔는데 지금 방 좀 볼 수 있어요?

아주머니: 네, 가능해요. 여기 2층 가운데 방이에요. 어때요?

류지아: 남향에다가 가구들도 다 구비되어 있네요. 여긴 얼마예요?

아주머니: 한 달에 45만 원이고 한 달치 월세를 보증금으로 내면 돼요.

류지아: 원룸보다 훨씬 저렴하네요. 식사도 포함된 가격인가요?

아주머니: 그럼요. 아침, 저녁을 제공하니까 식비도 많이 절약할 수 있죠. 그리고 제가 음식 솜씨도 꽤 괜찮거든요.

류지아: 와, 그렇군요. 혹시 통금 시간도 있나요?

아주머니: 하숙집에 그런 게 어디 있어요? 그냥 늦을 경우에는 조용히 방에 들어가면 돼요.

류지아: 네, 입주는 언제부터 가능할까요?

아주머니: 당장 내일도 가능하죠.

류지아: 알겠습니다. 그럼 제가 조금만 더 고민해 보고 다시 연락드릴게요.

아주머니: 그래요, 학생. 여기가 학교랑 엎어지면 코 닿을 데에 있는 데다가 전철역과도 10분 거리에 있어서 교통이 참 편리해요. 아무쪼록 잘 생각해 보고 연락줘요.

제11과

엘리베이터 안내음: 문이 열립니다. 문이 닫힙니다.

여승객: 어머, 엘리베이터가 왜 이러지? 열리지 않네.

남승객: 어, 저기요. 죄송한데 아무 버튼이나 막 누르시면 안 돼요. 위험해요.

여승객: 아, 죄송해요. 제가 너무 당황스러워서 그만……

남승객: 일단 진정하시고. 제가 역무실에 신고를 해 볼게요.

역무실 여직원: 네, 역무실입니다. 무슨 일이시죠?

남승객: 엘리베이터에 갇혔는데 좀 도와주시겠어요?

역무실 여직원: 현재 계신 위치가 어디세요?

남승객: 지하철에서 내려서 3번 출구 가는 길에 있는 엘리베이터 안이에요. 지하 1층에서 지상 1층으로 가던 중에 갑자기 멈췄어요.

역무실 여직원: 숫자 버튼 위에 아마 승강기 번호가 있을 거예요. 보이시면 번호 좀 불러 주시겠어요?

남승객: 1004-119번이에요.

역무실 여직원: 네, 금방 구조해 드리겠습니다. 불편을 드려서 정말 죄송합니다. 지금 바로 담당 기사님을 보낼 테니 잠시만 기다려 주시겠어요?

남승객: 네, 알겠습니다. 빨리 부탁드릴게요.

제12과

박윤서: 장빈아, 또 햄버거 먹는 중이야? 이젠 패스트푸드 안 먹을 거라면서?

장빈: 그랬는데 햄버거가 빨리 먹을 수 있는 데다가 가성비도 좋아서 바쁠 땐 이것만한 게 없단 말야.

박윤서: 하긴. 기숙사에서 사는 대학생들한테 가성비는 중요하지.

장빈: 그런데 윤서야, 너도 물건 살 때 가성비 따지는 편이야?

박윤서: 음, 보통 생필품을 살 땐 상품 가격을 비교해 보면서 가성비를 따지곤 하는데 가끔은 가성비보다 가심비를 더 중요하게 생각할 때도 있어.

장빈: 어떨 때 그래?

박윤서: 예를 들면 나는 한 달에 한 번은 뮤지컬을 보러 다니는데 표를 구매할 때 꼭 좋은 좌석을 예매해. 일반 좌석보다 두 배나 비쌀 때도 있지만 좋은 좌석에서는 배우들의 표정을 더 생생하게 볼 수 있어서 감동도 두 배가 되거든.

장빈: 그렇구나. 나는 주로 음식을 고를 땐 가성비를 따지는 편이고 전자 기기를 구입할 땐 비싸더라도 성능이 좋고 디자인도 마음에 드는 걸로 고르는 편이야. 그래서 전자 기기 구입을 위한 전용 통장을 따로 만들어서 돈을 모으고 있어.

박윤서: 정말? 나도 뮤지컬 전용 통장 하나 만들어야겠다.

제13과

진행자: 여러분, 안녕하세요? 요즘 군대 드라마가 시청자들에게 많은 사랑을 받고 있죠? 그래서 오늘은 육군 장교 한 분을 모시고 생생한 군 생활 이야기를 나눠 보고자 합니다. 자기소개 좀 부탁드릴게요.

김지훈: 안녕하십니까? 육군 대위 김지훈입니다. 반갑습니다.

진행자: 네, 반갑습니다. 혹시 대위님도 이 드라마 보셨나요? 실제 군 생활과 비슷한지 정말 궁금합니다.

김지훈: 네, 저도 봤는데 드라마 속 장면들이 아주 리얼하게 그려졌더군요. 특히 사격 훈련은 실제와 같은 방법으로 연습해서 깜짝 놀랐습니다.

진행자: 주인공이 포상 휴가를 얻기 위해 총구에 바둑돌을 올려 놓고 연습하던 그 장면 말씀하시죠? 실제로도 포상 휴가를 주나요?

김지훈: 네, 포상 휴가는 여러 훈련을 통해 받는 것이 가능한데 그중 사격 훈련에서는 스무 발을 모두 맞추면 4박 5일 간의 휴가를 받을 수 있습니다.

진행자: 그렇군요. 그리고 드라마를 보니까 군대 내 군인의 휴대폰 사용이 가능하던데 실제로도 가능한가요?

김지훈: 네, 요즘엔 군 생활이 많이 개선되어서 자대에 배치된 후부터는 누구든지 사용할 수 있습니다. 사용 시간은 부대마다 다른데 보통 평일엔 저녁 4시간, 주말엔 하루에 11시간 정도 사용할 수 있습니다.

진행자: 네, 아주 잘 들었습니다. 자, 지금까지 군 생활에 대한 이야기를 나눠 봤는데 여러분, 재미있게 보셨나요? 더 궁금한 사항이 있으면 홈페이지에 댓글 달아 주시기 바랍니다.

제14과

장빈: 윤서야, 너 혹시 인턴 해 본 적 있어?

박윤서: 아니, 아직 안 해 봤어. 한국 대학생들은 보통 3, 4학년 때 인턴에 지원하는데 취업만큼이나 경쟁이 치열하다고 해서 걱정이야.

장빈: 그렇구나. 한국에서는 취업할 때 인턴 경험이 꼭 필요해?

박윤서: 학교 성적이나 자격증만 가지고는 아무래도 취업하기 어려우니까 해당 분야의 인턴 경험이 있으면 취업에 도움이 된다고 들었어. 근데 갑자기 인턴은 왜?

장빈: 이번 방학 때 인턴에 지원해 보려고.

박윤서: 정말? 어디에 지원하려고?

장빈: 회사는 아직 정하지 않았는데 통역 관련 업무에 지원해 보고 싶어. 지난 번에 올림픽 통역 봉사 활동을 했는데 너무 보람차고 재미있었거든. 그 뒤로 통역 분야로 진로를 고민 중이야. 그래서 이번 방학 때 좀 더 경험해 보려고.

박윤서: 좋은 생각이네. 봉사 활동 때랑은 느낌이 다를 수 있고 또 실무도 경험해 볼 수 있어서 좋을 것 같아. 근데 통역도 관광, 비즈니스, 의료 등 분야가 다양하잖아. 혹시 어떤 분야로 지원할지 생각해 봤어?

제15과

왕나: 윤서야, 혹시 우리 학과에서 MT 언제 가는지 알아? 꼭 참여해 보고 싶은데 이번 학기 내내 소식이 없네.

박윤서: 아, 너랑 장빈은 이번 학기에 교환 학생으로 와서 가 본 적이 없겠구나. MT 는 보통 봄이나 가을에 가는데 우리 학과는 봄에 가는 편이야.

왕나: 그렇구나. 그럼 다음 학기에 갈 수 있겠네. 윤서 너도 가니?

박윤서: 응, 우리 국어국문학과 MT에는 학생은 물론 교수님들도 많이 참여하셔. 나 도 당연히 가야지. 우리 같이 가면 정말 재미있겠다.

왕나: 나도 기대돼. 중국에는 보통 학과 MT가 없어서 한국 드라마에서 MT 장면 이 나올 때마다 너무 궁금해서 꼭 체험해 보고 싶었어. 근데 요즘에는 주로 MT를 어디로 가?

박윤서: 주로 도심을 떠나 근교 바닷가나 계곡으로 많이 가. 가서 물놀이도 하고 게 임도 하다 보면 동기뿐만 아니라 선후배와도 자연스럽게 친목을 다질 수 있 어.

왕나: 그렇구나. 그럼 가서 식사는 어떻게 해결해?

박윤서: 숙소에 주방 시설이 잘 되어 있으면 조별로 요리를 만들어 대결을 펼치기도 하고 그렇지 않으면 야외에서 다 같이 고기를 구워 먹기도 해.

왕나: 재미있겠다. 듣기만 해도 벌써부터 설렌다.

附录2 参考答案

제1과 대학 생활

어휘와 문법

1. (1) 본관 —— 주가 되는 기관이나 건물.

   (2) 다짐 —— 마음을 굳게 먹거나 뜻을 정함.

   (3) 리허설 —— 연극이나 음악 등에서 실제 공연을 하기 전에 하는 연습.

   (4) 잦다 —— (일이) 자주 일어나는 상태에 있다.

   (5) 떼다 —— 증명서 등의 문서를 만들어 주거나 받다.

   (6) 마비되다 —— 본래의 기능이 정지되다.

   (7) 전념하다 —— 오직 한 가지 일에만 마음을 쓰다.

   (8) 유창하다 —— (말이) 막힘없이 자연스럽다.

   (9) 완벽히 —— 단점이 없이 완전하게.

   (10) 물론 —— 말할 것도 없이.

2. (1) ④   (2) ①   (3) ③   (4) ②   (5) ④

   (6) ②   (7) ①   (8) ③   (9) ④   (10) ①

3. (1) 지저분해   (2) 삼가시   (3) 숙지하시는 (4) 낯설었는데 (5) 떠올랐어

   (6) 우선되어야 (7) 성실하   (8) 지켜본   (9) 바른   (10) 옮겼어

4. (1) 도움이 될   (2) 가슴이 털썩 내려앉으며

   (3) 정이 들었어요   (4) 말을 잘 걸며

   (5) 과제를 제출해야   (6) 정원이 차

   (7) 더위에 시달려   (8) 등록금을 납부하

5. (1) 모자랄까 봐   (2) 동료가 회의 내용을 모를까 봐

   (3) 잠을 못 잘까 봐   (4) 이따 비가 올까 봐

   (5) 발이 아플까 봐

6. (1) 늦잠을 자지 않도록 알람을 여러 개 맞춰 놓았다.

(2) 뒤에 앉은 사람도 들을 수 있도록 크게 말해야 한다.

(3) 위에 부담이 되지 않도록 야식은 삼가야 한다.

(4) 내일 조별 과제를 제출할 수 있도록 오늘 저녁까지 맡은 부분을 보내 주세요.

(5) 한국어 말하기 실력이 향상될 수 있도록 한국 친구들과 많이 교류해야 한다.

7. (1) 마시다 보니　　　　　　　　　(2) 연습하다 보면

(3) 제공하는 것은 물론　　　　　　(4) 가벼우면서도

(5) 걱정하시지 않도록　　　　　　(6) 없을까 봐

8. (1) ④　　(2) ③　　(3) ③　　(4) ①　　(5) ②

9. (1) 어제 면접에 <u>늦지 않았도록</u> 아침 일찍 출발했다.

　　→ 어제 면접에 늦지 않도록 아침 일찍 출발했다.

　　解析 "-도록"前不能加"-았/었/였-""-겠-"。

(2) 오후 수업 시간에 잠이 올까 봐 커피를 <u>마실 거예요</u>.

　　→ 오후 수업 시간에 잠이 올까 봐 커피를 {마셔요/마셨어요}.

　　解析 "-ㄹ/을까 봐"后面的分句不能用表示将来的"-겠-"或"-ㄹ/을 것이다"。

(3) 감기에 걸릴까 봐 옷을 많이 <u>입으세요</u>.

　　→ 감기에 걸릴까 봐 옷을 많이 입었어요.

　　解析 "-ㄹ/을까 봐"后不能接命令句或共动句。

(4) ① 꾸준히 <u>노력하다 보면</u> 실력이 늘었어요.

　　　→ 꾸준히 노력하다 보니 실력이 늘었어요.

　　② 꾸준히 노력하다 보면 실력이 <u>늘었어요</u>.

　　　→ 꾸준히 노력하다 보면 실력이 {늘 거예요/늘어요}.

　　解析 "-다 보면"后面的分句不能用"-았/었/였-"。

(5) ① 술을 많이 <u>마시다 보니</u> 건강이 나빠질 거예요.

　　　→ 술을 많이 마시다 보면 건강이 나빠질 거예요.

　　② 술을 많이 마시다 보니 건강이 <u>나빠질 거예요</u>.

　　　→ 술을 많이 마시다 보니 건강이 나빠졌어요.

　　解析 "-다 보니"后面的分句要用"-았/었/였-"。

(6) 오늘 비가 <u>오면서도</u> 우산을 가져가지 않았다.

   → 오늘 비가 오는데 우산을 가져가지 않았다.

   解析 "-(으)면서도"连接的前后分句主语应一致。

(7) 자주 야식을 먹으면 <u>살찌는 물론</u> 위에 부담이 돼서 건강에도 안 좋다.

   → 자주 야식을 먹으면 살찌는 것은 물론 위에 부담이 돼서 건강에도 안 좋다.

   解析 "는/은 물론"应接在体词性成分后。

(8) 이 커피숍에서는 <u>책은 물론 커피까지</u> 팔아요.

   → 이 커피숍에서는 커피는 물론 책까지 팔아요.

   解析 "는/은 물론"有递进之义，所以意义上更具普遍性的内容应放在"는/은 물론"前。

🎧 듣기

1. ②

2. ①

3. 공부에 방해가 될까 봐 걱정되어서 망설였다.

4. 박윤서는 영어 회화 동아리 신입 회원을 모집할 것이고, 장레이는 독서 토론 동아리에 가입할 것이다.

🗣 읽기

1. (1) ④　　(2) ②　　(3) 1) 전공과목이 많아졌다.　2) 한국어로 발표를 해야 한다.

   (4) 팀원들이 나의 부담을 덜어 주기 위해 나에게 가장 쉬운 부분을 발표하게 해 주었기 때문이다.

2. (1) 9월 1일부터 12월 21일까지　　(2) ④　　(3) ③

   (4) 학과 사무실로 연락하면 된다.

💬 번역

1. 初来韩国时，我因为要自己制订听课计划，感到特别有负担。为了不影响毕业，得费心去选专业必修课、公共必修课等各种课程。因为担心出差错，我不仅参加新生说明会，还用不太流利的韩语向学长咨询，最终制订了课程表。幸好有学长们帮忙，尽管手忙脚乱，但总算是比较顺利地完成了第一个学期的选课。

2. 2학년이 되니 전공 수업이 많아져서 한 학기에 16학점이나 수강해야 하는데 친구들을 따라가지 못할까 봐 걱정이다. 전공 수업은 물론 교양 수업도 좋은 성적을 받을 수 있도록 열심히 공부할 것이다. 끊임없이 노력하다 보면 꼭 목표를 달성할 수 있을 거라고 믿는다.

제2과 부탁과 거절

📖 어휘와 문법

1. (1) 사례금   서로 사랑하는 사람이 만나는 일.

   (2) 담임   가지고 싶은 마음이 들 정도로 보기가 좋은 데가 있다.

   (3) 데이트   아무리 하여도.

   (4) 소개팅   바쁘지 않고 여유가 있다.

   (5) 겹치다   고마운 뜻으로 주는 돈.

   (6) 한가하다   누군가의 소개로 남녀가 일대일로 만나는 일.

   (7) 원만하다   어떤 학급이나 학년을 책임지는 사람.

   (8) 틀림없다   조금도 어긋나는 일이 없다.

   (9) 탐스럽다   서로 사이가 좋다.

   (10) 도저히   여러 가지 일이나 현상이 한꺼번에 일어나다.

2. (1) 안타깝   (2) 엄수해   (3) 배려하는   (4) 상쾌하네요   (5) 설레

   (6) 서운해 할   (7) 간주되어   (8) 괴로워요   (9) 어리석은   (10) 설득했는데

3. (1) 봐주다: ① 봐주던   ② 봐주   ③ 봐주시니   ④ 봐주세요

   (2) 챙기다: ① 챙겨   ② 챙긴다   ③ 챙겨야   ④ 챙겨

   (3) 날아가다: ① 날아가는   ② 날아갔다   ③ 날아간   ④ 날아갔다

   (4) 안기다: ① 안겨   ② 안겼다   ③ 안겨   ④ 안겨

   (5) 꺼내다: ① 꺼내   ② 꺼내   ③ 꺼냈다   ④ 꺼냈다

4. (1) 귀를 기울이   (2) 양해를 구하

(3) 단호하게 거절해야   (4) 자동 이체를 할

(5) 요구를 들어주   (6) 창피를 당했어

(7) 지극정성으로 간호한   (8) 오해를 사는

(9) 처지가 곤란해   (10) 마음이 후련하

5. (1) 수업 시간에 계속 기침하던데 감기에 걸렸어요?

(2) 왕나가 요즘 매일 늦게까지 기숙사에서 공부하던데 과제가 많은가 봐요.

(3) 아까 장빈이 싱글벙글 웃으며 나가던데 무슨 좋은 일 생겼어?

(4) 그 영화가 정말 재미있다던데 혹시 봤어?

(5) 요즘 기말고사 기간이라던데 시간이 되는지 한번 물어보세요.

6. (1) ②   (2) ④   (3) ①   (4) ④   (5) ③

7. (1) 편리한 대신에   (2) 살려 냈어요   (3) 바쁘구나

(4) 비싸더라도   (5) 생겼던데

8. (1) ②   (2) ③   (3) ①   (4) ④   (5) ④

9. (1) ① 저는 테니스를 좋아하던데 장빈 씨는 어때요?

     → 왕나 씨는 테니스를 좋아하던데 장빈 씨는 어때요?

② 저는 테니스를 좋아하던데 장빈 씨는 어때요?

     → 저는 테니스를 좋아하는데 장빈 씨는 어때요?

解析 "-던데"一般不能与第一人称连用。

(2) 아까 시우가 너 찾았던데 왜 전화 안 받았어?

     → 아까 시우가 너 찾던데 왜 전화 안 받았어?

解析 该句以回想的方式叙述当时"正在找"的状态，因此"-던데"前不能加 "-았/었/였-"。

(3) 나는 매주 복권을 사는데 이번에 드디어 당첨해 냈다.

     → 나는 매주 복권을 사는데 이번에 드디어 당첨됐다.

解析 "당첨하다（中奖）"这一动作不是通过动作主体的努力而最终实现的，所以其后不能接"-아/어/여 내다"。中奖这件事是靠外力实现的，所以要改为 "당첨되다"。

(4) ① <u>저는</u> 요즘 태권도를 배우고 있군요.

　　　→ 요즘 태권도를 배우고 있군요.

　　② 저는 요즘 태권도를 배우고 <u>있군요</u>.

　　　→ 저는 요즘 태권도를 배우고 있어요.

解析 "-군요"一般不能与第一人称主语搭配使用。

(5) 어제는 집에서 <u>요리한 대신</u> 밖에 나가서 외식을 했어요.

　　→ 어제는 집에서 요리하는 대신 밖에 나가서 외식을 했어요.

解析 表示"替代"这一语义时，前面的动作并未发生，所以只能用"-는 대신에"。

(6) ① <u>피곤하더라도</u> 숙제를 다 하고 잤어요.

　　　→ 피곤해도 숙제를 다 하고 잤어요.

　　② 피곤하더라도 숙제를 다 하고 <u>잤어요</u>.

　　　→ 피곤하더라도 숙제를 다 하고 {잘 거예요/자세요}.

解析 使用"-더라도"时，后面分句一般不应是已经发生或正在发生的事情。

🎧 듣기

1. ③

2. 다른 사람의 부탁을 거절하지 못하고 무조건 '예스'라고 대답하는 사람이다.

3. ②

4. ③

🗣 읽기

1. (1) 웰시코기이다.　　(2) ④　　(3) ①　　(4) ③

2. (1) 대인 관계에는 가족 관계, 친구 관계, 연인 관계, 동료 관계 등이 있고, 인간은 사회적 동물이기 때문에 혼자서는 살아가기 어려우므로 대인 관계를 맺어야 한다.

　(2) ①　　(3) ④　　(4) ③

🗨 번역

1. 我们在拒绝别人的时候，由于愧疚，经常会说："抱歉啊，下次再帮你。"但这种拒绝方式并不可取。因为对方可能会认为下次你真的会帮他。拒绝别人时，最好明确表示无法帮忙，同时要说明理由。当然态度一定要和善。另外，由于文字难以传达表情或者态度，最好面对面或者打电话进行拒绝，而不是通过发短信。

2. 일상생활에서든 일하는 과정에서든 우리는 여러 가지 어려운 상황에 처하게 되는데, 때로는 친구의 도움을 받아야 할 때가 있다. 이때 어떻게 부탁하면 좋을까? 먼저, 직접적으로 도와달라고 부탁하는 대신에 완곡한 방식으로 부탁하는 것이 좋다. 다음으로, 태도는 공손해야 하고 상대방이 거절하더라도 원망하지 말아야 한다. 마지막으로, 있는 그대로 자신의 처지를 상대방에게 알려야 한다. 요컨대 남에게 도움을 청할 때는 기술도 필요하지만 진실되고 고마워할 줄 아는 마음이 우선시되어야 한다. 이래야만 다른 사람의 도움을 받기 쉬울 것이다.

제3과   대학생의 고민

📖 어휘와 문법

1.
(1) 안주	힘들고 고생스럽게.
(2) 적성	어떤 기준에 겨우 도달함.
(3) 턱걸이	어떤 일에 알맞은 사람의 성격이나 능력.
(4) 일자리	겉으로 나타내지 않고 마음속으로만 생각하는 것.
(5) 내성적	여럿이 다 차이가 없이 비슷하거나 같게.
(6) 담다	행복하지 아니하다.
(7) 멍하다	어떤 내용을 그림이나 글 등에 나타내다.
(8) 불행하다	술을 마실 때에 함께 먹는 음식.
(9) 간신히	정신이 나간 것처럼 반응이 없다.
(10) 골고루	벌이가 되는 일을 하는 곳.

2. (1) ②　　(2) ③　　(3) ③　　(4) ①　　(5) ②　　(6) ④　　(7) ④　　(8) ③

3. (1) 서늘한　　(2) 초래할　　(3) 전전긍긍하며　　(4) 기발하　　(5) 자칫하면

　　(6) 파악하는　　(7) 더디　　(8) 지원하는　　　　(9) 앞두　　　(10) 덜하

4. (1) 미역국을 먹었어　　　　　　(2) 잠이 쏟아져서

　　(3) 전공을 살려　　　　　　　(4) 이해가 가

　　(5) 경력을 쌓는　　　　　　　(6) 자리를 잡은

　　(7) 신입 사원을 채용한다고　　(8) 감기가 들

5. (1) 공손하고도 단호한　　　　　　(2) 길고도 짧은

　　(3) 낯설고도 반가웠다　　　　　(4) 매콤하고도 시원해서

　　(5) 정확하고도 유창한

6. (1) 바쁘신지　　(2) 재미있는지　　(3) 누구인지　　(4) 아픈지　　(5) 누가 사장인지

7. (1) 푼 탓이에요　　　　　　　　(2) 걸리는 반면에

　　(3) 점심을 먹고도　　　　　　(4) 아르바이트하랴 숙제하랴

　　(5) 맛있더라고　　　　　　　(6) 시간이 좀 지나고 나면

8. (1) ①　　(2) ④　　(3) ④　　(4) ③　　(5) ④

9. (1) 네가 말없이 귀국했다고 장빈이 좀 <u>서운하더라고</u>.

　　→ 네가 말없이 귀국했다고 장빈이 좀 서운해하더라고.

　　解析　主语为第三人称，谓语为表示感情、心情和心理状态的形容词时，应使用 "形容词词干+-아/어/여하다" 的形式。

(2) 어제는 너무 바빠서 눈코 뜰 새가 <u>없는걸</u>.

　　→ 어제는 너무 바빠서 눈코 뜰 새가 없었는걸.

　　解析　描述的是昨天的状况，应使用 "-았/었/였-"。

(3) <u>예습하지 않았는 탓에</u> 오늘 수업을 잘 이해하지 못했다.

　　→ 예습하지 않은 탓에 오늘 수업을 잘 이해하지 못했다.

　　解析　"탓" 为名词，在表示过去之义时，用 "-ㄴ/은 탓"。

(4) 바닥이 <u>미끄러운 바람에</u> 넘어졌어요.

　　→ 바닥이 {미끄러워서/미끄러운 탓에} 넘어졌어요.

　　解析　"-는 바람에" 不能用在形容词后面。

(5) 한국 친구들이 많이 <u>도와준 탓에</u> 한국 생활에 잘 적응할 수 있었어요.

   → 한국 친구들이 많이 {도와준 덕분에/도와줘서} 한국 생활에 잘 적응할 수 있었어요.

  解析 "-ㄴ/은/는 탓에"只能表示造成某种消极结果的原因，不能用于积极的情况。

(6) 그는 최선을 다해 시험을 준비하고도 시험에 <u>합격했다</u>.

   → 그는 최선을 다해 시험을 준비하고도 시험에 합격하지 못했다.

  解析 "-고도"后一般是没能预料到的或与前一分句情况对立、相反的内容。

(7) 그는 감기에 <u>걸렸고도</u> 경기에서 좋은 성적을 따냈다.

   → 그는 감기에 걸리고도 경기에서 좋은 성적을 따냈다.

  解析 "-고도"前不能加"-았/었/였-""-겠-"。

🎧 듣기

1. ②

2. 왕나는 일찍 자고 일찍 일어나는 반면에 룸메이트는 늦게 자고 늦게 일어나기 때문이다.

3. ④

4. 대화를 통해 해결 방법을 찾았다. 상대방이 잠이 들면 최대한 조용히 움직이려고 노력하고 잘 때에는 각자 안대와 귀마개를 사용하기로 했다.

🗣 읽기

1. (1) 취업·진로 > 학업·성적 > 경제 > 건강 > 연애 = 인간관계 > 외모

  (2) ④   (3) ④   (4) ①

2. (1) 진로 선택의 순간을 가리킨다.   (2) ④   (3) ④   (4) ②

💬 번역

1. 要想解决个人未来发展的苦恼，重要的是首先要搞清楚自己有什么长处，喜欢什么。如果实在想不出来的话，做一下职业能力倾向的测试也不失为好办法。了解了自己的长处和职业能力倾向后，应该试着去积累一些相关经验。直接进行体验最好不过了，但如果没条件的话，也可以通过查找一些相关资料进行间接体验。如果体验过后还对相关领域感兴趣的话，便可以将其定为自己的职业发展方向。

2. 살다 보면 연령대에 따라 서로 다른 고민이 있다. 초등학생 때는 피아노 학원에 다니랴 미술 학원에 다니랴 놀 시간이 없어서 고민이고, 중·고등학생 때는 또 학업 스트레스로 전전긍긍한다. 어렵게 대학에 입학하고도 전공이 적성에 맞지 않아 방황을 하거나 뚜렷한 목표가 없어서 앞으로 무엇을 하면 좋을지 모르는 등 문제가 있을 수 있다. 인생이란 바로 이러한 것이다. 기쁨이 있으면 슬픔이 있고, 즐거움이 있으면 고민이 있다. 하지만 그 어떤 슬픔도 고민도 다 지나갈 것이다. 우리 모두 긍정적인 마음으로 모든 도전과 역경에 적극적으로 맞서면서 자신감 있게 하루하루를 맞이하자.

제4과 외모와 성격

📖 어휘와 문법

1. (1) 이마 ·   · 남의 것을 몰래 가져다가 자기 것으로 하다.

   (2) 도우미 ·   · 살이 빠져 야위다.

   (3) 외향적 ·   · 변함없이 그 모양으로.

   (4) 창의적 ·   · 수량이 아주 적다.

   (5) 훔치다 ·   · 새로운 생각이나 의견을 가진 것.

   (6) 집계되다 ·   · 속마음이나 감정을 적극적으로 밖으로 나타내는 것.

   (7) 마르다 ·   · 이미 된 계산들이 한데 모여서 계산되다.

   (8) 통통하다 ·   · 남에게 봉사하는 사람.

   (9) 근소하다 ·   · 키가 작고 살이 쪄서 몸이 옆으로 퍼져 있다.

   (10) 그대로 ·   · 얼굴의 눈썹 위로부터 머리털이 난 아래까지의 부분.

2. (1) ③   (2) ④   (3) ①   (4) ②   (5) ③   (6) ④   (7) ②   (8) ①

3. (1) 얌전하   (2) 무뚝뚝한   (3) 찌푸리   (4) 시원시원한   (5) 들켜서

   (6) 부드러우셨어   (7) 괴롭혀서   (8) 다정다감하   (9) 끊이   (10) 준수하

4. (1) 꾸지람을 들었어요   (2) 낯을 가리   (3) 장난을 치   (4) 신뢰감을 주는

(5) 고집이 센지 (6) 따돌림을 당했는데 (7) 속이 깊은지 (8) 정이 많아서

5. (1) 내리고 보니 (2) 취직하고 보니 (3) 그러고 보니

(4) 배우고 보니 (5) 입고 보니

6. (1) ② (2) ③ (3) ④ (4) ④ (5) ①

7. (1) 칠 줄 알면 (2) 보이게끔 (3) 읽고 나면

(4) 일어나려고 (5) 제출하고 보니

8. (1) ③ (2) ④ (3) ② (4) ① (5) ④

9. (1) 숙제를 다 <u>했고 보니</u> 새벽 2시가 됐다.

→ 숙제를 다 하고 보니 새벽 2시가 됐다.

解析 "-고 보니"前不能加 "-았/었/였-"。

(2) 어제 공원에 <u>가고 보니</u> 꽃들이 벌써 다 폈더라고요.

→ 어제 공원에 가 보니 꽃들이 벌써 다 폈더라고요.

解析 "-고 보니"一般用在他动词后面。

(3) 버스를 탔는데 느낌이 <u>이상하고 보니</u> 잘못 탔다.

→ 버스를 탔는데 느낌이 이상해서 확인해 보니 잘못 탔다.

解析 "-고 보니"不能用在形容词后面。

(4) 문제 유형에 <u>익숙하게끔</u> 기출문제를 많이 풀어 봐야 한다.

→ 문제 유형에 익숙해지게끔 기출문제를 많이 풀어 봐야 한다.

解析 "-게끔"一般不能直接用于形容词后面，但可接在 "形容词词干+ -아/어/여지다" 或 "形容词词干+ -지 않다" 后面使用。

(5) <u>친구에서</u> 들었는데 졸업 시험을 통과해야 졸업할 수 있대요.

→ 친구에게 들었는데 졸업 시험을 통과해야 졸업할 수 있대요.

解析 受汉语 "从" 的影响，很容易将 "친구" 后的助词错写为 "에서"。当表示 "来源"，即施加动作的主体为人时，应使用 "에게/에게서"。

(6) 나는 늘 다른 <u>사람들이</u> 도움을 주지는 못해도 폐를 끼쳐서는 안 된다는 생각을 한다.

→ 나는 늘 다른 사람들에게 도움을 주지는 못해도 폐를 끼쳐서는 안 된다는 생각을 한다.

解析 根据前后文可以判断，该句的意思是"就算我不能向别人提供帮助，也不能麻烦别人"，而不是"就算别人无法帮助我"。因此，"다른 사람들"后面的助词应为"에게"。

(7) 어른인데 우리도 이제 운전을 할 줄 알자.

　→ 어른인데 우리도 이제 운전을 할 줄 알아야 한다.

解析 "-ㄹ/을 줄 알다/모르다"不能用于命令句或共动句。

🎧 듣기

1. 장빈의 학과 동기가 류지아와 친해지고 싶다고 해서이다.

2. ①

3. ③

4. 류지아의 이상형이 이해심이 깊고 다정다감한 사람인데 장빈의 학과 동기가 바로 마음도 넓고 정이 많은 사람이기 때문이다.

📖 읽기

1. (1) ④　　　(2) ①　　　(3) ②　　　(4) ②

2. (1) ①　　　(2) 예상과 달리　　　(3) 부끄러움을 타는 성격, 내성적인 성격　　　(4) ④

💬 번역

1. 我性格外向，责任心也强。因为性格外向，所以我不认生，即使是和初次见面的同学，也可以马上成为好朋友。而且我责任心很强，会尽最大努力做好自己承担的事情。写作业时，我会认真仔细地查阅各种资料，写完作业还会反复确认无误后再提交。这样一来，做事情要比别人多花一些时间似乎成为了我的一个缺点。以后我做事时在追求尽善尽美的同时还要尽量提高速度。

2. 윤서는 내 한국 친구다. 키는 1.63미터 정도이고 하얀 피부에 동안이며 눈은 웃을 때마다 반달이 되어 정말 청순하고 귀엽다. 사귀고 보니 윤서의 성격도 외모처럼 사랑스러웠다. 윤서는 활발하고 적극적인 편이다. 남을 잘 도와줄 뿐만 아니라 상대방이 편하게끔 배려할 줄도 알아 친근감과 신뢰감을 느끼게 한다.

제5과　국경일과 기념일

📖 어휘와 문법

1. (1) 인연　—　사람들 사이에 맺어지는 관계.
　(2) 도둑　—　남의 물건을 훔치거나 빼앗는 사람.
　(3) 바겐세일　—　일정 기간 동안 특별히 물건을 싸게 파는 일.
　(4) 몰리다　—　여럿이 한곳으로 모여들다.
　(5) 게양하다　—　깃발 따위를 높이 걸다.
　(6) 이르다　—　어떤 장소에 도착하다.
　(7) 성대하다　—　행사의 규모가 크고 훌륭하다.
　(8) 평범하다　—　뛰어나거나 특별한 점이 없이 보통이다.
　(9) 장하다　—　(사람이나 그 행동이) 매우 대단하고 훌륭하다.
　(10) 또는　—　그렇지 않으면.

2. (1) ①　(2) ②　(3) ①　(4) ③　(5) ④　(6) ②　(7) ④　(8) ③

3. (1) 씩씩하　(2) 훈훈해요　(3) 부여해　(4) 무리하　(5) 되새기는
　(6) 각별한　(7) 맞이하여　(8) 번거롭　(9) 소중하　(10) 한하여

4. (1) 말문이 막혀　(2) 잔치를 치러　(3) 게으름을 피우　(4) 시간에 쫓겨
　(5) 애쓰시는　(6) 귀가 솔깃해서　(7) 인산인해를 이뤄요　(8) 눈 깜짝할

5. (1) 가격이 많이 깎였어요.　　　　(2) 제 신발이 밟혔어요.
　(3) 제가 반장으로 뽑혔어요.　　　(4) 창문이 열렸어요.
　(5) 스티커가 뜯겼어요.

6. (1) 스승의 가르침에 고마움을 표하고자 선생님께 카네이션을 선물했다.
　(2) 환경을 보호하고자 커피숍에서 머그잔을 사용한다.
　(3) 체력을 기르고자 매일 30분씩 달리기를 한다.
　(4) 부모님은 은혼식을 기념하고자 결혼사진을 새로 찍었다.
　(5) 여름 방학에 배낭여행을 가고자 아르바이트를 하면서 돈을 모으고 있다.

7. (1) ④　(2) ③　(3) ③　(4) ②　(5) ③

8. (1) 없을 만큼　　　　　　　　　　(2) 있는 줄 알았어요

(3) 축하하고자/축하해 드리고자   (4) 알려 드렸어요

(5) 단짝이란다

9. (1) 점심을 많이 <u>먹었는 만큼</u> 아직 배가 안 고프다.

→ 점심을 많이 먹은 만큼 아직 배가 안 고프다.

解析 "만큼"为依存名词，在表示过去之义时，用"-ㄴ/은 만큼"。

(2) 돈을 많이 <u>낼 만큼</u> 좋은 서비스를 제공받을 수 있어요.

→ 돈을 많이 낸 만큼 좋은 서비스를 제공받을 수 있어요.

解析 根据前后文可以判断"费用已经支付"，因此应使用"낸 만큼"。并且，当表示理由或根据时，不能使用"-ㄹ/을 만큼"。

(3) 이 아르바이트는 친구가 저한테 <u>소개해 드린</u> 거예요.

→ 이 아르바이트는 친구가 저한테 소개해 준 거예요.

解析 "-아/어/여 드리다"表示为需要尊敬的对象做某事，通常用于晚辈对长辈、下级对上级、店员对顾客等。本句是朋友帮助"我"，应使用"-아/어/여 주다"。

(4) 회의가 7시인 줄 <u>알은데</u> 확인해 보니 8시였다.

→ 회의가 7시인 줄 알았는데 확인해 보니 8시였다.

解析 "-는데"是连接词尾，本句是在叙述过去的事情，应使用"-았는데/었는데/였는데"。

(5) 한국어가 <u>유창하고자</u> 아침마다 말하기 연습을 했다.

→ 한국어를 유창하게 말하고자 아침마다 말하기 연습을 했다.

解析 "-고자"不能用于形容词后。

(6) 한국어 말하기 대회에 참여하고자 <u>선생님께서 저를 매일 지도해 주셨습니다</u>.

→ 한국어 말하기 대회에 참여하고자 매일 선생님의 지도를 받았습니다.

解析 "-고자"连接的前后分句主语应一致。前一分句中想要参加韩语演讲比赛的人是"我"，因此后一分句的主语也应该是"我"。

(7) ① 이번에 새로 나온 상품이 가장 많이 <u>팔았다</u>.

　　→ 이번에 새로 나온 상품이 가장 많이 팔렸다.

② 이번에 새로 나온 <u>상품이</u> 가장 많이 팔았다.

　　→ 이번에 새로 나온 상품을 가장 많이 팔았다.

解析 第一种修改方法：该句的主语是"상품"，其后接主格助词"이"，因此谓语应使用"팔다"的被动词"팔리다"。第二种修改方法：若谓语使用他动词"팔다"，则前面的对象"상품"作宾语，后应接宾格助词"을"。

🎧 듣기

1. (1) 삼겹살데이   (2) 빼빼로데이

2. ④

3. ②

4. ②

🗣 읽기

1. (1) (ㄱ) 쌓인   (ㄴ) 담겨   (ㄷ) 안겨   (ㄹ) 막혀   (ㅁ) 잡히   (ㅂ) 들렸다

   (2) 놀이동산 귀신의 집 → 빵이 있는 방 → 가족사진이 있는 방 → 지하실 → 내 방

   (3) ①   (4) 자기 전에 무서운 영화를 봤기 때문이다.

2. (1) ①

   (2) ① 가갸날 - 1926년   ② 한글날 - 1928년   ③ 한글날 - 1940년 양력 10월 9일

   (3) ③   (4) ④

💬 번역

1. 我今天才知道韩国的儿童节是公休日。让我惊讶的是韩国的大学生在儿童节当天也可以休息。但听了胤西的话后，我理解了其中的缘由。因为这天是为孩子们设立的纪念日，孩子们理应尽情玩耍，但如果没有大人的陪伴则全无可能，所以才将这一天定为全民公休日。尽管不知道是否真的如此，但胤西的这种说法听起来相当有道理。

2. 1949년 10월 1일, 중화인민공화국 중앙인민정부는 베이징 톈안먼광장에서 성대한 건국 의식을 치렀다. 중화인민공화국의 성립을 기리기 위해 1950년부터 매년 10월 1일을 중화인민공화국의 국경일로 정했다. 국경절이 특별한 날인 만큼 온 나라가 다양한 축하 행사를 한다. 예를 들면 톈안먼광장에서는 오성홍기 게양식

이 거행되고 전국 방방곡곡에 국기가 가득 걸려 있다. 또한 1999년부터는 국경절 연휴인 '십일황금주'를 실행하기 시작했다. 즉 기본 법정 휴일 사흘에 앞뒤 두 주의 주말을 조절하여 총 7일간의 휴일을 가지는 것이다.

제6과 스포츠와 응원 문화

 어휘와 문법

1. (1) 응원 — 선수들이 힘을 낼 수 있도록 도와주는 일.

   (2) 스케줄 — 시간에 따라 구체적으로 세운 계획.

   (3) 외치다 — 큰 소리를 지르다.

   (4) 졸리다 — 잠을 자고 싶은 느낌이 들다.

   (5) 시도하다 — 어떤 것을 이루어 보려고 계획하거나 행동하다.

   (6) 출범되다 — 단체가 새로 조직되어 일이 시작되다.

   (7) 깜찍하다 — (사람이나 그 생김새가) 매우 작고 귀엽다.

   (8) 유감스럽다 — 섭섭하거나 불만스러운 느낌이 마음에 남아 있는 듯하다.

   (9) 깜짝 — 갑자기 놀라는 모양.

   (10) 우연히 — 어떤 일이 뜻하지 아니하게 저절로 이루어져 공교롭게.

2. (1) ②　　(2) ①　　(3) ③　　(4) ②　　(5) ②　　(6) ④　　(7) ③　　(8) ②

3. (1) 임한다면　(2) 뒤처진다고　(3) 공교롭　(4) 소홀하　(5) 선호하는

   (6) 값지　(7) 흔들리　(8) 열광하는　(9) 무관심한　(10) 고전한

4. (1) 나도 모르게　(2) 구애받　(3) 첫손에 꼽히　(4) 몸싸움을 벌이

   (5) 승부를 내　(6) 무리가 가　(7) 긴장감이 넘쳤어요　(8) 응원가에 맞춰

5. (1) 이 제품은 가격이 비싼데도 불구하고 성능이 좋아서 잘 팔린다.

   (2) 친구가 사과를 했는데도 불구하고 왠지 계속 화가 났다.

   (3) 비가 오는데도 불구하고 많은 사람들이 응원하러 왔다.

   (4) 돈을 아껴 쓰는데도 불구하고 생활비가 늘 부족하다.

   (5) 실력이 뛰어난데도 불구하고 승진하지 못했다.

6. (1) 막상막하인 데다가　　(2) 빠른 데다가　　(3) 먹은 데다가

(4) 무음으로 해 놓은 데다가　　(5) 준비해야 하는 데다가

7. (1) 아쉽게도　　　　　　　　(2) 읽는 데다가　　　　　　　(3) 운동까지

(4) 연습했는데도 불구하고　　(5) 먹은 대로

8. (1) ④　　(2) ②　　(3) ②　　(4) ④　　(5) ②

9. (1) 양식은 작년에 <u>했는 대로</u> 하고 내용만 바꾸면 됩니다.

　　→ 양식은 작년에 {한 대로/했던 대로} 하고 내용만 바꾸면 됩니다.

　　解析　"대로"为依存名词，在表示过去之义时，用"-ㄴ/은 대로"或"-았던/었던/였던 대로"。

(2) <u>바쁜데도 불구하고</u> 결승전은 꼭 같이 보러 가자.

　　→ 바빠도 결승전은 꼭 같이 보러 가자.

　　解析　"-ㄴ데도/은데도/는데도 불구하고"不用于命令句或共动句。

(3) 아들은 음악에 재능이 있는 데다가 <u>딸은</u> 공부를 잘한다.

　　→ 아들은 음악에 재능이 있는 데다가 공부까지 잘한다.

　　解析　"-ㄴ/은/는 데다가"连接的前后分句主语应一致。

(4) 할아버지는 술을 안 드시는 데다가 <u>담배까지 피우신다.</u>

　　→ 할아버지는 술을 안 드시는 데다가 담배까지 안 피우신다.

　　解析　"-ㄴ/은/는 데다가"连接的前后分句内容的性质（肯定或否定）需统一，若前面为否定性内容，后面也要为否定性内容。

(5) 다리를 <u>다쳤는 데다가</u> 몸살까지 나서 오늘 휴가를 내야 할 것 같다.

　　→ 다리를 다친 데다가 몸살까지 나서 오늘 휴가를 내야 할 것 같다.

　　解析　"데"为依存名词，在表示过去之义时，用"-ㄴ/은 데다가"。

🎧 듣기

1. 프로야구 개막전인 데다가 오늘 경기하는 팀이 모두 강력한 1위 후보이기 때문이다.

2. ④

3. ③

4. ③

읽기

1. (1) 몸이 쉽게 피곤해지는 데다가 각종 질병에 걸릴 가능성도 높아진다.

    (2) ①　　(3) ②

    (4) 기초 체력이 좋아지고 근육의 긴장이 풀려 마음이 편안해지며 스트레스까지 해소된다.

2. (1) ②　　(2) ①　　(3) ④　　(4) ③

번역

1. 周末我跟着学长一起去看了职业棒球比赛。尽管我对棒球规则一无所知，但还是尽情享受了比赛，这得益于独特的助威文化。观众们不仅穿着自己支持球队的队服，还戴着饰品。比赛还没开始，观众们就跟着啦啦队队长喊起了口号，后来还有人伴随啦啦队队歌跳舞。现场还准备了多种多样的小吃，让比赛更加有趣。令人吃惊的是，不知何时我也跟着唱起了啦啦队队歌。不知不觉间，我也沉浸在助威文化的魅力之中。

2. '광장무'는 글자 그대로 사람들이 광장에 모여 추는 춤을 말한다. 광장무는 인민 대중이 창조한 무용이다. 주로 단체 무용의 형식을 취하는데 신체 단련을 주목적으로 하기 때문에 남녀노소 상관없이 누구나 즐길 수 있다. 광장무는 현대 도시의 광장이 발전하면서 생겨난 것으로 일종의 문화 현상일뿐더러 사람들의 일상생활 속에 깊이 뿌리내린 하나의 사회 현상으로도 주목할 만하다.

제7과 축제와 공연 문화

📖 어휘와 문법

1. (1) 소감 — 어떤 일에 대하여 느끼고 생각한 것.

(2) 총각 — 결혼하지 않은 성년 남자.

(3) 장기 — 가장 잘하는 재주.

(4) 맛집 — 음식의 맛이 뛰어나기로 유명한 음식집.

(5) 줄거리 — 글의 내용이나 이야기의 중심이 되는 내용.

(6) 그리다 — 생각 등을 글이나 음악 등으로 나타내다.

(7) 들려주다 — 소리나 말을 듣게 해 주다.

(8) 개봉하다 — 새 영화를 처음으로 상영하다.

(9) 초월하다 — 어떠한 한계나 표준을 뛰어넘다.

(10) 위대하다 — 뛰어나고 훌륭하다.

2. (1) ②　　(2) ④　　(3) ②　　(4) ①　　(5) ③　　(6) ②　　(7) ③　　(8) ①

3. (1) 북적거릴걸요　(2) 소박한　(3) 괄목할　(4) 따스한데　(5) 싱싱한

(6) 자리매김한　(7) 보람차　(8) 아담한　(9) 휩쓸었다고　(10) 거닐면서

4. (1) 콧노래를 부르　(2) 귀갓길에 오르세요　(3) 실감 나　(4) 리듬에 맞춰

(5) 귓가에 맴도는　(6) 인기를 끌　(7) 손색이 없을　(8) 흥행에 성공한

5. (1) 커피 사러 가는 김에　(2) 여행 가는 김에　(3) 거실 청소를 하는 김에

(4) 마트에 간 김에　(5) 말이 나온 김에

6. (1) 우리 학교 교복을 입은 걸 보니 동문인 듯해요.

(2) 표정이 밝은 걸 보니 시험을 잘 본 듯해요.

(3) 이제 곧 출근 시간이라 길이 막힐 듯한데 이따가 출발할까요?

(4) 전문가 평판도 좋고 대중 평점도 높은 걸 보니 영화가 볼만한 듯해요.

(5) 업무 분담보다는 우선 발표 주제와 방향을 정해야 할 듯해요.

7. (1) 찬 듯해요　　(2) 나가는 김에　　(3) 도서관에 있을걸

(4) 들 만해요　　(5) 쌀뿐더러　　(6) 냉면이야말로

8. (1) ②　　(2) ④　　(3) ①　　(4) ②　　(5) ③

9. (1) 지아 씨, <u>비가 오는 김에</u> 집에서 조금 더 놀다가 가세요.

→ 지아 씨, {온 김에/비가 오니까} 집에서 조금 더 놀다가 가세요.

解析 使用 "-ㄴ/은/는 김에" 时，句子主语一般为人，并且前后分句主语要一致，后一分句主语通常省略。

(2) 룸메이트가 도서관에 가는 김에 <u>책 반납을 부탁했다</u>.

→ 룸메이트가 도서관에 가는 김에 내 책도 반납해 줬다.

解析 使用 "-ㄴ/은/는 김에" 时，前后分句主语要一致，后一分句主语通常省略。

(3) 공연 준비로 한 달 내내 춤 연습을 했으니 <u>아마</u> 힘들 만하죠.

→ 공연 준비로 한 달 내내 춤 연습을 했으니 힘들 만하죠.

解析 "-ㄹ/을 만하다" 表示发生某事的可能性很大，不能与 "아마, 어쩌면" 等表示不确定性的副词一起使用。

(4) 제가 심한 말을 해서 친구가 <u>서운해할 만할까요</u>?

→ 제가 심한 말을 해서 친구가 서운해할 만해요.

解析 "-ㄹ/을 만하다" 主要用于陈述句，一般不能用于疑问句、命令句和共动句。但诸如 "매일 늦게까지 일했으니 피곤할 만도 하겠지요?" 之类表示确认的疑问句中也可使用 "-ㄹ/을 만하다"。

(5) 공항까지 한 시간 걸리니까 지금쯤이면 이미 공항에 <u>도착할걸요</u>.

→ 공항까지 한 시간 걸리니까 지금쯤이면 이미 공항에 도착했을걸요.

解析 对已经发生的事情进行推测时，应使用 "-았을걸/었을걸/였을걸"。

(6) 시우 선배가 연락이 잘 안 되는 걸 보니 <u>바쁜 듯하겠어요</u>.

→ 시우 선배가 연락이 잘 안 되는 걸 보니 바쁜 듯해요.

解析 "-ㄴ/은 듯하다" 不能与 "-겠-" 一起使用。

(7) 내일은 비가 <u>오겠을뿐더러</u> 바람도 많이 분다고 해요.

→ 내일은 비가 올뿐더러 바람도 많이 분다고 해요.

解析 "-ㄹ뿐더러/을뿐더러" 前不能加 "-겠-"。

🎧 듣기

1. ①, ④

2. 지난번에 왕나랑 같이 이 연극을 보고 난 후 흠뻑 빠져 이것저것 많이 찾아봤기 때문이다.

3. ①

4. ④

👤 읽기

1. (1) 떡 본 김에 제사 지낸다　　(2) ④　　(3) ④　　(4) ②

2. (1) ①　　(2) 대동제란 대학 축제를 가리키며 다 함께 어울리는 축제를 의미한다.
　 (3) ③　　(4) ④

💬 번역

1. 在韩国，每年的5月5日是儿童节，接着5月8日是父母节，同月的第三个星期一则是成人节，因此，5月通常被称为家庭月。5月不仅是家庭月，也是庆典月，许多大学的庆祝活动都在5月举行。最近我们虽然忙于自己学校的庆典准备，但也想趁来韩国留学之机，体验一下其他大学的庆祝活动。庆典期间，不仅有演出可看，还有很多吃的、玩的，在参与娱乐活动的同时非常有益于缓解压力。

2. 경극은 중국 오페라의 일종으로 중국의 국수로 불린다. 경극에는 여러 가지 색을 칠한 각양각색의 '얼굴'이 등장하는데 이를 '검보'라고 한다. 검보의 종류는 수천 종에 달하지만 그려진 색깔로 인물의 성격을 파악할 수 있다. 붉은색은 강직하고 용감한 인물을, 검은색은 호방하고 공평무사한 인물을, 파란색과 녹색은 충성심을 지닌 인물을, 흰색과 황색은 간사하고 아첨하는 인물을 나타낸다. 그래서 대표적으로 관우는 붉은색으로, 포증은 검은색으로, 조조는 흰색으로 얼굴을 분장한다.

제8과 통신의 발달

🗨 어휘와 문법

1. (1) 기존 · · 호기심이 가득하여 알고 싶어하는 마음.

   (2) 승진 · · 등급의 맨 끝.

   (3) 궁금증 · · 이미 존재함.

   (4) 초보자 · · 어떤 물건이나 장소 등이 지저분하거나 복잡한 상태.

   (5) 엉망 · · 직장에서 지금보다 더 높은 자리에 오름.

   (6) 꼴등 · · 어떤 분야에서 새로운 인물이 세상에 처음으로 나타나다.

   (7) 반하다 · · 어떤 일을 처음으로 시작하거나 배우는 사람.

   (8) 등장하다 · · 무엇과 반대가 되다.

   (9) 소통하다 · · 남이 알지 못하게.

   (10) 몰래 · · 오해가 없도록 뜻을 서로 통하다.

2. (1) ①　　(2) ④　　(3) ③　　(4) ②　　(5) ③　　(6) ②　　(7) ③　　(8) ②

3. (1) 건전한, 정착되었으면　　　(2) 중계하　　　(3) 시시콜콜한

   (4) 자제하는　　(5) 올바른　　(6) 간편하　　(7) 전망된대요

   (8) 의사소통하는　　(9) 엄격한　　(10) 강력한

4. (1) 책임을 물을　　(2) 나이가 들면　　(3) 블로그에 올리는　　(4) 선을 본

   (5) 인기가 치솟　　(6) 신호가 끊겨서　　(7) 습관을 기르　　(8) 수신 거부했어

5. (1) 피곤할 법도 한데　　　　　(2) 터질 법도 한데

   (3) 칠 법도 한데　　　　　　(4) 도착했을 법해요

   (5) 기울일 법도 한데

6. (1) 참으려야 참을 수가 없었어요　　(2) 자려야 잘 수가 없어요

   (3) 쉬려야 쉴 수가 없어요　　　　(4) 버리려야 버릴 수가 없어요

   (5) 믿으려야 믿을 수가 없어요

7. (1) ③　　(2) ①　　(3) ④　　(4) ①　　(5) ②

8. (1) 우리 때만 하더라도 졸업만 하면 취직이 됐다.

   (2) 우리 회사는 자주 야근하는 데에 반해 휴가를 많이 준다.

(3) 현대 사회에서는 누구를 막론하고 스트레스를 받는다.

(4) 그는 소설에나 있을 법한 불가사의한 삶을 살아왔다.

(5) 주말에 친구랑 같이 쇼핑하던 중 지갑을 잃어버렸다.

(6) 사과하지도 않는 그를 용서하려야 할 수가 없다.

(7) 이번 주에 모든 기말고사가 끝나니까 이번 학기도 다 끝난 셈이다.

9. (1) 선생님은 책만 하더라도 수 천 권밖에 없어요.

　　→ 선생님은 책만 하더라도 수 천 권이나 있어요.

　　解析 "만 하더라도"中，"만"表示限定，"-더라도"表示让步，所以"책만 하더라도"这一表达主要是强调书的数量之多，与"-밖에 없다"语义不搭配。

(2) 열심히 안 했으니 아마 시험에 떨어질 법해요.

　　→ 열심히 안 했으니 시험에 떨어질 법해요.

　　解析 "-를/을 법하다"表示充分具有发生某事的可能性，不能与"아마, 어쩌면"等表示不确定性的副词一起使用。

(3) 5살부터 할머니 손에서 자랐으니 할머니께서 저를 길러 주셨는 셈이지요.

　　→ 5살부터 할머니 손에서 자랐으니 할머니께서 저를 길러 주신 셈이지요.

　　解析 "셈"为依存名词，在表示过去之义时，用"-ㄴ/은 셈이다"。

(4) 김 과장이 처음부터 많이 도와주었으니 이 일은 김 과장과 같이 한 셈으로 합시다.

　　→ 김 과장이 처음부터 많이 도와주었으니 이 일은 김 과장과 같이 한 셈입니다.

　　解析 "-ㄴ/은/는 셈이다"不能用于命令句或共动句。

(5) 오늘은 숙제하기 싫어서 하려야 할 수가 없어요.

　　→ 오늘은 숙제가 너무 어려워서 하려야 할 수가 없어요.

　　解析 "-려야/으려야 -ㄹ/을 수 없다"表示强调虽有做某事的意图但却无法实现，而导致无法做此事的理由必须是非主观意志所能决定的。

🎧 듣기

1. 장빈이 호주를 여행하다가 사고가 난 줄 알고 걱정이 되어서 전화했다.

2. ④

3. ②

4. 비밀번호 변경 → 주변 사람들에게 알림 → 경찰에 신고

🗣 읽기

1. (1) 5G 통신을 기반으로 한 4차 산업 혁명의 핵심 기술로 사람의 통제 없이 사물끼리 정보를 실시간으로 주고받을 수 있는 기술을 말한다.

(2) 와이파이나 블루투스를 활용한 스마트워치, 인공 지능 스피커 등으로 활용된다.

(3) ④　　(4) ③

2. (1) ②　　(2) ④　　(3) ③　　(4) ①②③

💬 번역

1. 随着青少年手机"中毒"问题的发生，为青少年开发的智能手表的使用率逐步提高。与智能手机具有多种功能，可以装载多款游戏相比，青少年用智能手表最初的功能主要是打电话和定位，所以多为小学生使用。但是随着此后添加了多种与研发初衷无关的功能，智能手表也引发了家长的担忧。另外，其主要功能——定位的准确率不高、通话的质量不好等诸多问题都需要尽快改善。

2. 몇 십 년 전만 하더라도 사람들은 밖에 나가지 않고 휴대폰으로 일, 공부, 오락, 사교 등 활동을 하고 외출 시에도 휴대폰으로 길 안내를 받거나 결제할 수 있을 것이라고는 상상도 못했을 것이다. 전보로부터 시작해 유선 전화, 삐삐, '벽돌폰'에서 오늘날의 스마트폰까지, 편지, 문자, QQ, 위챗에서 화상 전화까지, 통신 수단의 변화와 통신 기술의 빠른 발전으로 휴대폰은 세대를 막론하고 우리 삶에서 떼려야 뗄 수 없는 존재가 되었다.

제9과　이웃 관계

⭐ 어휘와 문법

1. (1) 일손   아주 가깝고 친한 정.

  (2) 김장   특별히 마음에 두고 있는 일.

  (3) 당번   직접 관계가 없는 남의 일에 참견하다.

  (4) 친분   가정하여 말해서.

  (5) 관심사   겨울 동안 먹을 김치를 늦가을에 한꺼번에 많이 만드는 일.

  (6) 간섭하다   일하는 사람.

  (7) 양보하다   몸을 움직이거나 활동하지 않고 조용히 있다.

  (8) 비우다   다른 사람을 위해 자기 자신의 이익을 포기하다.

  (9) 가만있다   어떤 장소에 아무도 없게 하다.

  (10) 가령   어떤 일을 할 순서가 됨.

2. (1) 돈독해요　(2) 쓰다듬어　(3) 정색하며　(4) 줄어들었어요　(5) 정중하

  (6) 공유하는　(7) 함께하면서　(8) 너무하　(9) 데리　(10) 쑤시

3. (1) 맡다: ① 맡은   ② 맡   ③ 맡아   ④ 맡

  (2) 따지다: ① 따지   ② 따져   ③ 따지   ④ 따져

  (3) 머무르다: ① 머물러서   ② 머무르며   ③ 머물렀다   ④ 머무르

  (4) 덮어놓다: ① 덮어놓   ② 덮어놓을   ③ 덮어놓   ④ 덮어놓

  (5) 안다: ① 안아   ② 안   ③ 안   ④ 안

4. (1) 몸살이 나서　(2) 골치 아픈　(3) 민원을 넣어　(4) 신세를 지

  (5) 잠을 설쳤더니　(6) 주의를 주　(7) 기운이 없　(8) 실례가 되는

5. (1) 룸메이트가 윤서에게 그 일을 알렸다.

  (2) 형이 동생을 울렸다.

  (3) 과장이 신입 사원에게 이 일을 맡겼다.

  (4) 내가 방을 더럽혔다.

  (5) 어머니가 아이를 재웠다.

  (6) 할아버지가 손자에게 그림책을 보였다.

6. (1) 요즘 매일 야식을 먹었더니 소화가 잘 안 되는 것 같다.

   (2) 한 잠 푹 잤더니 피로가 싹 풀렸다.

   (3) 한 장 살까 두 장 살까 잠시 망설였더니 표가 매진되었다.

   (4) 방음 매트를 깔았더니 소음이 덜하다.

   (5) 선배에게 어려움을 알렸더니 발 벗고 나서서 도와줬다.

7. (1) 오래간만에 대청소를 했더니   (2) 살 수가 있어야지

   (3) 얘기하지 그랬어요   (4) 맛있어 보이기에

   (5) 그런 일(을) 가지고   (6) 커피라니

8. (1) ④   (2) ②   (3) ②   (4) ③   (5) ②   (6) ①

9. (1) <u>시우는</u> 더워서 에어컨을 켜고 잤더니 감기에 걸렸다.

   → 더워서 에어컨을 켜고 잤더니 감기에 걸렸다.

   解析 "-았더니/었더니/였더니" 表示过去的事实或状况是后面内容的原因或理由，其前面的主语一般应为第一人称。

   (2) 여보, 나 어제 술을 많이 마셨더니 아침에는 <u>콩나물국 좀 끓여 줘</u>.

   → 여보, 나 어제 술을 많이 마셨더니 아침에는 콩나물국이 먹고 싶네.

   解析 "-았더니/었더니/였더니" 一般不用于命令句和共动句。

   (3) ① 너무 늦게 <u>자면</u> 일찍 일어날 수가 있어야지요.

      → 너무 늦게 {잤더니/자서} 일찍 일어날 수가 있어야지요.

      ② 너무 늦게 자면 일찍 일어날 수가 <u>있어야지요</u>.

      → 너무 늦게 자면 일찍 일어날 수가 없어요.

   解析 "-ㄹ/을 수가 있어야지" 表示不如意或某种状况不可能实现，比 "-ㄹ/을 수 없다" 更具强调的意味，其前面分句的内容必须是既定事实。而原句中的 "늦게 자면" 为假定情况，与 "-ㄹ/을 수가 있어야지" 不搭配，所以应改为表示既定事实的 "잤더니/자서"。"늦게 자면" 可以与 "-ㄹ/을 수 없다" 搭配使用，因此也可将该句改为 "너무 늦게 자면 일찍 일어날 수가 없어요"。

   (4) ① 날씨가 <u>따뜻하기에</u> 기분이 너무 좋았다.

      → 날씨가 따뜻해서 기분이 너무 좋았다.

      ② 날씨가 따뜻하기에 <u>기분이 너무 좋았다</u>.

      → 날씨가 따뜻하기에 산책하러 나왔어요.

解析 "-기에"连接的后一分句的谓语通常应为动词。

(5) 내가 공무원 시험에 합격했기에 파티를 열었다.

　　→ 동생이 공무원 시험에 합격했기에 (우리가) 파티를 열었다.

解析 "-기에"连接的前一分句的主语不能是第一人称，且前后分句主语应不同。

(6) 동생이 라면을 먹었기에 나도 같이 먹자고 했다.

　　→ 동생이 라면을 먹기에 나도 같이 먹자고 했다.

解析 当 "-기에" 连接的前后分句的内容为同一时间发生时，其前不能加 "-았/었/였-"。在表示前一分句的动作完成之后做后一个动作时，使用 "-았기에/었기에/였기에"。如 "동생이 라면을 다 먹었기에 편의점에 가서 사 올 수밖에 없었다"。

(7) 어머니는 아이에게 우유를 먹혔다.

　　→ 어머니는 아이에게 우유를 먹였다.

解析 "먹다"的使动词为 "먹이다"，被动词为 "먹히다"。这句话表示使动之义，因此应为 "먹였다"。

🎧 듣기

1. 윗집의 층간 소음으로 제대로 자지 못하는 문제가 있었다.

2. ④

3. ④

4. 장레이는 이웃 간의 소통과 배려가 층간 소음 문제를 해결해 줬다고 생각한다.

🗣 읽기

1. (1) (ㄱ) 맡겼다　(ㄴ) 먹였다　(ㄷ) 씻기기도　(ㄹ) 더럽히며　(ㅁ) 깨웠다

(2) ③　　(3) ④

(4) 옆집 언니 강아지의 이름은 '초코'이다. 옆집 언니가 초콜릿을 좋아하기 때문이라고 추측한다.

2. (1) 그 드라마가 이웃 간의 정이 많았던 1980년대 한국인들의 생활 모습을 잘 그려 냈기 때문이다.

(2) 발 벗고 나서다   (3) ④   (4) ①

🗨 번역

1. 令人遗憾的是，"远亲不如近邻"这句话渐渐不再被提及。在过去，由于人是主要劳动力，所以近邻之间需要相互帮助。而现在，即使没有邻居，自己也可以轻松解决问题，因此邻里之间的依赖度逐渐下降。一项问卷调查结果显示，有32.2%的人表示不太认识邻居，而回答与邻居非常熟悉的人仅占6.6%。有人认为与邻居的交流比较尴尬，仅限于打招呼而已，甚至还有人表示邻里间没有交流的必要。尽管如此，仍有不少人认为和睦的邻里关系可以给人安定感和幸福感，能够提高生活质量。

2. 21세기 들어 지구촌 시대가 열렸다. 방송, 텔레비전, 인터넷 및 기타 전자 매체의 출현과 현대 교통수단의 비약적인 발전으로 시공간의 거리는 급격히 줄어들었고 국제적 교류도 날로 빈번하고 편리해지면서 지구 전체가 하나의 전통 마을처럼 되었다. 지구촌의 출현은 전통적인 시공간의 개념을 깨고 사람들로 하여금 외부, 나아가 전 세계와의 관계를 더욱 긴밀히 하고, 서로가 서로를 더 잘 이해할 수 있도록 하였다.

第10과 주거 생활

🛡 어휘와 문법

1. (1) 끼니   마시면 약효가 있거나 몸에 좋다고 하는 물이 나는 곳.

(2) 외박   어느 곳을 드나듦.

(3) 통금   매일 일정한 시간에 음식을 먹음.

(4) 솜씨   돈이나 재물 등을 쓰지 않고 쌓아 두다.

(5) 출입   수업이나 모임에 참석하지 않다.

(6) 약수터   자기 집이나 일정한 숙소 이외의 곳에서 잠을 잠.

(7) 모으다   손으로 무엇을 만들거나 어떤 일을 하는 재주.

(8) 구비되다   어떤 곳을 지나다니지 못하게 함.

(9) 결석하다   필요한 것을 사거나 만들거나 하여 갖추다.

(10) 장만하다   있어야 할 것이 다 갖추어지다.

2. (1) ③　　　 (2) ②　　　 (3) ①　　　 (4) ④　　　 (5) ③

(6) ④　　　 (7) ②　　　 (8) ③　　　 (9) ②　　　 (10) ④

3. (1) 난감했어요 (2) 헷갈릴　　 (3) 터무니없는 (4) 부딪쳐서　 (5) 예민한

(6) 드나들며　 (7) 선별하　　 (8) 나설　　　 (9) 탈락했　　 (10) 변경해

4. (1) 눈치가 보여요　　 (2) 발품을 팔아야　　 (3) 흉내 내는 (4) 철없이 구니까

(5) 계약이 만료되는　 (6) 문제점을 인식하　 (7) 눈에 띄　 (8) 속을 태우는

5. (1) 국어국문학과 학생이라서 그런지　　 (2) 엄마를 닮아서 그런지

(3) 새 건물이라서 그런지　　　　　　　 (4) 에어컨을 많이 안 틀어서 그런지

(5) 책을 많이 읽어서 그런지

6. (1) 아르바이트할 사람을 찾고 있던 차에　 (2) 고민하던 차에

(3) 헬스장을 알아보고 있던 차에　　　　　 (4) 난감하던 차에

(5) 전화하려던 차에

7. (1) 미루는 것이지　　　　　　　　　　 (2) 나오려던 차에

(3) 백화점 세일 기간이라서 그런지　　　　 (4) 뉴스에 따르면

(5) 여간 어렵지 않네요　　　　　　　　　 (6) 먹을까 해요

8. (1) ②　　 (2) ②　　 (3) ④　　 (4) ④　　 (5) ③　　 (6) ①　　 (7) ②

9. (1) 시우는 주말에 날씨가 좋으면 등산을 할까 한다.

　　 → 나는 주말에 날씨가 좋으면 등산을 할까 한다.

　　 解析 "-ㄹ까/을까 하다"表示说话人的意图和想法，主语应为第一人称。

(2) 다음 학기부터는 기숙사에서 살까 하겠습니다.

　　 → 다음 학기부터는 기숙사에서 살까 {합니다/했습니다}.

　　 解析 "-ㄹ까/을까 하다"前不能加"-았/었/였-""-겠-"，后不能接"-겠-"。

　　 如:

　　 어제는 날씨가 좋아서 등산했을까 했어요.→등산할까 했어요.

　　 오후에는 친구를 만나겠을까 해요.→만날까 해요.

(3) 어제 찬 음식을 너무 많이 먹었어서 그런지 저녁부터 배가 아팠어요.

　　 → 어제 찬 음식을 너무 많이 먹어서 그런지 저녁부터 배가 아팠어요.

　　 解析 "-아서/어서/여서 그런지"前不能加"-았/었/였-""-겠-"。

(4) 성격이 차분해서 그런지 일을 잘 할 거예요.

233

→ 성격이 차분해서 그런지 일을 잘해요.

解析 "-아서/어서/여서 그런지"表示对出现后一分句情况的原因或理由进行推测，此时后一分句不能再出现表示推测的内容。

(5) 고래는 물고기가 아니지 포유류이다.

→ 고래는 포유류이지 물고기가 아니다.

解析 "-지"表示肯定前面的内容，否定后面的内容。因此，"이다"和"아니다"同时出现在句子中表示对照关系时，"이다"应放在"-지"的前面。

(6) 선생님 말씀에 따라서 이번 시험 문제가 어려웠다고 합니다.

→ 선생님 말씀에 따르면 이번 시험 문제가 어려웠다고 합니다.

解析 "에 따라서"表示以前面内容为依据，采取了后面的行动。而"에 따르면"则表示前面内容为后面内容的出处、来源或依据。

🎧 듣기

1. 하숙집을 보러 갔다.

2. 보증금 45만 원, 월세 45만 원이다.

3. ②

4. ③

🗣 읽기

1. (1) 현재 한국에서 가장 보편적인 주거 형태가 아파트이기 때문이다.

(2) ②　　(3) ④

(4) 아파트의 장점: 교통이 편리함, 보안 및 편의 시설이 뛰어남, 쓰레기 분리수거
가 간편함.

아파트의 단점: 층간 소음이 발생함, 주차 공간이 부족함.

단독 주택의 장점: 층간 소음이 없음, 마당을 다양하게 활용 할 수 있음.

단독 주택의 단점: 쓰레기 분리수거 및 주택 관리가 어려움.

2. (1) 계약을 체결한 다음에는 문제를 발견하더라도 계약을 변경하거나 해지하기가
어렵기 때문이다.

(2) 소음, 안전, 채광, 냉난방 시설 등이 있다.　　(3) ④　　(4) ④

💬 번역

1. 我和室友是好朋友，但由于我俩生活习惯迥异，住在一起不免有点儿不便。我习惯早起，但室友却是夜猫子。要么我睡觉的时候室友洗澡，要么室友睡觉的时候我洗澡。结果一个学期我们都没能睡好觉，整个人都疲惫不堪。正当我俩发愁怎么解决问题时，学长出主意说可以申请换宿舍，所以我打算明天去行政办公室申请一下试试。

2. 한국 대학의 기숙사는 비용이 저렴할 뿐만 아니라 침대, 책상, 의자, 옷장 등 기본 가구와 세탁실, 헬스장, 식당 등 편의 시설이 갖춰져 있다. 무엇보다 강의실과 도서관이 엎어지면 코 닿을 거리로 가까워서 이동 시간을 절약할 수 있기 때문에 많은 학생들이 기숙사에서 생활하고 싶어한다. 그러나 한국 대학은 기숙사가 적어서 보통 신청제를 실시하고 있다. 학교에서는 집안의 소득 수준, 거주지, 학업 성적 및 기타 제출한 자료를 종합적으로 고려해 선발한다. 그중에서도 학업 성적이 특히 중요하다. 나는 다음 학기에 기숙사를 신청해 볼까 한다. 그러려면 지금부터 열심히 공부하고 미리미리 자료들을 준비해야 한다.

제11과 문제와 해결

📖 어휘와 문법

1. (1) 상담원   물건을 자신도 모르게 빼앗기다.

(2) 부품   완전히 잠이 들지는 않으면서 자꾸 잠이 들려는 상태가 되다.

(3) 습득물   어떤 문제에 대하여 듣고 도움말을 해 주는 것이 직업인 사람.

(4) 왕복   많은 사람들에게 어떤 내용을 널리 알림.

(5) 공지   갔다가 돌아옴.

(6) 굽다   일이나 사람의 자취를 따라가며 찾다.

(7) 졸다   주워서 얻은 물건.

(8) 깜박하다   음식을 불에 익히다.

(9) 추적하다   기계 따위의 어떤 부분에 쓰는 물건.

(10) 도둑맞다   기억이나 의식 따위가 잠깐 흐려지다.

2. (1) ④　　　(2) ①　　　(3) ②　　　(4) ④　　　(5) ③

　　(6) ①　　　(7) ②　　　(8) ①　　　(9) ③　　　(10) ③

3. (1) 다만:　　　① 다만　　　② 다만　　　③ 다만　　　④ 다만

　　(2) 넉넉하다:　① 넉넉하　　② 넉넉한　　③ 넉넉하니까　④ 넉넉하

　　(3) 잡다:　　　① 잡았다　　② 잡았다　　③ 잡았다　　④ 잡

　　(4) 연하다:　　① 연하　　　② 연한　　　③ 연하　　　④ 연하다

　　(5) 일부러:　　① 일부러　　② 일부러　　③ 일부러　　④ 일부러

4. (1) 신고해야　　(2) 터뜨리　　(3) 새요　　(4) 알아차렸는데　(5) 기재되었는지

　　(6) 작동하　　　(7) 조율하　　(8) 점검해　(9) 뜯어　　　　(10) 의도한

5. (1) 휴대폰을 떨어뜨렸는데 케이스를 씌우지 않았으면 액정이 깨질 뻔했어요.

　　(2) 오늘 길이 엄청 막혔는데 일찍 나오지 않았으면 수업에 늦을 뻔했어요.

　　(3) 옷을 많이 입지 않았으면 감기에 걸릴 뻔했어요.

　　(4) 친구가 함께하지 않았으면 마라톤을 끝까지 뛰지 못할 뻔했어요.

　　(5) 안전벨트를 하지 않았으면 큰 사고가 날 뻔했어요.

6. (1) 부동산에 가보려던 참이었어요　　　(2) 지하철을 타려던 참이에요

　　(3) 퇴근하려던 참이에요　　　　　　　(4) 먹으려던 참이에요

　　(5) 나도 주말에 쇼핑하려던 참이었는데

7. (1) 체할 뻔했어요　　　　　　　　　　(2) 잘못 들었나 싶어서

　　(3) 정해지는 대로　　　　　　　　　　(4) 사 가지고

　　(5) 퇴근하려던 참이야

8. (1) ②　　　(2) ①　　　(3) ③　　　(4) ②　　　(5) ③　　　(6) ④

9. (1) 날씨가 추우니까 옷을 많이 <u>입어 가지고</u> 나가세요.

　　→ 날씨가 추우니까 옷을 많이 입고 나가세요.

　　解析 表示保持前一行为的状态进行后一行为时，应使用连接词尾"-고"或 "-아서/어서/여서"。其中，他动词后接"-고"，自动词后接"-아서/어서/여 서"，如"그는 누워서 텔레비전을 봤다."。该句中"입다"为他动词，因此应接 "-고"。"-아/어/여 가지고"是"-아서/어서/여서"的口语形式，大部分情况下 两者可以互换使用。

(2) 저는 늦게 일어나서 <u>자주 지각할 뻔해요</u>.

→ 저는 늦게 일어나서 지각할 뻔했어요.

解析 "-ㄹ/을 뻔했다"用于描述过去的动作，因此"뻔하다"后要接"-았/었/였-"。并且该惯用型描述的是一次性动作，因此不能与"항상""자주"等频度副词一起使用。

(3) ① 어머니는 집에 <u>들어오는 대로</u> 저녁 준비를 하셨다.

　　 → 어머니는 집에 들어오자마자 저녁 준비를 하셨다.

② 어머니는 집에 들어오는 대로 저녁 <u>준비를 하셨다</u>.

　　 → 어머니는 집에 들어오는 대로 저녁 준비를 {하실 것이다/하신다}.

解析 表示"一……就……"之义的"-는 대로"只用于描述现在或未来的情况，其后面的内容多为说话人的意志和对未来的计划，或是对听者的约定、命令或邀请，不能是过去的情况。而同样表示这一语法意义的"-자마자"则没有对于时态上的使用限制。

(4) 한국에 <u>도착한 대로</u> 연락 드릴게요.

→ 한국에 {도착하는 대로/도착하자마자} 연락 드릴게요.

解析 "-ㄴ/은 대로"不能表示"一……就……"之义，需要改为"-는 대로"或"-자마자"的形式。

(5) 내년에 유럽 여행을 <u>가려던 참이에요</u>.

→ 내년에 유럽 여행을 가려고 해요.

解析 "-려던/으려던 참이다"表示正想要做某事，因此该行为应为现在正在进行或即将做的动作，而不能是在距现在较为遥远的未来将要做的动作。与之相比，"-려고/으려고 하다"则不受此类时间限制。

🎧 듣기

1. 엘리베이터에 갇혔다.

2. ③

3. ④

4. ④

🗣 읽기

1. (1) 주문자 성함, 핸드폰 번호, 교환 및 반품 사유, 처리 방법을 작성해야 한다.

   (2) ②　　(3) ③　　(4) ②

2. (1) 갑자기 노트북 화면이 꺼져서 서비스 센터에 갔다.

   (2) 수리 받을 물건의 상태와 모델명을 물어 봤다.

   (3) ③　　(4) ②

💬 번역

1. 昨晚太冷了，我差点儿冻感冒，就跟朋友吐槽说天气逐渐变冷了，但也不知道什么时候才来暖气。结果朋友说他房间前几天开始就有暖气了。我这才知道原来是我房间的锅炉坏了。于是我立刻就去行政办公室报修，结果人家说即使我不说现在也正在依次检修呢。我之前完全没想到锅炉会出故障，想着时间到了就会来暖气了，所以也没吱声。看来下次哪怕是小事儿也要马上联系行政办公室。

2. 지난달에 인터넷에서 태블릿 PC 한 대를 샀는데 오늘 실수로 떨어뜨렸다. 액정이 깨지고 터치도 잘 되지 않았다. 고객 센터에 연락해서 어떻게 해야 하는지 물었더니 7일 무조건 반품 기간이 지났기 때문에 반품은 할 수 없고 가까운 매장에 가서 수리를 받아야 한다고 했다. 또한 비록 보증 기간 내에 있지만 개인의 부주의로 부품을 교체해야 하기 때문에 발생하는 비용도 내가 부담해야 한다고 했다. 전혀 예상치 못한 큰 손실이다. 앞으로는 꼭 조심해야겠다.

제12과 생활 경제

어휘와 문법

1. (1) 과시 — 사실보다 크게 나타내어 보임.
   (2) 불신 — 어떤 대상을 믿지 아니함.
   (3) 준말 — 단어의 일부분이 줄어들어 만들어진 단어.
   (4) 사기꾼 — 자신의 이익을 위해 남을 속이는 사람.
   (5) 취하다 — 무엇에 매우 깊이 빠져 마음을 빼앗기다.
   (6) 강조하다 — 특히 강하게 주장하거나 두드러지게 하다.
   (7) 매진되다 — 남김없이 다 팔리다.
   (8) 병행하다 — 둘 이상의 일을 한꺼번에 진행하다.
   (9) 흥청망청 — 돈이나 물건 등을 함부로 쓰는 모양.
   (10) 번쩍 — 어떤 생각이 갑자기 머리에 떠오르는 모양.

2. (1) ①　　(2) ④　　(3) ②　　(4) ③　　(5) ①　　(6) ③　　(7) ④　　(8) ②

3. (1) 억울한가　　(2) 중요시하　　(3) 소소하　　(4) 급증하　　(5) 소요됩니다
   (6) 디디　　(7) 저지른　　(8) 불어나　　(9) 명심하셔야　(10) 의존하

4. (1) 습관을 들여　　　(2) 시선을 끈　(3) 손이 커서　　　(4) 입에 맞으셨는지
   (5) 잔고가 바닥났어요　(6) 예금을 든　(7) 성능이 떨어지는　(8) 충동구매를 한

5. (1) ×　　(2) ○　　(3) ○　　(4) ×　　(5) ○

6. (1) 학점이 높다고 해서 대학 생활을 잘 보냈다고 할 수는 없다.
   (2) 행사 기간이라고 해서 필요 없는 물건을 사는 것은 좋지 않다.
   (3) 친구가 적다고 해서 인간관계가 좋지 않은 것은 아니다.
   (4) 운동을 많이 한다고 해서 건강해지는 것은 아니다.
   (5) 가계부를 적는다고 해서 지출이 줄어드는 것은 아니다.

7. (1) 떨어지기 마련이죠　　　　(2) 좋으니만큼
   (3) 아르바이트를 한다고 해서　(4) 못 지키기 십상이에요
   (5) 있다면서　　　　　　　　(6) 저축한단 말이에요

8. (1) ④　　(2) ③　　(3) ①　　(4) ②　　(5) ④

9. (1) 점심을 너무 많이 <u>먹어서</u> 오후에 졸리기 마련이에요.

→ 점심을 너무 많이 먹으면 오후에 졸리기 마련이에요.

解析 "-기 마련이다"表示理所当然或势必发生某事，具有普遍性意义。而诸如"점심을 너무 많이 먹어서 오후에 졸렸다"等的一次性动作，不能使用"-기 마련이다"。

(2) 봄이 오면 꽃이 <u>피기 십상이다</u>.

→ 봄이 오면 꽃이 피기 마련이다.

解析 "-기 십상이다"表示出现某种状况的可能性很大，且主要用于否定、负面的情况。而"-기 마련이다"则表示理所当然或势必发生某事。根据句义，使用后者更为合适。

(3) 고객 응대에 소홀히 하면 소비자들의 불만이 <u>크기 십상이다</u>.

→ 고객 응대에 소홀히 하면 소비자들의 불만이 {커지기 십상이다/크기 마련이다}.

解析 "-기 십상이다"主要用在动词后，一般不与形容词搭配使用。而"-기 마련이다"则没有这样的限制。

(4) 그동안 열심히 준비를 <u>하느니만큼</u> 공연을 실수 없이 잘 마칠 거야.

→ 그동안 열심히 준비를 {했으니만큼/한 만큼} 공연을 실수 없이 잘 마칠 거야.

解析 原句中"그동안 열심히 준비를 한 것"是已经发生的事情，因此应使用表示过去之义的"했으니만큼"或"한 만큼"。

(5) 바빠서 잘 시간도 <u>없는다면서</u> 게임을 하고 있어?

→ 바빠서 잘 시간도 없다면서 게임을 하고 있어?

解析 "없다"是形容词，因此其后应接"-다면서"，而不能接"-는다면서"。另外，"있다"在表示存在之义时为动词，表示所有之义时为形容词。

如：오늘 집에 있다면서 어디에 가요?

　　돈 있다면서 왜 자꾸 빌려?

(6) 나: <u>친구는</u> 재미있다고 해서 봤어요.

→ (저는) 친구가 재미있다고 해서 봤어요.

解析 该句的大主语省略，根据句义可推测为"저"，"친구"为其包孕句的主

语。一般情况下，补助词"는/은"不能接在包孕句的主语后。因此，要将"친구"后的助词改为"가"。

🎧 듣기

1. 빨리 먹을 수 있는 데다가 가성비도 좋아서 자주 먹는다.

2. ②

3. ④

4. 뮤지컬 전용 통장을 만들 예정이다.

🗣 읽기

1. (1) 고정적인 수입이 없는 대학생이기 때문에 계획적인 소비를 해야 한다고 했다.

(2) 식비에 돈을 가장 많이 쓴다. 기숙사에서는 음식을 만들어 먹을 수 없어서 주로 사 먹기 때문이다.

(3) ③ (4) ③

2. (1) 개미는 계획적인 소비를 해서 당장 필요한 물건은 사지 않기 때문에 거절했다.

(2) 배짱이는 월급날이 되면 항상 친구들에게 맛있는 음식을 사 주곤 하기 때문에 월급을 빨리 써 버리게 된다.

(3) ④ (4) ③

💬 번역

1. 毫无计划地消费，势必会多花很多钱。花钱之前，一定要事先做好支出计划，想一想钱要用在什么地方，用多少。首先，要根据自己的情况，把钱分为储蓄、开销和闲钱三部分。一般来说只要手头有钱就会花掉，因此一定要把收入的一部分给存起来。开销部分则要根据伙食费、交通费等固定支出来定。另外，因为有可能会产生预想不到的支出，所以最好稍微留点儿闲钱备用。虽然不是说计划做得好就一定能付诸实践，但作为"明智消费"的第一步，做好计划非常必要。

2. 여러분은 모두 충동구매를 한 경험이 있을 것이다. 예를 들어 쌍스이, 쌍스얼 기간이나 판매자가 단 하루 대박 세일이라고 홍보하면 어떤 사람은 뭐에 홀린 듯 귀가

솔깃해져서 사고 또 사게 된다. 그러나 그때는 매우 유용하고 저렴하다고 생각되어 구입한 물건이지만 오랫동안 쓰지 않거나 포장조차 뜯지 않는 경우가 생기기 십상이다. 그래서 우리는 이성적으로 소비하는 습관을 길러야 한다. 구매하기 전에 자신에게 꼭 필요한 물건인지, 사고 나서 많이 사용할 물건인지를 여러 번 생각해 봐야 한다. 이렇게 이성적인 소비를 습관화한다면 불필요한 소비를 효과적으로 통제할 수 있다.

제13과 군대 생활

🔅 어휘와 문법

1. (1) 생기　　　　　　서로 도와서 함께 존재하다.

   (2) 위상　　　　　　마음이나 행동이 정성스럽고 친절하며 다정하게.

   (3) 자진　　　　　　죽었거나 거의 죽게 되었다가 다시 생명을 얻게 되다.

   (4) 손꼽다　　　　　여럿 중에서 뛰어나다고 생각하다.

   (5) 획득하다　　　　어느 정도로 적당히.

   (6) 먹고살다　　　　스스로 나섬.

   (7) 살아나다　　　　활발하고 건강한 기운.

   (8) 공존하다　　　　얻어 내어 가지다.

   (9) 살뜰히　　　　　생활을 유지하다.

   (10) 대충　　　　　어떤 사물이 다른 사물과의 관계 속에서 가지는 위치나 상태.

2. (1) ③　　(2) ①　　(3) ④　　(4) ②　　(5) ④　　(6) ③　　(7) ①　　(8) ③

3. (1) 당당하　　(2) 선사한　　(3) 생생하　　(4) 소지하　　(5) 앞서가

   (6) 졸라서　　(7) 온전하　　(8) 감당하　　(9) 깨어나는　　(10) 방심해서는

4. (1) 잔소리를 늘어놓아요　(2) 한달음에 달려가　　(3) 의무를 다해야

   (4) 인기리에 판매되　　(5) 말을 놓　　　　　(6) 국위를 선양하는

   (7) 말투가 딱딱해서　　(8) 의견이 분분해요

5. (1) 국가를 불문하고 노약자를 보호하는 것은 상식이다.

   (2) 이유를 불문하고 법을 위반해서는 안 된다.

(3) 나이를 불문하고 능력이 뛰어나면 승진할 수 있다.

(4) 그는 장르를 불문하고 음악을 즐겨 듣는 편이다.

(5) 우리 학교에서는 국적을 불문하고 성적이 좋으면 장학금을 받을 수 있다.

6. (1) 수단에 지나지 않았다　　　(2) 변명에 지나지 않는다

　　(3) 빈말에 지나지 않는다　　　(4) 공상에 지나지 않는다

　　(5) 잔소리에 지나지 않았다

7. (1) 얼마나 무섭다고요　　　　(2) 남녀노소를 불문하고

　　(3) 힘들었어도　　　　　　　(4) 문제가 없는 이상

　　(5) 20-30년에 지나지 않는다　(6) 여행할 바에

　　(7) 동아리 활동이 있다는 등 시험이 있다는 등

8. (1) ①, ②　　(2) ②, ③　　(3) ①, ②　　(4) ③, ④　　(5) ②, ④

9. (1) 경기에 참가한 이상 우승을 위해 <u>노력했습니다</u>.

　　→ 경기에 참가한 이상 우승을 위해 노력하겠습니다.

　　解析　"-ㄴ/은/는 이상"连接的后一分句不能用 "-았/었/였-"。

(2) 빨리 하느라 오류를 많이 낼 바에는 실수 없이 천천히 <u>했어요</u>.

　　→ 빨리 하느라 오류를 많이 낼 바에는 실수 없이 천천히 하는 게 나아요.

　　解析　"ㄹ/을 바에"连接的后一分句一般为计划、约定、建议、命令或邀请等内容，因此不用 "-았/었/였-"。

(3) 출퇴근 시간만 되면 교통이 얼마나 <u>복잡해요</u>.

　　→ 출퇴근 시간만 되면 교통이 얼마나 복잡하다고요.

　　解析　"얼마나"强调动作强度之大或状态程度之深，因此其后应接与之相呼应的 "-ㄴ지/은지/는지 (몰라요)" 或 "-다고요" 等表达方式。

(4) ① 외국에 있었어도 자주 <u>연락할게</u>.

　　　　→ 외국에 있었어도 자주 연락했을 거야.

　　② 외국에 <u>있었어도</u> 자주 연락할게.

　　　　→ 외국에 있어도 자주 연락할게.

　　解析　"-았어도/었어도/였어도"表示与过去事实相反的假设，后多接 "-았/었/였을 것이다" 等表示对过去的情况进行推测的表达方式。而 "-아도/어도/여도"

则表示即使假设或承认其前面的内容，后面的内容也与之无关或不受之影响，其后一分句没有使用上的制约。

(5) 공부를 열심히 <u>하는</u> 둥 영양제를 챙겨 <u>먹는</u> 둥 엄마의 잔소리는 끊이지 않는다.

→ 공부를 열심히 하라는 둥 영양제를 챙겨 먹으라는 둥 엄마의 잔소리는 끊이지 않는다.

解析 "엄마의 잔소리"都是命令说话人做某事的内容，因此应使用带有命令之义的"-라는 둥"的表达方式。

🎧 듣기

1. 육군 장교(대위)이다.

2. 훈련에서 스무 발을 모두 맞추면 4박 5일 간의 휴가를 받을 수 있다.

3. ④

4. ③

🗣 읽기

1. (1) 육군, 해군, 공군, 해병대로 나뉜다.　　(2) ④

(3) 순서대로 지원, 1차 서류 심사, 2차 신체검사 및 면접 심사 등의 절차를 거쳐야 한다.

(4) ③

2. (1) 부대에서 맡게 되는 직무를 말한다.

(2) 전문성을 인정받아 제대 후 취업 시 가산점을 받을 수 있기 때문이다.

(3) ②　　(4) ④

💬 번역

1. 可能是出于"既然穿了军装，就要过一种更高强度、更火热的军旅生活"的想法，最近，韩国有越来越多的年轻人报名参加海军陆战队。继这一热潮之后，每年举行的浦项海军陆战队文化节也备受关注。据悉，今年的文化节将搭建一些可以体验海军陆战队文化精髓的展位，如制作士兵名牌、涂抹面部油彩、体验实战体能训练等。此外，还准备了军乐队、仪仗队等各种表演活动，以及出售海军陆战队相关商品的文化市场。本次文化节将成为无论男女老少都可以尽情享受的庆典。

2. 중화인민공화국은 지원 병역을 주체로 하는 지원 병역과 의무 병역이 서로 결합된 병역 제도를 시행한다. 매년 12월 31일 전에 만 18세가 된 남성 공민이라면 반드시 병역 기관의 배치에 따라 당해 연도에 최초 병역 등기를 해야 한다. 등기를 마쳤으나 현역에 복무하지 않은 공민은 예비역 조건에 부합하는 경우 필요에 따라 예비역 등기를 할 수 있다. 현역 사병에는 의무 병역제 사병과 지원 병역제 사병이 포함되는데, 전자를 의무병, 후자를 군사(부사관)라고 한다. 의무병이 현역으로 복무하는 기간은 2년이며 복무 기간이 만료되면 군대의 수요와 본인의 자원에 따라 비준을 거쳐 군사로 선발될 수 있다. 군사는 계급별 현역 복무 제도를 시행한다. 군사가 현역으로 복무하는 기한은 일반적으로 30년을 초과하지 않으며 연령은 55세를 초과하지 않는다.

제14과 꿈과 직업

 어휘와 문법

1. (1) 분식 • • 마음속에 깊이 느껴진 감동.

   (2) 홍보 • • 사물이나 현상이 이루어지는 기본.

   (3) 훗날 • • 널리 알림.

   (4) 재기 • • 시간이 지나고 앞으로 다가올 날.

   (5) 여부 • • 어떤 분야에서 뒤처지지 않고 남아 있다.

   (6) 감명 • • 밀가루로 만든 음식.

   (7) 밑바탕 • • 그러함과 그러하지 않음.

   (8) 번갈다 • • 실패 후에 노력하여 다시 일어섬.

   (9) 살아남다 • • 여럿이 모두 꼭 같이.

   (10) 하나같이 • • 둘 이상의 대상이 일정한 시간 동안 순서를 바꾸다.

2. (1) ①　　(2) ③　　(3) ②　　(4) ①　　(5) ②

   (6) ④　　(7) ③　　(8) ②　　(9) ③　　(10) ②

3. (1) 떼다:　　① 떼었다　　② 뗀/떼는　　③ 뗄　　④ 떼

(2) 들이다:　① 들이는　　② 들이느냐　③ 들여　　④ 들이면

(3) 밝히다:　① 밝혔다　　② 밝혀　　③ 밝히는　④ 밝혔다

(4) 뛰어들다:　① 뛰어들었다　② 뛰어드는　③ 뛰어든　④ 뛰어들어

(5) 걸치다:　① 걸쳐　　② 걸친　　③ 걸쳐　　④ 걸쳐

4. (1) 총력을 기울여　　　　　　(2) 전화가 빗발쳐서

(3) 전망이 밝은　　　　　　　(4) 상을 타

(5) 입소문이 나면서　　　　　(6) 장벽을 허물어뜨리

(7) 마음을 사로잡았　　　　　(8) 경쟁이 치열하겠

5. (1) ③　　(2) ③　　(3) ④　　(4) ②

6. (1) 비록 어린 아이지만 그의 의지력은 어른(에) 못지않게 강합니다.

(2) 형이 수영에 탁월한 재능이 있지만 동생도 형(에) 못지않게 수영을 무척 잘합니다.

(3) 고객의 만족도(에) 못지않게 직원의 권익 보호도 중요합니다.

(4) 이 가게는 냉면(에) 못지않게 만두도 유명하다고 합니다.

(5) 능력(에) 못지않게 끈기 또한 중요한 성공 요인입니다.

7. (1) 스트레스가 늘어나면서　　(2) 실행력에 달려 있다

(3) 한국 사람 못지 않게　　　(4) 늦을 리가 없어요

(5) 끝까지 다 읽는가 하면　　(6) 개인의 능력만 가지고는

8. (1) ④　　(2) ②　　(3) ①　　(4) ④　　(5) ③　　(6) ④

9. (1) 행복은 어떻게 <u>생각하기에</u> 달려 있다.

　→ 행복은 어떻게 생각하느냐에 달려 있다.

　解析 前面出现了 "무엇, 어디, 언제, 누구, 얼마나, 어떻게" 等疑问词，"에 달려 있다" 前也应搭配使用表示疑问的终结词尾 "-냐/느냐"。

(2) 한국어가 서툰 그는 실수를 피하기 위해 쉬운 것만 말하는가 하면 아예 말을 <u>하지 않는다</u>.

　→ 한국어가 서툰 그는 실수를 피하기 위해 쉬운 것만 말하는가 하면 아예 말을 하지 않기도 한다.

解析 "-ㄴ가/은가/는가 하면"用于连接两个不同或相反的事实，因此其后一分句常用"도 있다""-기도 하다"等表示包括的表达方式。

(3) 요즘 동아리 활동이 <u>많으면서</u> 공부할 시간이 줄어들었다.

→ 요즘 동아리 활동이 많아지면서 공부할 시간이 줄어들었다.

解析 当"-면서/으면서"表示前面的内容是后面结果的契机或原因时，其前应接动词。如果是形容词，则需要使用"形容词词干+-아/어/여지다"的形式。

(4) 가르치는 학생이 그리 많은데 제 이름을 기억할 리가 <u>없나요</u>?

→ 가르치는 학생이 그리 많은데 제 이름을 기억할 리가 {없어요./있나요?}

解析 根据前半句，可推断出该句表达的是否定之义，因此应改为"-ㄹ/을 리가 없어요"，或者"-ㄹ/을 리가 있나요?"，二者可替换使用。

(5) 어떤 사람은 정상까지 <u>올라가는가</u> 하면 어떤 사람은 산중턱까지만 올라갔다.

→ 어떤 사람은 정상까지 올라갔는가 하면 어떤 사람은 산중턱까지만 올라갔다.

解析 句中的动作"올라가다"已经完成，因此"-는가 하면"前应加"-았/었/였-"。

🎧 듣기

1. 통역 업무 인턴을 하고 싶어한다.
2. 올림픽 통역 봉사 활동을 통해 진로 결정의 첫걸음을 떼었다.
3. ②
4. ④

🧠 읽기

1. (1) 그릇에 비유했다.

(2) 자신의 흥미, 적성, 가치관을 모두 만족시키는 직업을 말한다.

(3) ④　　(4) ④

2. (1) 신생 직업: 과거에 없었던 새로운 직업이 탄생하는 것.

성장 직업: 종사자가 크게 늘어나고 있는 것.

쇠퇴 직업: 종사자가 줄어들고 있거나 소멸되고 있는 것.

(2) 직업이 시대의 변화를 반영하기 때문이다.

(3) ④   (4) ③

📑 번역

1. 选择一个好职业很重要，选择适合自己的职业同样重要。随着想要找到适合自己职业的人不断增多，接受职业能力匹配度测试的大学生也越来越多。兴趣和职业能力匹配度有时会被混为一谈，但兴趣是指对某个领域感兴趣，而职业能力匹配度则是指能够做好某份工作。感兴趣的不一定就是适合自己的。如果只凭兴趣选择职业，将来可能会感到痛苦。这是因为因感兴趣而选择的职业，真正做起来可能会很难，也可能做不好。

2. 누구나 나름대로의 꿈을 가지고 있다. 어릴 때 내 꿈은 빵집을 운영하는 것이었다. 갓 구워낸 따끈따끈한 빵을 매일 먹을 수 있기 때문이었다. 고등학교에 들어가면서 내 꿈은 좋은 대학교에 들어가는 것으로 바뀌었다. 이 목표를 실현한 지금 나는 오히려 멍하니 앞으로 뭘 해야 할지 갈피를 못 잡고 있다. 그 이유를 곰곰이 생각해 보니 아직 대학 생활에 적응하지 못했고, 또 마음을 가라앉히고 장래에 대해 생각해보지 못했기 때문이다. 세상의 모든 일은 마음먹기에 달려 있다. 하루빨리 내가 좋아하는 일을 찾아내고 이를 목표로 노력해야겠다. 그래야만 나를 저버리지 않고 값진 인생을 사는 것이다.

제15과　모임 문화

💬 어휘와 문법

1. (1) 사회자　　　　상관하지 않거나 구애를 받지 않다.

(2) 무렵　　　　어떤 일을 이루는 데 기초가 되는 요인.

(3) 지평　　　　모임이나 회의 등의 진행을 보는 사람.

(4) 회갑　　　　어떤 시기와 일치하는 때.

(5) 밑거름　　　　줄을 이어 계속.

(6) 가리다　　　　더 바랄 것이 없이.

(7) 후원하다　　　　잘잘못이나 좋고 나쁨을 따져서 구분하다.

(8) 불구하다　　　　(비유적으로) 어떤 것의 전망이나 가능성.

(9) 더없이　　　　태어난 지 육십 년이 되는 예순 번째 생일.

(10) 줄줄이　　　　뒤에서 도와주다.

2. (1) ①　　(2) ②　　(3) ①　　(4) ③　　(5) ②　　(6) ③　　(7) ①　　(8) ②

3. (1) 등한했　　(2) 떠올리면　　(3) 도모할　　(4) 아낌없는　　(5) 비틀거리는데

(6) 소원한　　(7) 유발해서　　(8) 뜻깊은　　(9) 붙어　　(10) 빠져

4. (1) 잔을 듭시다　　(2) 자리를 빛내　　(3) 선행을 베풀　　(4) 친목도 다지

(5) 마음을 가라앉히　　(6) 바람 쐬러　　(7) 안부를 전하　　(8) 머리를 식힐

5. (1) ○　　(2) ×　　(3) ○　　(4) ×　　(5) ×

6. (1) 나이가 들어서 공부하는 것이 쉽지 않더라.

(2) 김 선생님 수업은 인기가 많다더라.

(3) 선배가 자료 조사를 나보고 하라더라.

(4) 옆집 아이가 울면서 집에 들어가더라.

(5) 뮤지컬을 봤는데 배우들의 연기력과 가창력이 참 뛰어나더라.

7. (1) 나보고　　　　　　(2) 대통령을 비롯한

(3) 마치도록 하겠습니다　　(4) 돈도 벌 겸

(5) 정부에서는　　　　　　(6) 재미있더라

8. (1) ①②　　(2) ②④　　(3) ②③　　(4) ①③　　(5) ①③

9. (1) 저는 능력도 <u>없을 겸</u> 요즘 너무 <u>바쁠 겸 해서</u> 일을 민수에게 부탁했어요.

→ 저는 능력도 {없을 뿐만 아니라/없는 데다가} 요즘 너무 바빠서 일을 민수에게 부탁했어요.

解析 "-ㄹ/을 겸"表示同时做两种以上的动作，前面须接动词，不能接形容词。

(2) <u>나는</u> 공휴일인데도 회사에 가더라.

→ 그는 공휴일인데도 회사에 가더라.

解析 "-더라"表示说话人回想并转述过去的亲身经历，句子主语一般不能是第一人称。

(3) <u>지아는</u> 친구를 만나니까 반갑더라.

→ 나는 친구를 만나니까 반갑더라.

解析 一般情况下，使用 "-더라" 的句子主语不能是第一人称。但当谓语为 "반갑다, 기쁘다, 슬프다" 等表示人的心理活动、情绪及感情的形容词时，句子主语则一般为第一人称。另外，把自身的情况客观地告知他人时，句子主语也可以为第一人称。如：멀리뛰기 성적은 우리 반에서 내가 꼴지더라.

(4) 오랜만에 한국에 있는 <u>친구보고</u> 전화했어요.

→ 오랜만에 한국에 있는 {친구한테/친구에게} 전화했어요.

解析 "보고"有两种用法：一是表示命令的对象，后接命令句间接引语。如 "선생님이 나보고 전화하라고 했어요." 。二是表示动作涉及的对象，后面通常要接 "말하다, 묻다, 욕하다" 等言语类动词。如 "선생님이 나보고 말했다." 这两种用法的 "보고" 都可以用 "한테, 에게" 替换，但后者对句式和谓语的使用没有以上条件制约。

(5) 나: 죄송합니다. 다음에는 꼭 미리 <u>제출하게</u> 하겠습니다.

→ 나: 죄송합니다. 다음에는 꼭 미리 제출하도록 하겠습니다.

解析 "-게 하다"表示命令他人或允许他人做某事。而此句话是表现说话人自身的意志和决心，因此应使用惯用型 "-도록 하다"。

🎧 듣기

1. 국어국문학과는 보통 봄 학기에 MT를 가는데, 왕나와 장빈은 가을 학기에 교환 학생으로 왔기 때문에 MT에 참여하지 못했다.

2. 야외에서 다같이 고기를 구워 먹기도 한다.

3. ③

4. ②

💬 읽기

1. (1) 동네 소모임으로 동일한 취미를 가진 사람이 함께 모여 취미 활동을 하는 모임이다.

   (2) ③　　(3) 같은 취미를 가졌기 때문이다.　　(4) ④

2. (1) 농촌 활동의 줄임 표현으로 대학생들이 일정 기간 동안 직접 농촌 생활을 체험하면서 농가의 일손도 돕고 농민들과 교류도 하는 모임을 말한다.

   (2) ②

   (3) 봄: 모내기

   　　여름·가을: 각종 제철 채소 및 과일 수확

   　　겨울: 김장이나 가을에 수확한 농산물을 가공하는 일 돕기

   (4) ①

📧 번역

1. 在韩国有包括送年会在内的各种聚会，即使不是特别的日子，上班族也经常聚餐。聚餐不仅仅是单纯地和同事一起吃饭喝酒，也是为大家提供一个畅所欲言、增进团结的机会。以前员工必须要参加聚餐，但最近聚餐文化正在发生变化。有事的话可以缺席，喝不了酒的话也可以喝饮料。

2. 인간은 사회적 동물로 매일 타인과 교류하고 소통하며 협력한다. 개개인의 생존은 사회를 떠날 수 없으며 누구나 친구를 필요로 한다. 친구는 즐거울 때는 기쁨을 나누고 슬플 때는 속마음을 털어놓을 수 있으며 도움이 필요할 때는 발 벗고 나서 주는 사람이다. 이것이 바로 친구의 가장 큰 의미이다. 하지만 우정을 유지

하기 위해서는 평소에 아무리 바쁘더라도 자주 연락해서 안부를 전해야 한다. 그렇지 않으면 단짝도 보통 친구가 되어 버리고 친구는 남이 되기 십상이다. 소중한 우정이 우리의 인생을 아름답게 만들어 주는 만큼 우리 모두 친구를 소중하게 생각하자.